后浪出版公司

凯列班与女巫

妇女、身体与原始积累

CALIBAN & the WITCH

Women, the Body and
Primitive Accumulation

SILVIA FEDERICI

[意] 西尔维娅·费代里奇 著

龚瑨 — 译

上海三联书店

本书推荐

非常值得一读……使我们能够更好地理解现代父权制、民族国家的崛起以及从封建主义到资本主义的过渡时期之间的密切关系。

——《卫报》

一部开创性的作品……费代里奇已经成为……新一代女权主义者的关键人物。

——雷切尔·库什纳,《火星俱乐部》作者

在描述对妇女发起的国家恐怖行为之可憎时,费代里奇写下了一本真正属于我们时代的书。既不妥协,也不傲慢。《凯列班与女巫》传达出一贯的无偏见和一位全球学者所拥有的高尚品格。它既是有关被恢复记忆的充满激情的作品,也是一记历史之锤。

——彼得·莱恩博,多伦多大学教授

本书在将猎杀女巫放入资本主义社会成长的历史过程中,完成了对现代的资本主义祛魅化成长历程的呈现。视角独特而富有感染力。理论在此获得了它的肉身化的表达,不仅具有独特的性别视角,同时更让现代性的批判充满了一种切身之痛。资本主义的诞生与发展正是在这一切身之痛当中完成自身合理化的推进。

——夏莹,清华大学哲学系教授

《凯列班与女巫》通过对女巫问题的追溯，补上了长期以来被马克思主义和其他理论忽略的向资本主义过渡过程中缺失的女性历史的一环。费代里奇让我们明白，在现代性的发展过程中，对女性的压迫，构成了资本主义原始积累的血腥基础，揭开这个奥秘，才能真正为女性主义找到一个反抗的裂隙。

——蓝江，南京大学哲学系教授

教会对巫术的镇压与资本市场的兴起和民族国家的构建相辅相成，是现代社会崛起的基石。猎巫运动以女性主导的社会组织力量和民间知识为打击目标，旨在规训女性身体，将其排斥在有偿劳动之外，被困于新建的家庭空间，从事无报酬的社会再生产劳动。猎巫、贩奴以及对自然的剥削共同构成了被传统马克思主义忽视的资本原始积累真相。《凯列班与女巫》不仅为我们展示了性别、种族、生态和宗教等诸多范畴在全球资本主义历史中的复杂交织，更是提醒我们分析重建渗透在日常生活方方面面的权力关系。

——倪湛舸，弗吉尼亚理工大学宗教与文化系副教授

在宗主国与殖民地之间的文化权力关系中，凯列班象征着对殖民者的反抗和对命运的改变。在15至18世纪，当有超过十万的平民女子因被指控为女巫而处死，更多的女性站起来，通过妇女运动试图摧毁资本主义制度所要求的社会规训，重新夺回对性、身体、劳动的控制。费代里奇向我们展示出，每一位独立勇敢的女性，在破除猎巫的进程中，用自己的身体推动起历史的变革。

——严飞，清华大学社会学系副教授

女巫祈雨的木刻版画。见乌尔里希·莫利托（Ulrich Molitor），《论女巫师和占卜者》
（*De lamiies et pythonicis mulieribus*，1489）

目　录

致　谢

致我在妇女运动中结识的众多女巫，以及那些陪伴我超过25年的故事里的其他女巫，尽管处境艰难，她们仍然留下了不竭的渴望去讲述，去让人们知晓，以确保她们不会被遗忘。

致我们的兄弟 Jonathan Cohen，他的爱、勇气和对不公正的坚定抵抗，让我没有对改变世界的可能性以及男人为妇女解放而斗争的能力失去信心。

致帮助我写成这本书的人们。感谢 George Caffentzis，我与他讨论了本书的方方面面；Mitchel Cohen 提供了出色的评论和编辑了部分手稿，并给予这个项目热情支持；Ousseina Alidou 和 Maria Sari 向我介绍了 Maryse Condé 的作品；Ferruccio Gambino 让我意识到 16 世纪和 17 世纪的意大利存在奴隶制；David Goldstein 给了我关于女巫"药典"的材料；Conrad Herold 为我在秘鲁猎巫方面的研究提供了帮助；Massimo de Angelis 为我提供了关于原始积累的著作以及他在《平民报》（The Commoner）中组织的关于该主题的重要辩论；Willy Mutunga 给了我关于东非巫术法律方面的材料。感谢 Michaela Brennan 和 Veena Viswanatha 阅读手稿并给我建议和支持。非常感谢 Mariarosa Dalla Costa、Nicholas Faraclas、Leopolda Fortunati、Everet Green、Peter Linebaugh、Bene Madunagu、Maria Mies、Ariel Salleh、Hakim Bey。他们的作品一直是塑造《凯列班与女巫》之视角的参考点，尽管他们可能不同意我在这里写的所有内容。

特别感谢 Jim Fleming、Sue Ann Harkey、Ben Meyers 和 Erika Biddle，他们为这本书付出了许多时间，尽管我无休止地拖延，但因为他们的耐心和帮助，此书得以完成。

纽约，2004 年 4 月

前　言

　　《凯列班与女巫》一书呈现了我从 20 世纪 70 年代中期开始与意大利女权主义者利奥波迪娜·福图纳蒂（Leopoldina Fortunati）合作开展的研究。我们研究项目的主题是关于封建主义向资本主义的"过渡时期"中的妇女。1984 年，我们将第一批成果集结成《伟大的凯列班：资本主义第一阶段中反叛的身体史》[*Il Grande Calibano. Storial del corpo social ribelle nella prima fase del capitale*（Milano: Franco Angeli），以下简称《伟大的凯列班》] 一书出版。

　　我对这项研究的兴趣源自美国女权运动发展中的辩论：究竟什么是妇女"受压迫"的根源，以及在争取妇女解放的斗争中应采取怎样的政治战略。当时出现了各种观点，试图在理论和政治层面上分析现实中的性别歧视。这些视角主要由妇女运动的两大分支——激进女权主义者和社会主义女权主义者——提出。然而我认为，它们都没有对妇女遭受社会和经济剥削的根源做出令人满意的解释。我反对激进女权主义者，因为他们倾向于以跨历史的文化结构为基础来解释性别歧视和父权统治。他们推测，这种结构是独立于生产关系和阶级关系而运作的。相比之下，社会主义女权主义者认识到妇女的历史不能与具体的剥削制度的历史分开。他们的分析优先考虑在资本主义社会中作为工人的妇女。但是，根据我当时的理解，他们的立场的局限性在于没有承认再生产领域是价值创造和剥削的源泉。由此，他们认为男女之间的权力差异根本上是因为女性被排除在了资本主义发展之外——这一立场再次迫使我们从文化制度来解释，性别主义（sexism）在资本主义的各种关系中如何存在。

正是在这种情况下，我产生了追溯妇女在封建主义向资本主义过渡过程中的历史的想法。玛丽亚罗莎·达拉·科斯塔（Mariarosa Dalla Costa）和谢尔玛·詹姆斯（Selma James），以及其他家务劳动有偿化运动（Wages for Housework Movement）行动者在20世纪70年代的系列论著启发我开展了这项研究。这些论著在当时是非常有争议的，但它们最终重新塑造了关于妇女、再生产和资本主义的话语。这些著作中影响力最大的是科斯塔的《妇女与社会的颠覆》（*Women and the Subversion of the Community*，1971）和詹姆斯的《性别、种族和阶级》（*Sex, Race and Class*，1975）。

正统马克思主义（the Marxist orthodoxy）将妇女遭受"压迫"和从属于男子解释为封建关系的残余。与此相反，科斯塔和詹姆斯认为，对妇女的剥削在资本主义原始积累（primitive accumulation）过程中发挥了核心作用。因为妇女是最基本的资本主义商品——劳动力——的生产者和再生产者。正如科斯塔所说，妇女在家庭中的无偿劳动（unpaid labor）一直是剥削雇佣工人即"工资奴隶制"（wage slavery）的基础，也是其生产力的秘诀（1972：31）。因此，资本主义社会中男女之间的权力差异不是由于家务劳动与资本主义积累之间的无关性（支配妇女生活的严规证实了这种无关性并不存在），也不是由于亘古不变的文化制度。相反，它应该被解释为一种社会生产制度的后果。

这种制度不承认工人的生产和再生产是一种社会经济活动，是资本积累的源泉。相反，这种制度将其神秘化，将其视为一种自然资源或个人服务，同时从这个过程中的无酬劳动中获利。

科斯塔和詹姆斯认为资本主义社会对妇女的剥削的根源是性别劳动分工和妇女的无偿劳动，借此表明超越父权制和阶级之间的二元对立是有可能的，并赋予父权制以特定的历史内容。她们还开辟了道路，从女权主义的角度重新阐释资本主义和阶级斗争的历史。

正是本着这种精神，利奥波迪娜·福图纳蒂和我开始研究只能被委婉描述为"向资本主义的过渡"的东西，并开始寻找学校里没有教过我们但事实证明对我们的教育具有决定性意义的历史。这段历史不仅从理论上提供了对家务劳动的主要结构成分的起源（生产与再生产的分离，资本主义如何具体使用工资来操控没有工资之人的劳动，以及随着资本主义出现，妇女的社会地位被贬低）的理解，还展现了现代女性和男性概念的谱系——这一谱系挑战了后现代理论的假设，即"西方文化"近乎本体论地倾向于通过二元对立来刻画性别。我们发现，性的等级制度总是为统治服务：只有不断花样翻新地分裂那些它打算统治的人，它才能维持自己的统治。

这项研究的成果是《伟大的凯列班》一书。该书试图从女权主义的角度重新思考马克思对原始积累的分析。但在这一过程中，大家普遍接受的马克思主义范畴被证明是不够的。其中不足的是马克思主义将资本主义等同于雇佣劳动和"自由"劳动者的出现。然而这隐藏并自然化（naturalize）了再生产领域。《伟大的凯列班》对米歇尔·福柯的身体理论提出了批评。正如我们所论述，福柯对身体所受到的权力技术（power technique）

和规训（discipline）的分析忽视了再生产的过程。他将女性和男性的历史折叠成一个无差别的整体，并且对女性遭受的"规训"如此不感兴趣，以至于他从来没有提到近代身体遭受的最可怕的侵犯之一：猎杀女巫。

《伟大的凯列班》的主要论点是：为了理解妇女在封建主义向资本主义过渡的过程中的历史，我们必须分析资本主义在社会再生产过程中，特别是在劳动力的再生产过程中所带来的变化。因此，此书研究了在16、17世纪的欧洲，家务劳动、家庭生活、育儿、性、男女关系以及生产与再生产关系的重组。《凯列班与女巫》承接了这一分析；然而，本书的范围与《伟大的凯列班》的不同。因为它是依据不同的社会背景和我们对妇女历史日益增长的知识而写的。

在《伟大的凯列班》出版后不久，我就离开了美国，到尼日利亚任教，在那里待了近3年。在离开之前，我把我的论文埋在了地窖里，不会想到不日我将需要它们，但在尼日利亚逗留时的环境并不允许我忘记这项工作。1984年至1986年是尼日利亚的转折点，对大多数非洲国家来说也是如此。在这些年里，为了应对债务危机，尼日利亚政府与国际货币基金组织和世界银行进行了谈判，最终通过了一个结构调整方案（a Structural Adjustment Program）。这是世界银行为全球经济复苏开出的通用药方。

该方案宣称可以让尼日利亚在国际市场上具有竞争力。但很快就显示出，这涉及新一轮的原始积累以及对社会再生产的合理化。其目的是摧毁最后残留的公共财产和社区关系，从而强加更多形式的劳动剥削。因此，我看到在我眼前发生的，与我在写《伟大的凯列班》时研究到的历史非常相似。其中包括对公有土地的攻击，以及国家（在世界银行的怂恿下）对劳动力再生产的坚决干预：调节生育率，以及在这种情况下减少人口规模，因为从尼日利亚未来要融入全球经济的角度看，这些人口要求过高且没有纪律。除了这些恰如其名的"严惩违纪"（War Against Indiscipline）的政策外，我还目睹了一场谴责妇女虚荣心和过分要求的厌女运动在火上浇油，以及一场在许多方面类似于17世纪"妇女之争"（querelles des femmes）的激烈辩论壮大发展。这场辩论涉及劳动力再生产的方方面面：家庭（一夫多妻制与一夫一妻制、核心家庭与扩展家庭），育儿，妇女的工作，男女的身份认同和关系。

在这种情况下，我关于过渡时期的研究有了新的意义。在尼日利亚，我认识到，反对结构调整的斗争是反对土地私有化和"圈地"（enclosure）的长期斗争的一部分。这种斗争不仅反对公有土地的"圈地"，还反对社会关系的"圈地"。这可以追溯到16世纪欧洲和美洲资本主义的起源。我也意识到，资本主义的劳动规训在这个星球上赢得的胜利是多么有限。有许多人仍然认为自己的生活与资本主义的"生产"要求是根本对立的。对于开发商、跨国机构和外国投资者来说，这曾经是，现在也仍然是尼日利亚这种地方的问题。但对我来说，这是一个巨大的力量来源。因为它证明，在世界范围内令人敬畏的力量依然在对抗着资本主义强加的生活方式。与尼日利亚妇女组织（Women in Nigeria，WIN）的接触同样带给我力量。该组织是这个国家第一个女权主义组织，它使我能够更好地理解尼日利亚妇女为捍卫自己的资源和拒绝世界银行目前提倡并强加给她们的父权制新模式而进行的斗争。

到1986年底，债务危机波及学术机构，我再也无法养活自己。于是我离开了尼日利亚，即便我的精神与这片土地同在。但是我会一直想到那些对尼日利亚人民发动的攻击。因此，重新研究"向资本主义的过渡"的愿望在我回到美国后一直伴随着我。我曾以16世纪的欧洲为镜来解读尼日利亚事件。在美国，是尼日利亚的无产阶级把我带回到了欧洲内外争取公地和反抗资本主义规训妇女的斗争中。回到美国后，我也开始教授面向本科生的跨学科课程。在那里，我面对的是另一种类型的"圈地"：知识的圈地，也就是说，新的一代人日益丧失了对于我们共同历史的感受。这就是为什么在《凯列班与女巫》中，我重构了中世纪的反封建斗争，以及欧洲无产阶级抵抗资本主义到来的斗争。我这样做的目的不仅是要让专家之外的人们了解这些分析所依赖的证据，而且是要在年轻一代中重新唤起对漫长的抗争史的记忆——这种记忆在今天有被抹杀的危险。如果我们要找到资本主义的替代方案，拯救这种历史记忆是至关重要的。因为（替代方案的）这种可能性将取决于我们是否能听到这条路上前人的声音。

导　论

　　自马克思以来，研究资本主义的起源一直是社会活动家和学者的必经之路。他们深信人类进程的首要任务是构建资本主义社会的替代方案。毫不奇怪，每一次新的革命运动都会回到"向资本主义的过渡"的问题上，并带来新的社会主体（social subject）的视角，发现新的剥削和反抗场域。¹本书就是在这一传统中构思的。但有两点考虑特别推动了本研究。

　　首先，人们希望从女权主义的角度重新思考资本主义的发展，同时避免"妇女史"与工人阶级男性的历史分离而造成的局限。本书取自莎士比亚《暴风雨》（1612）的标题《凯列班与女巫》（*Caliban and the Witch*）便反映了这一倾向。然而，在我的理解中，凯列班不仅代表着反殖民主义的反叛者，他的斗争在当代加勒比文学中仍有回响，而且是世界无产阶级的象征。更具体地说，他象征了以无产阶级的身体作为抵抗资本主义逻辑的场域和工具。最重要的是，在《暴风雨》中女巫的形象原本被限制于一个遥远的背景中，而本书将其置于舞台的中央。她体现了资本主义必须摧毁的女性主体世界：异端分子，治疗师，不听话的妻子，敢于独居的女人，在主人的食物中下毒并激励奴隶造反的奥比巫女（obeah women）①。

---

① obeah 是非洲、西印度群岛等地某些黑人中曾行使的一种巫术。（无特殊说明，以下脚注皆为译者注）

其次，随着资本主义关系的新的全球扩张，通常与资本主义起源有关的一系列现象在世界范围内回潮。其中包括新一轮的"圈地"，掠夺数以百万计农业生产者的土地，以及通过大规模监禁政策对工人进行大规模的贫困化（pauperization）和罪犯化（criminalization），这让人想起米歇尔·福柯在疯癫史研究中描述的"大禁闭"（Great Confinement）。我们还目睹了新的移民运动在世界范围内的发展，并伴随着对流浪工人的迫害，这再次让人想起16世纪和17世纪的欧洲为使"流浪者"能够被就地剥削而实行的"血腥法律"。对本书来说，最重要的是针对妇女的暴力加剧了，包括在一些国家（如南非和巴西），猎杀女巫的行动重新开始了。

为什么在资本统治了500年之后，在第三个1000年之初，大量的工人仍然被定义为贫民、女巫和不法之徒？掠夺土地与大规模贫困化和持续攻击妇女有什么关系？一旦我们通过女权主义的视角来审视资本主义的发展，我们将对过去和现在的资本主义发展有什么了解？

正是带着这些问题，在这部作品中，我从妇女、身体和原始积累的角度重新审视了从封建主义到资本主义的"过渡时期"。女权主义、马克思主义和福柯理论——这些概念框架是这部作品的参考点。因此，我将在导论中首先讨论我的分析与这些不同理论视角的关系。

"原始积累"是马克思在《资本论》第一卷里用来描述历史进程中资本主义关系发展前提的一个术语。这是一个有用的术语，因为它提供了一个共同的标准，通过这个标准，我们可以把由资本主义的出现所带来的经济和社会关系的变化概念化。但它的重要性首先在于，"原始积累"被马克思当作一个基础性的过程，它揭示了资本主义社会存在的结构性条件。这使我们能够把过去理解为一种留存到现在的东西。这是我在本著作中使用该词的一个重要考虑。

但是，我的分析在两个方面与马克思的不同。马克思是从男性无产阶级雇佣劳动者和商品生产发展的角度来考察原始积累的，而我是从原始积累对妇女的社会地位和劳动力生产所带来的变化的角度来考察它的。[2]因此，我对原始积累的描述包括了一系列马克思没有提及但对资本主义积累却极为重要的历史现象。它们包括：（1）新的劳动性别分工的发展，迫使妇女的劳动和妇女的生育功能从属于劳动力的再生产；（2）新的父权制秩序的构建，其基础是把妇女排除在雇佣劳动（waged-work）之外，使她们从属于男人；（3）无产阶级身体的机械化，以及将妇女的身体变成生育新工人的机器。最重要的是，我把16世纪和17世纪的猎巫放在我对原始积累分析的中心位置。我认为在欧洲和新大陆，迫害女巫与殖民和征用欧洲农民的土地，对于资本主义的发展同样重要。

我的分析在评价原始积累的遗产和功能方面也与马克思的不同。尽管马克思敏锐地意识到资本主义发展的凶残性——他宣称，资本主义发展的历史"是用血和火的文字载入人类编年史的"——但毫无疑问，他将资本主义发展视为人类解放过程中的一个必要步骤。他认为，它处置了小规模的财产，（以任何其他经济制度都无法比拟的程度）提高了劳动生产力，从而为人类从匮乏中解放出来创造了物质条件。他还认为，资本主义扩张的最早阶段充斥的暴力将随着资本主义关系的成熟而消退。因为那时会由经济立法来规训和剥削劳动者（Marx 1909 Vol.Ⅰ）。在这一点上，他是大错特错的。原始积累最暴力的一面与资本主义全球化的每一个阶段（包括现在）如影随形。这说明农民不断被逐出他们的土地，世界范围内的战争和掠夺，以及对妇女的贬低，在任何时候都是资本主义存在的必要条件。

我要补充的是，如果马克思从妇女的角度来审视资本主义的历史，他就不可能假定资本主义为人类解放铺平了道路。因为这段历史表明，即使在男子获得一定程度的形式自由时，妇女也总是被当作社会低等生物，受到类似奴隶制的剥削。那么，在本书中，"妇女"不仅是一段需要被看见的隐秘历史，而且是一种特殊的剥削形式。因此，妇女也意味着一个独特的角度，从这个角度出发，我们将重新考虑资本主义关系的历史。

这一研究并不是什么新鲜事。从女权运动开始，妇女就重新审视了"向资本主义的过渡"这一问题，尽管她们并不总能认识到这一点。一段时间以来，形塑女性历史的主要框架是按时间顺序排列的。女权主义历史学家在描述过渡时期时最常用的称谓是"早期现代欧洲"。在不同的作者那里，它可以指代13世纪或17世纪。

然而，在20世纪80年代，出现了一些采取更加批判的取向的作品。其中包括琼·凯利（Joan Kelly）关于文艺复兴和"妇女之争"的论文、卡洛琳·麦茜特（Carolyn Merchant）的《自然之死》（*The Death of Nature*，1980）、利奥波迪娜·福图纳蒂的《再生产的奥秘》（*L'Arcano della Riproduzione*，1981年初版，现已出英文版）、梅里·威斯纳（Merry Wiesner）的《文艺复兴时期德意志的劳动妇女》（*Working Women in Renaissance Germany*，1986）和玛丽亚·米斯（Maria Mies）的《世界范围内的父权制和积累》（*Patriarchy and Accumulation on a World Scale*，1986）。这些著作之外，我们还必须加上过去20年来重构妇女在中世纪和早期现代欧洲的农村和城市经济生活的许多专著，以及关于殖民前美洲和加勒比群岛妇女生活的大量文献和档案工作。在后者中，我特别记得艾琳·西尔弗布拉特（Irene Silverblatt）的《月亮、太阳和女巫》（*The Moon, the Sun, and the Witches*，1987），这是第一部关于秘鲁殖民时期猎杀女巫的著作；以及希拉里·贝克尔斯（Hilary Beckles）的《自然反叛者：巴巴多斯社会史》（*Natural Rebels. A Social History of Barbados*，1995）。该书与芭芭拉·布什（Barbara Bush）的《加勒比社会中的奴隶妇女：1650—1838》（*Slave Women in Caribbean Society: 1650–1838*，1990）是关于加勒比种植园中受奴役妇女历史的主要文献。

这些学术成果证实的是，重构妇女史或从女权主义的视角看历史意味着从根本上重新界定公认的历史范畴，并把隐藏的统治和剥削结构暴露出来。因此，凯利的文章《妇女有文艺复兴吗？》（"Did Women have a Renaissance?"，1984）挑战了经典的历史分期理论，即将文艺复兴作为文化成就的杰出典范。卡洛琳·麦茜特的《自然之死》对科学革命的社会进步性的信念提出了挑战，认为科学理性主义的出现产生了从有机模式（organic paradigm）到机械模式（mechanical paradigm）的文化转变，而这项转变将对妇女和自然的剥削合法化了。

玛丽亚·米斯的《世界范围内的父权制和积累》一书尤为重要，现已成为经典之作。该书从非欧洲中心主义的角度重新审视资本主义积累，将欧洲妇女的命运与被欧洲殖民的人们的命运联系起来。它提供了关于妇女在资本主义和全球化进程中的地位的新认识。

《凯列班与女巫》正是基于这些作品和《伟大的凯列班》（我在前言中讨论的一部作品）中的研究才被写出来的。然而，它的历史范围更广，因为本书一方面将资本主义的发展与封建晚期的社会斗争和再生产危机联系起来，另一方面又把资本主义的发展与马克思所定义的"无产阶级的形成"联系起来。在这一过程中，本书解决了一些历史和方法论问题，这些问题一直是妇女史和女权主义理论争论的中心。

本书要处理的最重要的历史问题是，如何解释近代初期数十万"女巫"被处死，以及如何解释为什么资本主义的兴起与针对妇女的战争同时发生。女权主义学者已经形成了一个框架，为这个问题提供了线索。学者们普遍认为，猎杀女巫的目的在于摧毁妇女对其生育功能的控制，并为发展更具压迫性的父权制度铺平道路。也有人认为，猎杀女巫的根源在于资本主义兴起后的社会变革。但是，对女巫的迫害是在什么样的具体历史环境下发动的，资本主义的兴起为什么要对妇女进行种族灭绝式的攻击，却没有得到研究。这就是我在《凯列班与女巫》中研究的问题。我开始分析 16、17 世纪的人口和经济危机以及重商主义时代的土地和劳动政策对女巫的迫害。我在书中只是粗略描述了为弄清楚我提到的关联——特别是猎杀女巫与近代新的劳动性别分工（将妇女限制在再生产劳动中）之间的关联——所需的必要研究。然而，这足以说明，对女巫的迫害（就像奴隶贸易和圈地一样）是欧洲以及"新大陆"中原始积累和近代无产阶级形成的一个主要面向。

《凯列班与女巫》还从其他方面谈到了"妇女史"和女权主义理论。首先，它证实了"向资本主义的过渡"是女权主义理论分析的一个试验案例。我们在这一时期发现，对生产和再生产任务以及男女关系的重新定义，都是在最大限度的暴力和国家干预下实现的。这毫无疑问地表明资本主义社会中的性角色是有建构特征的。我提出的分析也让我们超越了"性别"和"阶级"的二分。如果说在资本主义社会中，性别身份确实承载了特定的劳动功能（work-function），那么性别就不应该被视为一种纯粹的文化现实，而应该被视为阶级关系的一种具体化。从这一观点出发，后现代女权主义者关于是否需要将"女性"作为一个分析范畴，并单纯地以对立的方式来定义女权主义的争论就是错误的。我重述一遍我已提出的观点：如果"女性气质"在资本主义社会中被建构为一种劳动功能，并以生物命运（biological destiny）为名掩盖了其生产劳动力的作用，那么"妇女史"就是"阶级史"。这里，我们要问产生这一特定概念的劳动性别分工是否已经被超越。如果答案是否定的（当我们考虑到目前的再生产劳动的组织形式时，答案一定是否定的），那么"妇女"就是一个合法的分析范畴，与"再生产"有关的活动仍然是妇女斗争的重要基础，就像 20 世纪 70 年代的女权主义运动一样。在此基础上，女权主义运动将自己与女巫的历史联系在了一起。

《凯列班与女巫》要解决的另一个问题，是通过比较女权主义者的身体分析和福柯式身体分析在理解资本主义发展史时提供的截然不同的视角而提出的。从妇女运动开始，女权主义活动家和理论家就把"身体"作为理解男性统治的根源和女性社会身份建构的关键。跨越意识形态的差异，女权主义者认识到，对人的能力进行等级划分并将女性定义为一种退化的肉体，在历史上有助于巩固父权和男性对女性劳动的剥削。因此，对性、生育和母职的分析一直是女权主义理论和妇女史的中心。特别是，女权主义者揭露和谴责了以男性为中心的剥削系统试图约束和占有女性身体的策略和暴力，表明妇女的身体一直是部署权力技术和权力关系的主要目标和有利场所。实际上，自 20 世纪 70 年代初以来的许多女权主义研究都探讨了对妇女生殖功能的管制，强奸和殴打对妇女的影响，以及美如何作为（妇女）被社会接受的条件而强加给她们。这些研究对我们这个时代关于身体的讨论做出了巨大贡献，驳斥了学术界普遍将身体的发现归功于米歇尔·福柯的看法。

女权主义者从分析"身体-政治"出发，不仅彻底改变了当代哲学和政治话语，而且开始重新评价身体。这是一个必要的步骤，既可以反对女性气质与肉身的消极联系，也可以对成为一个人的意义有一个更全面的认识。[3] 这种重新审视有着各种形式，从追求非二元论的知识形式，到试图（与将性别"差异"视为积极价值的女权主义者一起）发展一种新的语言，并"（重新思考）人类智慧的肉身根源"[4]。正如罗西·布拉伊多蒂（Rosi Braidotti）所指出的那样，被重新夺回的身体绝不能被理解为一种生物学上的先天赋予。尽管如此，"重新占有身体"或"言说身体"[5]等口号还是受到了后结构主义、福柯式理论家的批评。他们拒绝任何关于本能解放的呼吁，认为这是虚幻的。女权主义者则指责福柯关于性的论述无视性别的差异，同时又挪用了女权运动中形成的许多见解。这种批评是十分恰当的。此外，福柯对投资身体这类权力技术的"生产性"特征非常感兴趣，他的分析实际上排除了对权力关系的任何批判。因其将身体视为由纯粹的话语实践所构成，并更多地描述权力如何被部署而非确定其来源，福柯的身体理论近乎辩护的特征显得更加突出。因此，身体产生的"权力"是作为一个自足的、形而上的实体（a self-subsistent, metaphysical entity）出现的。它无处不在，与社会和经济关系脱节，而且它的各种变化就像神圣的第一推动者一样神秘。

分析向资本主义的过渡和原始积累能否帮助我们超越这些选择？我认为可以。女权主义的方法的第一步应该是记录社会和历史条件，以及在这些条件下身体如何作为一项核心要素和决定性的活动领域建构了女性气质。沿着这些思路，《凯列班与女巫》表明，在资本主义社会中，身体对妇女的作用就像工厂对男性雇佣工人的作用一样：身体是妇女受剥削和反抗的主要场所，因为女性的身体被国家和男性占有并被迫用于劳动力的再生产和积累。因此，身体的各个方面——母职、分娩、性——在女权主义理论和妇女史上收获的重要地位是无可非议的。《凯列班与女巫》也同意女权主义拒绝将身体等同于私领域，并在此基础上讨论"身体政治"的见解。此外，它还解释了身体对妇女来说如何既是身份认同的来源，同时又是监狱，以及为什么身体对女权主义者如此重要，同时要划定它的价值又如此有问题。

原始积累的历史提供了许多针对福柯理论的反例，证明福柯的辩护中有许多明显的历史遗漏。其中最明显的遗漏是，他在分析对身体的规训时遗漏了猎巫和魔鬼学的话语。毫无疑问，如果将这些纳入其中，我们会得出不同的结论。因为这两者都表明施加在妇女身上的权力是具有压迫性的，并表明福柯在描述微观权力的动态时所想象的受害者与其迫害者之间存在的共谋和角色反转，是不太合理的。

研究"猎巫"也对福柯的"生命权力"（bio-power）理论提出了挑战，消除了福柯在描述这一制度如何出现时营造的神秘感。福柯认为，大概在18世纪欧洲发生了权力的转型，由一种以杀戮权为基础的权力，转变为一种通过管理和促进生命力（如人口增长）来行使的权力。但他没有提供任何关于这一转型动力的线索。然而，如果我们把这种转型放在资本主义兴起的背景下，这个谜团就消失了。因为促进生命力不过是源自对劳动力的积累和再生产的新的关注。我们还可以看到，国家对人口增长的促进，可以与对生命的大规模破坏同时发生；因为在许多历史情况下——例如贩卖奴隶的历史——这两者是互为前提的。事实上，在一个生命从属于利润的生产体系中，劳动力的积累只能通过最大限度的暴力来实现。这用玛丽亚·米斯的话说就是，暴力本身成了最具生产力的力量。

总之，如果福柯在他的《性经验史》（1978）中研究了猎杀女巫事件，而不是专注于教牧的忏悔，他就能发现这种历史不能从一个普遍、抽象和无性的主体的角度来书写。此外，他还会认识到，酷刑和死亡是可以为"生命"服务的，或者准确来说，是可以为劳动力生产服务的，因为资本主义社会的目标是把生命转化为劳动能力和"死劳动"。

从这个角度看，原始积累一直是个普遍的过程，贯穿于资本主义发展的各个阶段。它最初的历史模型已经沉淀了一些策略。在每一次重大的资本主义危机面前，这些策略以不同的方式重新启动，用于降低劳动力成本并隐藏对妇女和殖民地臣民的剥削，这并非偶然。

19世纪对社会主义的兴起、巴黎公社和1873年积累危机的反应就是"瓜分非洲"（Scramble for Africa）①。同时，核心家庭制度在欧洲建立了起来，其核心是妇女在经济上依附于男子——在妇女被驱逐出雇佣劳动的场所之后。这样的事情今天也正在发生：劳动力市场的新的全球扩张正试图使反殖民主义斗争以及其他反叛主体（学生、女权主义者、蓝领工人）的斗争倒退——这些反叛者在20世纪60年代和70年代削弱了劳动的性别分工和国际分工。

---

① "瓜分非洲"指的是1881年至1914年之间的新帝国主义时期，欧洲列强入侵、占领、瓜分和殖民非洲领土。

因此，当下出现了堪比"过渡时期"的大规模暴力和奴役，也就不足为奇了。不同的是，今天的侵略者是世界银行和国际货币基金组织的官员。他们仍在向同样一群人宣扬金钱的价值。在过去的几个世纪，全球列强一直在抢掠他们，使他们陷入贫困。在计算机时代，对开发新的生殖技术的投资证实，征服女性的身体仍然是积累劳动力和财富的先决条件。这些技术比以往任何时候都更迫使妇女沦为子宫。

此外，我们可以重新思考伴随全球化蔓延而来的"贫困女性化"（feminization of poverty）。因为我们看到，这是资本主义发展对妇女生活的首要影响。

事实上，我们可以从《凯列班与女巫》中学到的政治教训是，资本主义作为一种社会经济制度，必然是忠于种族主义和性别歧视的。因为只有诋毁那些受剥削者（妇女、被殖民者、非洲奴隶的后代、因全球化而流离失所的移民）的"本性"，资本主义才能合理化和神秘化其社会关系中的矛盾——承诺自由，现实却是普遍的胁迫；承诺繁荣，现实却是普遍的贫困。

在资本主义的核心，不仅有雇佣合同劳动和奴役之间的共生（symbiotic）关系，还有劳动能力的积累和毁灭的辩证（dialectics）关系。妇女为此付出了最高的代价，包括她们的身体、工作和生命。

因此，我们不可能把资本主义与任何形式的解放联系起来，也不可能把这个制度的长久性归结为它满足人类需求的能力。如果说资本主义能够自我再生产，那只是因为它在世界无产阶级的身体里建立了不平等的网络，并且它有能力使剥削全球化。这个过程仍在我们的眼皮底下展开着，就像过去 500 年一样。

不同的是，今天对这一进程的抵抗也达到了全球范围。

注　释

1. 关于向资本主义的过渡的研究历史悠久，这些研究与20世纪的重大政治运动同时出现并非偶然。在20世纪40年代和50年代，苏联政权稳固，欧洲和亚洲新的社会主义国家崛起，以及当时看来即将发生的资本主义危机引发了许多争论。在这个背景下，莫里斯·多布、罗德尼·希尔顿、克里斯托弗·希尔等马克思主义历史学家重新审视了"过渡时期"。20世纪60年代，第三世界主义理论家（萨米尔·阿明、安德烈·贡德·弗兰克）在辩论新殖民主义、"欠发达"以及"第一世界"和"第三世界"之间的"不平等交换"时，对"过渡时期"进行了重新审视。

2. 在我的分析中，这两种现实是联系紧密的。因为在资本主义中，一代代工人的再生产和每天再生他们的劳动能力已经成为"妇女的劳动"，尽管被神秘化了（作为一种个人服务甚至是自然资源而表现出无偿性）。

3. 毫不奇怪，20世纪"第二波"女权主义的几乎所有文献都在肯定身体的价值，就像反殖民起义和受奴役的非洲人后裔所创作的文学作品的特点一样。在这一基础上，跨越巨大的地理和文化界限，弗吉尼亚·吴尔夫的《一间自己的房间》（1929）预示着艾梅·塞泽尔的《返乡笔记》（*Return to the Native Land*，1938）的内容。吴尔夫嘲讽地责备她的女性读者及其背后的更广泛的女性世界，因为除了孩子之外，女性没有成功地生产任何东西。

> 姑娘们，我要说……你们从未有过任何重大发现。你们从未动摇过一个帝国，也从未率军上过战场。莎士比亚的戏剧并非出自你们的手笔……你们有何借口呢？当然，你大可以指指地球上的街巷、广场和森林，那里挤满了黑色、白色和咖啡色的居民……我们手头上也另有事情要做。而没有我们的辛劳，海面上便不再会有往来的船只，肥沃的土地也会化为沙漠。我

们生下了那十六亿两千三百万人，据统计，这就是现存人类的全部，而或许在他们六七岁前，我们要一直养育他们，为他们洗澡，让他们受教，即使有人相助，这也需要时间。[①]（Wolf 1929：112，98）

这种推翻堕落女性形象——该形象源自将妇女与自然、物质和肉身联系在一起的建构——的能力，就是女权主义"身体话语"的力量，它试图解开由男性对我们肉身现实的控制所束缚的东西。然而，把妇女解放设想为"回归身体"是一种错觉。正如我在这部作品中所论证的那样，如果女性的身体指涉的是一个被男性和国家侵占的生殖活动场域，并变成了生产劳动力的工具（以及这在性别规则和条例、审美规范和惩罚方面所带来的一切），那么，身体就是一个彻底的异化的场所。只有消除界定身体的工作规训，才能克服这种异化。

这点同样适用于男性。马克思描述了只在身体机能上感到自在的工人，该描述凭直觉印证了这一事实。然而，马克思从来没有传达出男性身体随着资本主义的到来而受到攻击的严重程度。讽刺的是，与米歇尔·福柯一样，马克思也强调了工人从属的权力是具有生产力的——对他来说，这种生产力成为工人未来掌控社会的条件。马克思并没有看到，工人的工业权力（industrial powers）的发展是以他们作为社会个体的权力被侵蚀为代价的，尽管他承认资本主义社会中的工人与他们的劳动，与他人的关系以及他们的工作产品变得如此疏远，以至于它们像被一种外来的力量支配。

4. Braidotti (1991) 219. 关于女权主义对身体的思考，参考 Ariel Salleh's *EcoFeminism as Politics* (1997)，特别是第 3 章到第 5 章；以及 Rosi Braidotti's *Patterns of Dissonance* (1991)，尤其是名为 "Repossessing the Body: A Timely Project" 的这一节（第 219—224 页）。

---

① 译文版本为贾辉丰译，人民文学出版社，2013 年。——编者注

5. 我在这里指的阴性书写（écriture feminine）是 20 世纪 70 年代在法国发展起来的一种文学理论和运动。它发展于拉康精神分析学派的女权学生中，她们试图创造一种语言来表达女性身体的特殊性和女性的主体性（Braidotti，同上）。

顶着一篮菠菜的女人。中世纪的妇女经常在花园里种植草药。有关草药特性的知识是她们代代相传的秘密之一。意大利，约 1385 年

第 1 章

全世界都需要一次冲击

中世纪欧洲的社会运动和政治危机

世上所有人都将受到巨大的冲击。一场比赛将会来临，不虔诚的人将被抛下宝座，受压迫的人将会起来。

—— 托马斯·闵采尔，《对〈路加福音〉中无神世界错误信仰的公开批评》，1524 年

不可否认，经过几个世纪的斗争，剥削确实继续存在。只是其形式发生了变化。当今世界霸主在各处榨取的剩余劳动所占劳动总量的比例，并不比很久以前的剩余劳动少。但是，在我看来，剥削条件的变化是不可忽视的……重要的是历史，是争取解放的努力……

—— 皮埃尔·多克斯，《中世纪的奴隶制与解放》，

1982 年

引　言

我们要书写"向资本主义的过渡"中的妇女和再生产的历史，必须从欧洲中世纪的无产阶级（小农、手艺人、日结工）对抗各种形式的封建权力的斗争开始。只有重新唤起这些带着丰富的诉求、社会和政治愿望以及对立实践的斗争，我们才能理解妇女在封建主义危机中发挥的作用，也才能理解为什么资本主义的发展必须摧毁妇女的力量，正如长达3个世纪的对女巫的迫害所显示的那样。站在观察这场斗争的有利位置，我们也可以看到，资本主义并不是从旧秩序日益增长的经济力量中进化而来的。资本主义是封建主、贵族商人、主教和教皇对数百年来社会冲突的反应，这种冲突最终动摇了他们的权力，真正让"全世界受到了巨大的冲击"。资本主义是反革命的，它摧毁了反封建斗争中的其他可能性。这些可能性一旦实现，我们的生命和自然环境将免于巨大的破坏——而这种破坏正是全世界资本主义关系发展的标志。我们必须强调这点，因为还有许多人认为资本主义是从封建主义"进化"而来的，代表着一种更高级的社会生活形式。

然而，如果只关注阶级斗争的经典领域——劳役、工资报酬、租金和什一税，而忽视这些冲突产生了新的社会愿景和性别关系的转变，我们就无法理解妇女史与资本主义发展史是如何交叉的。这些是不可忽视的。正是在反封建斗争的过程中，我们在欧洲历史上第一次找到证据表明，草根妇女运动反抗了既有的秩序并促进了另一种公共生活模式的建立。反封建斗争第一次有组织地挑战了主流的性别规范，并尝试建立更平等的男女关系。这些有意识的社会越轨形式包含抵制抵债劳动

（bonded labor）和商业关系，它们不仅为封建主义，也为取代封建主义的资本主义秩序构建了一个强有力的替代方案。这表明另一个世界是可能的，并让我们质问为何这些替代方案没有实现。本章试图寻找这个问题的答案，并考察男女关系和劳动力再生产是如何在反对封建统治的过程中被重新定义的。

我们也需要铭记中世纪的社会斗争，因为它们在解放史上写下了新的篇章。它们竭尽所能地呼吁建立一个基于财富共享、取消等级制度和专制统治的平等主义社会秩序。到今天这些仍然是乌托邦。封建主义灭亡带来的不是天堂，而是疾病、战争、饥荒和死亡——正如阿尔布雷希特·丢勒的著名作品《启示录》中所表现的天启四骑士一般——它们是新资本主义时代的真正预兆。尽管如此，中世纪无产阶级为"颠覆世界"所做的尝试必须得到重视；他们虽然失败了，但让封建制度陷入了危机。在他们那个时代，他们是"真正的革命者"，因为如果没有"对社会秩序的激进重塑"，他们是不可能成功的（Hilton，1973：223—224）。从中世纪的反封建斗争的角度来解读"过渡时期"，也有助于我们重构那些在英国圈地和征服美洲背景下的社会动态。最重要的是，这将帮助我们挖掘为何 16、17 世纪的消灭"女巫"现象以及国家将控制权扩大到再生产的各个方面，成了原始积累的基石。

农奴制是一种阶级关系

虽然中世纪的反封建斗争为我们理解资本主义关系的发展提供了一些启示，但若我们不将其置于农奴制历史的大背景下，其本身的政治意义仍将被掩盖。农奴制是封建社会中占统治地位的阶级关系，在 14 世纪以前一直是反封建斗争的重点。

　　公元 5 世纪至 7 世纪，为了应对作为罗马帝国经济基础的奴隶制的崩溃，农奴制在欧洲发展起来。这是两个相关现象的结果。在公元 4 世纪的罗马和新的日耳曼国家，地主为了阻止奴隶反抗、防止他们逃往帝国边缘正在形成逃亡奴隶社区（maroon communities）的"丛林"，不得不给他们拥有土地和组建家庭的权利。[1]同时，地主开始奴役自由农民。奴隶劳动的扩张和后来日耳曼人的入侵摧毁了这些自由农民的生活。他们牺牲自己的独立性，转而寻求奴隶主的庇护。因此，虽然奴隶制从未被完全废除，一种新的阶级关系却形成了。奴隶和自由农业劳动者的境况趋于一致（Dockes 1982：151），所有农民皆处于从属地位。因此在 3 个世纪中（从公元 9 世纪到 11 世纪），"农民"（rusticus，villanus）成了"农奴"（servus）的同义词（Pirenne，

农民在准备土壤以备播种。获得土地是农奴权力的基础。英国微型画，约 1340 年

1956：63）。

农奴身份作为一种劳动关系和法律地位是一个巨大的负担。农奴被捆绑在领主身上，他们的身家性命都是主人的财产，他们生活的方方面面都受制于庄园法令。然而，农奴制在更有利于工人的层面重新定义了阶级关系。农奴制标志着队工劳动（gang-labor）和奴工监狱（ergastula）[2]的终结，也标志着维系奴隶制的残暴刑罚（铁项圈、火刑、十字架）的减少。在封建庄园里，农奴受制于领主的律令，但他们的违法行为是根据"习惯性"协议来审判的，最后甚至是由基于同侪的陪审团制度来审判的。

从农奴制带给主仆关系的变化来看，农奴制最重要的方面是它使农奴直接掌握了再生产的工具。农奴以他们在领主的自营地（the demesne）上的义务劳动换得了一块地皮（曼苏或海得[①]）。他们可以用这块土地来养活自己，并"像真的遗产一样，只需支付到期的继承金就可以将其传给他们的子女"（Boissonnade 1927：134）。就像皮埃尔·多克斯（Pierre Dockes）在《中世纪的奴隶制与解放》（*Medieval Slavery and Liberation*）中指出的，这种安排提高了农奴的自主性，改善了他们的生活条件。因为他们现在可以投入更多的时间再生产，并与领主协商自己的义务范围，而不是像私人财产一样无条件地服从。最重要的是，农奴拥有一块能够有效利用的土地意味着他可以一直养活自己。即使在与领主对抗最激烈的时期，他们也不会因为饥饿而轻易屈服。诚然，领主可以把顽固不化的农奴赶出土地。但是在非常封闭的经济中招募新劳动者是很难的，而农民斗争是集体的，这种赶走农

---

① 面积单位，曼苏（mansus）大致和海得（hide）相当，1 海得通常相当于约 0.5 平方千米。——编者注

奴的做法很少。这就是为什么——如马克思所言——在封建庄园里，对劳动力的剥削总是依赖直接的武力。[3]

农民从拥有土地中得来的自力更生的体验，也具有政治和意识形态上的可能性。随着时间的推移，农奴开始把他们占有的土地看作自己的，并认为贵族限制他们的自由是不可容忍的。"耕者有其田"（Land to the tillers）这一要求一直回荡在20世纪，从墨西哥革命、俄国革命到当代反对土地私有化的斗争。而中世纪的农奴肯定会认可这是他们的战斗口号。"农奴"的力量便源自他们获得了土地。

随着农奴使用土地，他们也慢慢学会了利用"公地"（commons）——草地、森林、湖泊、野生牧场。这些公地为农民经济提供了重要的资源（燃料用木料、建筑用木材、鱼塘、牲畜放牧地），并增强了社区的凝聚力、促进了合作（Birrell 1987：23）。在意大利北部，控制这些资源甚至为社区自治的发展打下了基础（Hilton 1973：76）。"公地"在中世纪农村人口的政治经济和斗争中是如此重要，以至于他们的记忆仍然激发着我们的想象力。我们以此投射出对世界的愿景：在这个世界里，物品是共享的，团结而非自我炫耀的欲望可以成为社会关系的实质。[4]

中世纪的农奴社区并没有达到这些目标，我们不能将它们理想化为社群主义的范例。事实上，它的例子提醒我们，无论是"社群主义"还是"地方主义"，都不能成为平等关系的保证，除非社群控制了它的生活资料（means of subsistence），以及所有成员都能平等地获得这些资料。封建庄园里的农奴就不是这种情况。虽然集体劳动的形式和与领主签订的集体"合同"普遍存在，以及农民经济都具有地方性的特征，但中世纪的村庄并不是一个平等人的共同体。西欧各国的大量文献证实，农民内部存在着许多社会差异。这些差异将农民分化为自由农和农奴，富农和贫农，拥有可靠土地使用权的农民和在领主的自营地上挣工资的无地劳动者，以及女人和男人。[5]

尽管在许多情况下是妇女继承土地并以她们的名义管理土地，但通常还是男人分得土地并按照父系血统传承。[6]较富裕的男性农民能够任职管理岗，而妇女被排除在这些职位外。从所有方面来看，她们的地位都是次等的（Bennett 1988：18—29；Shahar 1983）。这也许就是为什么女性的名字除了出现在记录农奴违法行为的法庭登记册上，在庄园登记册中很少被提及。然而，女农奴对其男性亲属的依赖较少，在身体、社会和心理上与男性亲属的区别较小。女农奴对男性需求的服从性也小于后来资本主义社会中的"自由"妇女。

在农奴社区内部，妇女对男子的依赖是有限的。这是因为领主的权威高于丈夫和父亲的权威，领主要求占有农奴的人身和财产，并试图控制她们生活的各个方面，从工作到婚姻和性行为。

是领主掌握了妇女的劳动和社会关系，例如，决定寡妇是否应该再婚；谁应该成为她的配偶；在某些地区，甚至要求获得"初夜权"（ius primae noctis）——在新婚之夜与农奴的妻子睡觉的权利。因为土地一般是以家庭为单位，妇女不仅在土地上劳动，而且可以支配自己的劳动产品，不必依靠丈夫，男性农奴对女性亲属的权力进一步被限制。在英格兰，妻子和丈夫在土地占有上是合伙的关系得到广泛的认可，以至于"当一对农村夫妇结婚时，男子通常会来把土地交还给领主，然后以他和妻子的名义共同重新占有土地"（Hanawalt 1986b：155）。[7]此外，农奴农场的工作是在自给自足的基础上组织起来的，因此，与资本主义农场相比，其中的性别分工不那么明显，歧视也更少。在封建村落中，商品生产和劳动力的再生产之间不存在社会隔离，所有的工作都是为了维系家庭的生计。妇女除了养育孩子、做饭、洗衣、纺纱、打理草药园外，还在田里干活；她们的家庭活动没有被贬低，也不像之后在货币经济中那样，包含了不同于男子的社会关系。在货币经济中，家务劳动不再被视为真正的工作。

如果我们还考虑到在中世纪，社会集体关系比家庭关系更重要，女性农奴所做的大部分工作（洗衣、纺纱、收割、照料公地上的动物）都是与其他妇女合作完成的，那么性别分工并没有把妇女孤立起来，而是为妇女提供权力和保护的来源。它是女性坚实的社交和团结的基础。尽管教会宣扬女性要服从男性，而且教会法认可了丈夫殴打妻子的权利，但女性还是能以此与男性抗衡。

然而，我们不能将妇女在封建庄园中的地位视为一个静态的现实。[8] 因为在任何时候妇女的权力及其与男性的关系，都是由她们的共同体与领主的斗争，以及这些斗争在主仆关系中产生的变化所决定的。

公地上的斗争

到 14 世纪末，农民对地主的反抗已成为普遍的、大规模的且常常配备了武装力量的反抗。然而，农民在这一时期所表现出的组织力量是长期冲突的结果，该冲突几乎公开贯穿了整个中世纪。

教科书往往把封建社会描绘成一个静止的世界，每个庄园都接受其在社会秩序中被指派的位置。与之相反，对封建庄园的研究所呈现的却是一幅残酷阶级斗争的画面。

英格兰庄园法庭的记录表明，中世纪的村庄是日常战争的舞台（Hilton 1966：154；Hilton，1985：158—159）。当村民杀死庄园主管家或攻击他们领主的城堡时，会出现一些非常胶着的时刻。然而更多的时候，这些战争表现为无休止的诉讼。农奴试图通过诉讼限制领主滥用权力，明确自身的"负担"，减少他们为换取土地使用权而应向领主供奉的诸多贡品（Bennett，1967；Coulton，1955：35—91；Hanawalt 1986a：32—35）。

农奴的主要目标是掌握剩余劳动和产品，扩大他们的经济和法律权利的范围。这两个方面在农奴斗争中是紧密联系在一起的，因为农奴的许多义务是由他们的法律地位规定的。因此，在 13 世纪的英格兰，无论是在世俗的还是教会的庄园里，男性农民经常因为声称自己是自由人不是农奴而被罚款。这种挑战可能会导致一场激烈的诉讼，甚至上诉到王室法庭（Hanawalt 1986a：31）。农民还因拒绝在领主的炉子里烤面包，或拒绝在他们的磨坊里磨谷子、橄榄而被罚款，因为不用领主的设施就可以免于被征重税（Bennett 1967：130—131；Dockes 1982：176—179）。然而，农奴斗争最重要的领域是他们每周的某几天必须在领主土地上进行的劳作。农奴的这些"劳役"是最直接影响生活的负担。在整个 13 世纪，它们是农奴斗争争取自由的核心问题。[9]

庄园法庭记录中呈现了农奴对强迫劳动（corvée，劳役的别称）的态度，也包含了佃户遭受的刑罚。有证据表明到了 13 世纪中叶，劳动力"大规模地罢工"（Hilton 1985：130—131）。收割时节佃户被召唤时，自己不去也不派子女到领主的土地劳作；[10] 或者，他们很晚才去田里干活，结果庄稼给糟蹋了；或者，他们工作马虎，休息很久，每个人都一副不服的样子。因此，领主需要不断地进行严密的监督和警戒。我们可以从以下的建议中看出这一点：

> 让管家和监工一直看着种田的人，确保他们把活干好、干彻底，以及最后看看他们干了多少活儿……通常奴仆总是工作怠慢，所以得严防他们欺诈；此外，得经常监督他们；管家在旁边必须监督所有的人，让他们好好干活，如果他们做得不好，就让他们挨骂。（Bennett 1967：113）

威廉·朗格兰（William Langland）的寓言诗《耕者皮尔斯》（*Piers Plowman*，约 1362—1370）也描绘了类似的情形。在一个场景中，上午忙碌的劳动者在整个下午坐着唱歌；而在另一个场景中，收获时节闲散的人们聚集在一起，只求"无事可做，喝酒睡觉"（Coulton 1955：87）。

另外，战时的义务兵役制度也遭到强烈抵制。正如 H. S. 贝内特报告的那样，在英格兰的村庄里征兵一直是依靠武力的，而中世纪的指挥官很难让部下持续作战，因为入伍的人一拿到军饷收入就会伺机逃跑。例如，1300 年苏格兰战役的军饷单显示，虽然 6 月有 16 000 名新兵奉命入伍，但到了 7 月中旬，只能征集到 7 600 人。而"这是这一波的波峰……到了 8 月，只剩 3 000 多人"。于是，国王愈发只能依靠赦免罪犯和逃犯来加强他的军队（Bennett 1967：123—125）。

另一个冲突的根源是使用非耕地，包括树林、湖泊、山丘。农奴认为这些土地是集体财产。"我们可以去树林里……"——12 世纪中叶一部英格兰编年史中的农奴宣称——"拿我们想要的东西，去鱼塘捕鱼，去森林打野味；我们将在树林、水域和草地随心所欲。"（Hilton 1973：71）

不过，最惨烈的斗争还是反抗贵族仗着自己的司法权而规定的课税责任。其中包括马诺莫塔（manomorta，农奴死亡时领主征收的一种税）、美其塔（mercheta，农奴与其他庄园的人结婚时增加的一种婚姻税）、赫里特（heriot，已故农奴的继承人为获得其财产权而缴纳的一种遗产税，通常包括死者最好的牲畜），以及最糟糕的塔利税（tallage，领主可以随意决定数额的一笔钱）。最后不能不提什一税，即农民收入的 1/10 要交给牧师，但通常由领主以牧师的名义收取。

这些"违背自然和自由"的税收再加上劳役，是封建徭赋中最令人发指的。农奴没有得到任何土地分配或其他补偿，这暴露了封建权力的独断专横，因此遭到了强烈的抵制。农奴对邓斯特布尔僧侣的态度就非常典型，他们在 1299 年宣称，"宁可下地狱，也不愿意在塔利税上被欺负"，而且"经过大量的争论"，他们赎回了自己的自由，摆脱了塔利税（Bennett 1967：139）。同样在 1280 年，约克郡赫登村的农奴表示，如果不废除塔利税，他们宁可去附近的瑞文森德和赫尔镇生活，"那里有欣欣向荣的港口，而且没有塔利税"（同上：141）。这并不是虚张声势。农奴逃往城市或城镇[11]永远是他们斗争的组成部分。因此，在一些英格兰庄园，"传说有人跑了，住在邻近的城镇；虽然已经下令把他们带回来，但城镇继续为他们提供庇护……"

（同上：295—296）。

在这些公开的对抗形式之外，我们还必须考虑多方面的、隐蔽的抵抗形式。在任何时代和任何地方，受压迫的农民都以这种形式而闻名："磨洋工、装糊涂、假顺从、佯装无知、开小差、小偷小摸、偷运、偷猎……"（Scott 1989：5）。这些"日常的抵抗形式"，多年来顽强进行着并且在中世纪的村庄中普遍存在。不考虑这些抵抗，我们就不可能充分描述阶级关系。

这也许解释了为什么庄园记录中事无巨细地规定农奴的责任：

> 例如，（庄园记录）往往并不只说，一个人必须犁、播和耙领主的一英亩①土地。里面会说他必须用他的犁里的那么多牛来犁地，用他自己的马和麻袋来耙地……劳役（也）被详细记载了……我们要记住埃尔顿的佃农，他们承认自己必须在领主的草地和谷仓门口空地上堆放他的干草。但他们坚持认为，自己没有义务把干草装上马车，从一个地方运到另一个地方。（Homans 1960：272）

在德意志的一些地区，农奴需要每年上贡鸡蛋和家禽。为了防止农奴把最差的鸡交给领主，领主设计了一项测试来检验其健康程度：

> （然后）把母鸡放在栅栏或门前；如果母鸡受到惊吓，有力气飞起来或跑过去，那么这只鸡是合格的，庄园主

---

① 1英亩约为4 047平方米。——编者注

管家必须接受。同样，一只鹅如果成熟到能够拔草而不失去平衡，也不会丢脸地坐到地上，那么它也必须被接受。（Coulton 1955: 74—75）

这种细致入微的规定证明了中世纪"社会契约"执行的难度，以及各种各样的场合都可以成为反叛的佃户或村庄的战场。"习俗"规范了奴仆的义务和权利，但对习俗的阐释也是充满争议的。"发明传统"（invention of traditions）是领主与农民对抗中的常见做法。双方都会试图重新定义或忘记传统，直到 13 世纪中叶领主把传统写下来时，它们才最终定调。

自由与社会分化

在政治上，农奴斗争的第一个结果是许多村庄（特别是在意大利北部和法国）获得了"特许权"和"许可证"——明确了农奴的负担，并赋予"村社经营一定的自治元素"。有时，这为真正的地方自治提供了基础。这些章程规定了庄园法庭可以判处多少罚款，并制定了司法程序，从而消除或减少了任意逮捕和其他滥用权力的可能性（Hilton 1973：75）。它们还减轻了农奴的义务兵役，废除或明确了赋税；它们常常给予农奴"摆摊"的"自由"，即在当地市场上出售商品，以及更罕见的转让土地权。在 1177 年至 1350 年期间，仅洛林一地，就发放了 280 个许可证（同上：83）。

然而，解决主仆冲突最重要的办法是用货币（货币地租、货币税）**折现**劳役。这让封建关系建立在更为契约化的基础上。伴随着这一重大发展，农奴制实际上已经结束。但与许多工人的"胜利"（仅仅实现了最初诉求的一部分）一样，折现也是将斗争的目的为己所用，它成了社会分化的手段，促使封建村庄解体。

对于那些拥有大片土地、可以赚到足够多钱来"购买别人的血汗"和雇用其他劳动者的富农而言，这一定算是在经济和个人独立的道路上的一大步；因为当佃户不再直接依赖他们的劳动时，领主就会减少对他们的控制。但是，大多数贫农——他们只拥有几英亩地勉强为生——却失去了仅有的东西。他们被迫用金钱来支付税金，并陷入了长期的债务，只能用未来的收成借贷。这个过程最终令许多人丧失了土地。因此，到了13世纪，当折现的做法在整个西欧蔓延时，农村地区的社会分化加深，部分农民经历了无产阶级化的过程。正如布罗尼斯瓦夫·盖雷梅克写道：

> 13世纪的文献中包含了越来越多的"无地"农民的信息。他们设法在村庄生活的边缘以照料羊群为生……"园丁"越来越多，即无地或几乎无地的农民，他们通过出卖他们的服务谋生……在法国南部，"园丁"（brassiers）完全是靠"出卖"自己手臂（bras）的力量，把自己出租给富农或地主贵族为生的。从14世纪初开始，税收登记册显示贫农的数量显著增加，他们在这些文件中以"穷人"甚至"乞丐"的身份出现。（Geremek 1994：56）[12]

将劳动折现成货币地租的做法还产生了另外两个消极后果。首先，它使生产者更难衡量受到的剥削，因为一旦将劳役折现成货币，农民就再也无法区分他们为自己所做的工作和为地主所做的工作。折现还使现在自由的佃户有可能雇用和剥削其他工人。这样，"在进一步的发展中"，它促进了"独立农民财产的增长"，把"旧式的、亲自劳动的土地占有者"变成了资本主义的租佃者（Marx 1909：Vol. Ⅲ，924 ff.）。

　　因此，经济生活的货币化并不像市场经济的支持者所宣称的那样使所有的人都受益。支持者欢迎它，认为它创造了一种新的"公地"，取代了土地对人的束缚，并在社会生活中引入了客观、理性甚至个人自由的标准（Simmel 1900）。随着货币关系的蔓延，社会价值观无疑发生了变化。甚至神职人员的价值观也变化了，他们开始重新考虑亚里士多德有关"钱乃不应繁殖之物"的学说（Kaye 1998），与此同时修正了其关于面向穷人做慈善中的救赎性的看法。这些影响是极具破坏力和分裂性的。金钱和市场开始通过将收入差异转化为阶级差异来分裂农民，从而产生了大量只能依靠定期捐赠生存的穷人（Geremek 1994：56—62）。我们必须把犹太人从 12 世纪开始遭受的系统性攻击，以及当时他们在法律和社会地位上的不断恶化，归结于货币日益增长的影响力。来自基督教的竞争者取代犹太人成为国王、教皇和高级神职人员的放贷人，神职人员对犹太人采取新的歧视性规章（如他们必须穿特殊的服装），并将犹太人逐出英格兰和法国。实际上，这些事件之间存在引人沉思的关联。犹太人被教会贬低，被基督教徒进一步隔离。他们的放贷生意（可以从事的少数职业之一）被限制在村一级。因此，犹太人很容易成为负债农民的攻击目标，后者经常向他们发泄对富人的愤怒（Barber 1992：76）。

　　各阶层的妇女受到商业化的不利影响也是最多的，因为她们获得财产和收入的机会进一步减少了。在意大利的商业城镇中，妇女失去了继承丈夫 1/3 财产的权利（tertia）。在农村地区，她们进一步被排除在土地所有权之外，特别是当她们单身或丧偶时。因此，到了 13 世纪，她们带头离开农村，成为由农村向城镇移民最多的人群（Hilton 1985：212）。到了 15 世纪，妇女在城市人口中占了很大比例。在这里，她们大多生活条件恶劣，做着低薪工作，如女佣、小贩、零售商人（经常因没有许可而被罚款）、纺纱者、下层行会的成员以及妓女。[13] 然而，和中世纪最具战斗力的人群一起生活在城市中心，让她们获得了新的社会自主权。城市法律并没有解放妇女；也少有人能负担得起"城市里的自由"——与所谓的城市生活有关的特权。然而，在城市里妇女对男性监护的从属性降低了。因为她们现在可以独立生活，或与她们的孩子一起作为一家之主，或经常可以与其他妇女同居、组成新的社区。虽然妇女通常是城市社会中最贫穷的人，但随着时间的推移，她们从事了许多后来被认为是男性工作的职业。在中世纪的城镇中，妇女可以打铁、屠宰、做面包、造烛台、做帽子、酿啤酒、梳羊毛和做零售（Shahar 1983：189—200；King 1991：64—67）。"1300 年至1500 年，在法兰克福大约 200 种职业有妇女从事。"（Williams and Echols 2000：53）在英格兰，85 个行会中，有 72 个行会的成员包含妇女。[14] 到了 14 世纪，妇女可以做学校教师、医生和外科医生，并开始与受过大学教育的男子竞争，有时还获得了很高的声誉。14 世纪，法兰克福市雇用了 16 名女医生——其中有几名专门从事外科或眼科治疗的犹太妇女。法兰克福市政府和其他城市的管理部门一样，为居民提供了公共的卫生保健系统。女医生以及接生婆或助产士在产科中占主导地位。她们要么由市政府支付工资，要么靠从病人那里得到的报酬养活自

修建城墙的妇女泥瓦匠，摘自克里斯蒂娜·德皮桑（Christine de Pizan）的《妇女之城》（*The City of Women*），1405 年

己。在 13 世纪剖宫产手术被引进后，只有女性产科医生做这些手术（Opitz 1996：370—371）。

随着妇女获得更多的自主权，她们在社会生活中的出场开始被更频繁地记录下来：在牧师的布道中，她们被指责不守纪律（Casagrande 1978）；在法庭的记录中，她们谴责那些虐待自己的人（S. Cohn 1981）；在管制卖淫的城市法令中（Henriques 1966）；在成千上万跟随军队的非战斗人员中（Hacker 1981）；

尤其是，在新的群众运动特别是异端分子的运动中。

后面我们将看到妇女在异端运动中所扮演的角色。这里可以说，面对新出现的女性独立，我们看到了厌女反击的开始。最明显的是在故事诗的讽刺中，我们发现了历史学家定义的"马裤之争"（struggle for the breeches）[①]的最初印记。

千禧年运动和异端运动

折现后紧跟着出现了日益壮大的无地无产阶级，正是他们成了千禧年运动（在 12 世纪和 13 世纪的）的主角。在这些运动中，除了有贫农，还有所有封建社会的可怜人：妓女、被革职的牧师、城市和农村的日结工（N. Cohn 1970）。千禧年信徒在历史舞台上昙花一现，留下的痕迹不多。他们向我们讲述了短暂的起义事迹，以及随着十字军东征的发动，农民如何在贫困和教士的煽动下也变得残暴起来。然而，农民叛乱的意义在于它开启了一种新的斗争类型，这类斗争超越了庄园的范围，并被彻底变革的志向鼓舞。毫不奇怪，千禧年说的兴起伴随着世界末日预言的广为流传。他们宣布世界末日和最终的审判即将来临，"不是作为一个静待遥远未来实现的愿景，而是当下许多活着的人能够积极地参与进去的即将发生的事件"（Hilton 1973：223）。

1224 年至 1225 年在佛兰德斯由伪鲍德温（Pseudo Baldwin）引发的运动是千禧年说的典型。这人是一个隐士，声称自己是深

---

① "马裤之争"指丈夫从彪悍的妻子手里夺权。妻子压过了丈夫的权威、骑到丈夫头上被比喻为"穿着马裤"（wear the breeches）。

受人民爱戴的鲍德温九世，后者于 1205 年在君士坦丁堡被杀。我们无法证明这是真是假，但他对带来一个新世界的许诺引发了一场内战。在这场内战中，佛兰德斯的纺织工人成了他最狂热的支持者（Nicholas 1992：155）。这些穷人（纺织工、缩绒工）簇拥着他，相信他会带来金银以及全面的社会改革（Volpe 1922：298—299）。与这一运动类似的还有牧羊人（Pastoreaux）运动。1251 年左右，农民和城市工人席卷了法国北部，他们打砸抢烧富人的房屋，要求改善自己的生活。[15] 还有从意大利翁布里亚开始的鞭笞者（Flagellants）运动。这场运动在 1260 年蔓延到几个国家。根据修道院院长弗洛拉的约阿希姆预言，这个时间世界末日会到来（Russell 1972a：137）。

然而，相比于千禧年运动，流行的异端邪说（popular heresy）才更能表达中世纪的无产阶级如何寻求封建关系的具体替代方案，以及他们如何抵制日益增长的货币经济。

异端邪说和千禧年运动经常被视为同一个主题，但是这两种运动之间有着显著的区分，尽管无法精确区分。

千禧年运动是自发的，并没有一个组织架构或计划。通常，一个特定的事件或卡里斯马型的人激发了他们，但一旦遭遇武力，他们就会溃败。相比之下，异端运动则是有意识地试图创造一个新社会。主要的异端教派都有一个同时重新解释宗教传统的社会纲领。不论从观点复制、思想传播，甚至是自我辩护的角度来看，它们都是有组织的。因此，尽管受到极端的迫害，它们仍然持续了很长时间且在反封建斗争中发挥了关键作用，也就不足为奇了。

今天，人们对许多异端教派（清洁派、瓦勒度派、里昂穷人派、属灵派、使徒会）所知甚少。这些教派在意大利、法国、佛兰德斯和德意志的"下层阶级"中盛行了 3 个多世纪，无疑是中世纪最重要的反抗运动（Werner 1974; Lambert 1977）。人们不了解它们主要是由于它们受到了教会的凶残迫害，教会不遗余力地抹去了它们的一切痕迹。十字军东征 —— 就像针对阿尔比派[16]的那一次 —— 就是铲除异端的。他们被要求从"异教徒"手中解放圣地。数以千计的异端分子被烧死在火刑柱上。为了清除他们存在的痕迹，教皇建立了国家镇压史上最乖谬的机构之一：宗教裁判所（Vauchez 1990：162 — 170）[17]。

然而，正如查尔斯·H. 李还有其他人在关于迫害异端的浩瀚历史书写中所表明的那样，即使根据我们目前掌握的有限记录，我们也可将他们的活动、信条以及异端抵抗在反封建斗争中的作用拼凑成一幅令人印象深刻的图画（Lea 1888）。

尽管商人和十字军将东方宗教带到欧洲，影响了流行的异端邪说，但与其说异端是对正统教义的偏离，不如说它是一种抗议运动，激发着人们对于社会彻底民主化的渴望。[18] 对于中世纪的无产阶级来说，"异端"与"解放神学"无异。它提供了一个框架，整合人们对精神重生和社会正义的要求，并通过激发对更高层次真理的追求来挑战教会和世俗权威。它谴责社会等级制度、私有财产和财富积累，并在人们中间传播了一种新的、革命性的社会观念。这种观念在中世纪第一次重新定义了日常生活的各个方面（工作、财产、性生殖和妇女的地位），提出了真正普世的解放问题。

异端运动里产生了另一种具有国际性的社区结构，使各教派成员能够过上更加自主的生活并受益于由人脉、经院和安全屋组成的广泛的支持网络。在需要的时候，他们可以依靠这个网络获得帮助和鼓舞。毫不夸张地说，异端运动事实上是第一个

黑死病期间的
鞭笞者队伍

"无产阶级国际"——各教派（特别是清洁派和瓦勒度派）借助商业集市、朝圣和因迫害而不断穿越国境的难民，建立了广泛的影响力和联系。

异端邪说流行的根源是人们相信上帝不再通过神职人员言说，因为神职人员充斥着贪婪、腐败和丑恶的行径。因此，两大教派把自己说成是"真正的教会"。然而，异端分子的挑战主要是政治性的，因为挑战教会意味着直面封建势力的意识形态支柱，挑战这个欧洲最大的地主以及对农民日常受剥削负有最大责任的机构。到了 11 世纪，教会已经成为一股专制的势力，利用其所谓的神授权力铁腕统治，并通过无休止的勒索来充实自己的金库。上自教皇下至乡村牧师都在出售赦罪权、赎罪券和宗教职位。他们召集信徒到教堂只是为了宣讲什一税的神圣性，并使所有圣礼成了市场买卖。这些现象如此盛行，以至于神职人员的腐败在整个基督教中都成了话柄。他们堕落到只有收到报酬才会埋葬死者、洗礼或赦免罪行的地步。圣餐甚至也成了讨价还价的时机。"如果有人抵制了教会不公平的要求，教会就会把那些顽固不化的人逐出去，然后人们在原本金额之上必须再支付和解的费用。"（Lea 1961：11）

在这种情况下，异端邪说的传播不仅顺势引导人们蔑视神职人员，而且使他们对自己的观点充满信心，并煽动他们抵抗神职人员的剥削。异端分子从《新约》中汲取灵感，教导群众说，基督没有财产，教会如果想恢复它的精神力量，就应该放弃它的一切财产。他们还教导说，圣礼在由有罪的牧师主持时是无效的。人们应该抛弃崇拜的外部形式——建筑、图像、符号。因为只有内在的信仰才是重要的。他们还劝告人们不要缴纳什一税，并否认炼狱的存在，认为发明炼狱是为了神职人员通过付费的弥撒和卖赎罪券获得利润。

反过来，教会用异端罪来攻击各种形式的社会和政治不服从行为。1377 年，当佛兰德斯地区伊普尔的布工拿起武器反抗雇主时，他们不仅被当作叛乱者绞死，而且被宗教裁判所作为异端分子烧死（N. Cohn 1970：105）。还有一些记录表明，女织工因没有及时将工作成果交付给商人或没有正确完成工作而受到驱逐的威胁（Volpe 1971：31）。1234 年，为了惩罚拒绝缴纳什一税的农民佃户，不来梅主教号召讨伐他们，"好像他们是异端者一样"（Lambert 1992：98）。除此之外，异端分子也受到世俗掌权者的迫害。从皇帝到城市贵族，他们意识到异端分子呼吁建立"真正的宗教"是具有颠覆意义的，削弱了他们统治权力的基础。

　　异端既是对社会等级制度和经济剥削的批判，也是对教士腐败的谴责。正如焦阿基诺·沃尔佩（Gioacchino Volpe）所指出的，拒绝一切形式的权威和强烈的反商业情绪是这些教派的共同要素。许多异端分子都有使徒贫困（apostolic poverty）的理想[19]，并希望回归原始教会的简单集体生活。有些教派，如里昂穷人派和自由灵弟兄会，靠捐赠的施舍生活。[20] 还有一些人尝试了"共产主义"，比如波希米亚的早期塔博尔派。对他们

农民吊死了一个贩卖赦罪权的僧侣。尼克劳斯·曼努埃尔·多伊奇（Niklaus Manuel Deutsch），1525 年

来说，建立平等和公有制与宗教改革同样重要。[21] 关于瓦勒度派，一位审讯官也报告说，"为了避免撒谎、欺诈和宣誓，他们规避了一切形式的商业活动"，他还描述他们赤脚行走，毛衣蔽体，身无长物，像使徒一样共享所有的东西（Lambert 1992：64）。然而，1381 年英格兰农民起义的知识分子领袖约翰·鲍尔（John Ball）的话最能表达异端的社会思想。他谴责说："我们是按照上帝的形象造出来的，却被当作野兽。"他还说："在英格兰……只要有绅士和农奴，就不会有什么好事发生。"（Dobson 1983：371）[22]

清洁派是异端教派中影响力最大的。他们憎恶战争（包括十字军东征），谴责死刑（这促使教会第一次明确宣布支持死刑）[23]，对其他宗教十分宽容。因此，这一派在欧洲社会运动史上也是独树一帜的。法国南部是他们在教皇对阿尔比派发动十字军东征前的据点，"在欧洲反犹太主义抬头的时候，这里是犹太人的安全避难所；（在这里）恺撒和犹太思想的融合产生了犹太神秘主义的传统——喀巴拉"（Spencer 1995b：171）。清洁派还拒绝婚姻和生育，是严格的素食主义者。这既是因为他们拒绝杀戮动物，也是因为他们希望不吃任何由性产生的食物，如鸡蛋和肉类。

这种对生育的消极态度被归结为东方二元论教派对清洁派的影响。如保罗派，他们是一群反对崇拜圣像的教徒（iconoclasts），拒绝以生殖的形式让灵魂困在物质世界中（Erbstosser 1984：13—14）；以及最重要的鲍格米勒派，10 世纪时他们在巴尔干的农民中实行改教。这场流行运动"诞生在农民中间，身体的痛苦使他们意识到事物的邪恶"（Spencer 1995b：15），鲍格米勒派宣扬可见的世界是魔鬼的产物（因为在上帝的世界里，善者为先），他们拒绝生孩子，以免把新的奴隶带入这个"苦难之地"——他们的一篇小册子如此描述尘世的生活（Wakefield and Evans 1991：457）。

鲍格米勒派对清洁派的影响是公认的。[24] 清洁派回避婚姻和生育，这很可能源自他们对于生命"退化为仅仅为了生存"的拒绝（Vaneigem 1998：72），而并非"希望死"或蔑视生命。这一点由以下事实可以看出：清洁派的反生育主义并不与贬低妇女和性的观念联系在一起，而轻视生命和身体的哲学往往是这样。妇女在教派中占有重要地位。至于清洁派对性的态度，虽然"完美信徒"会禁绝性交，但其他成员则不会被要求这么做。有些人还蔑视教会对贞操的重视，认为这意味着过分重视身体。一些异端将性行为归结为一种神秘的价值，甚至将其视为一种圣礼，并宣扬实践性行为而非禁欲是达到纯洁状态的最佳手段。因此，讽刺的是，异端分子既被当作极端禁欲主义者，又被当作淫荡者受到迫害。

清洁派的性观念显然是通过与东方异端宗教的接触而发展并复杂化的，但其所受到的欢迎和对其他异端宗教的影响也反映了一些更广泛的经验现实。这些现实植根于中世纪婚姻和再生产的状况。

我们知道，在中世纪社会，由于土地有限以及行会对进入手工业施加的保护主义限制，无论是农民还是手工业者都不可能或不愿意生很多孩子。事实上，农民和手工业者社区都在努力控制他们的孩子数量。为实现这一目标，最常用的方法是推迟结婚，甚至在东正教徒中间，结婚都来得很晚（如果有的话）。当时的规矩说"没有土地就没法结婚"（Homans 1960：37—39）。因此，大量的年轻人不得不实行性禁欲，或者违抗教会关于婚外性行为的禁令。我们可以想象，拒绝生育的宗教异端者肯定在他们中间找到了某种共鸣。换句话说，可以想见，在异端分子的性规范和生育规范中，实际看得到中世纪生育控制的痕迹。这就可以解释，为什么当 14 世纪末人口危机和劳动力短缺严重，人口增长成为一个重要的社会问题时，宗教异端就会被与生殖犯罪，特别是"鸡奸"（即肛交）、杀婴和堕胎联系在一起。这并不是说宗教异端的生育观念对人口产生了决定性的影响；而是说至少在两个世纪里，意大利、法国和德意志形成了一种政治氛围，在这种氛围里，任何形式的避孕（包括"鸡奸"）都与宗教异端联系在一起。我们必须在教会控制婚姻和性行为的背景下看待宗教异端的性学说对正统教义的威胁。这种控制使教会能够将所有人 —— 从皇帝到最贫穷的农民 —— 置于其监督和惩戒性的统治之下。

性的政治化

正如玛丽·康德伦在《蛇与女神》（*The Serpent and Goddess*，1989）中指出的，教会对性行为的管控在欧洲历史悠久。从很早的时候开始（在基督教于 4 世纪成为国教后），神职人员就认识到性欲赋予了女性对男性的权力，并坚持试图通过将规避女性与性爱视为圣洁的来消除这种权力。他们将妇女从所有的礼拜时刻和圣礼的管理中驱逐出去；试图通过采用女性化的服装来篡夺妇女赋予生命的、魔法般的力量；并将性行为作为羞辱的对象 —— 所有这些都是父权等级制试图打破妇女的力量和情欲吸引力的手段。在这个过程中，"性行为被赋予了新的意义……（它）成为忏悔的主题，一个人最私密的身体机能中最微小的细节之处成为讨论的话题"，"性的不同方面被分割成思想、语言、意图、非自愿的冲动和实际的性行为，并由此形成一门性科学"（Condren 1989: 86—87）。重建教会性准则的一个秘密场所是忏悔手册（Penitentials）。从7世纪开始，这些手册作为忏悔者的实用指南而发行。在《性经验史》（1978）第一卷中，福柯强调了这些手册在17世纪将性作为一种话语以及在关于性的更多形式的认知的产生过程中扮演的角色。但早在中世纪，忏悔手册对新的性话语的产生就已经起到了作用。这些作品表明，教会试图强加一种真正的性教义，详细规定了性交时允许的姿势（实际上只允许一种），可以进行性生活的日子，允许与谁性交，禁止与谁性交。

这种性监督在12世纪变本加厉。1123年和1139年的拉特兰会议对教士普遍结婚和纳妾的做法发起了新一轮的讨伐，[25]并宣布婚姻是一种神圣的仪式，世界上的任何权力都不能解除它的誓

惩罚通奸。这对恋人被绑在一起，领着穿过街道。一份来自法国图卢兹的1296年的手稿

言。此时，忏悔手册重申了对性行为的限制。[26] 40 年后，随着
1179 年第三次拉特兰会议的召开，教会加大了对"鸡奸"的打
击力度，这既针对同性恋者，也针对非生殖的性行为（Boswell
1981：277—286）。教会首次谴责了同性恋（"违背自然的无节
制行为"）（Spencer 1995a：114）。

　　随着这一强制性立法的通过，性完全被政治化了。这时，
天主教会对待性问题还没有后来那种病态的痴迷。但到了 12 世
纪，我们已经看到教会不仅窥视其信众的卧室，而且把性行为
变成了国家事务。那么，我们必须将异端分子离经叛道的性选
择看作一种反权威的立场。异端者试图将自己的身体从神职人
员的控制下挣脱出来。这种反叛教廷的典型就是 13 世纪兴起的
新泛神教派。如阿马里克派（Amalricians）和自由灵弟兄会，
他们反对教会控制性行为，宣扬上帝就在我们每个人心中，因
此我们不可能犯罪。

妇女与异端

　　异端运动最重要的一个方面是它赋予了妇女很高的地位。
正如焦阿基诺·沃尔佩所言，在教会中妇女什么都不是，但在
这里她们被认为是平等的；她们拥有与男子相同的权利，可以
享受中世纪妇女所没有的社会生活和流动的自由（流浪、传教）
（Volpe 1971：20；Koch 1983：247）。在异端教派中，尤其在
清洁派和瓦勒度派中，妇女有权管理圣礼、传教、洗礼，甚至
接受司铎的委派。据传因为主教拒绝妇女传教，瓦勒度便从正
统派中分裂了出来。据说清洁派崇拜一个女性形象 —— 思想

女神（Lady of Thought），后者影响了但丁对贝阿朵莉丝的构想（Taylor 1954：100）。异端教派允许男女同居，即使两者没有结婚，因为他们并不认为这必然导致乱交行为。异端男女经常如兄弟姐妹一般自由地生活在一起，就像早期教会中的圣爱（agapic）① 社区一样。妇女也组成了自己的团体，贝居安会修女就是一个典型案例。来自城市中产阶级的女信徒共同生活在一起（特别是在德意志和佛兰德斯），她们用自己的劳动养活自己，不受男性控制，也不服从修道院的统治（McDonnell 1954；Neel 1989）。[27]

妇女在异端历史中的出场比在中世纪生活的任何其他方面的都要多，这并不奇怪（Volpe 1971：20）。按照戈特弗里德·科赫的说法，在 10 世纪，妇女已经构成了鲍格米勒派的很大一部分。11 世纪，妇女又给法国和意大利的异端运动带来了生机。这时的女性异端分子来自农奴中最低的阶层，她们构成了一场真正的妇女运动，在不同异端团体的框架内发展（Koch 1983：246—247）。宗教法庭的记录中也有女性异端分子的身影。我们知道有些人被烧死，有些人则被"关押起来"在狱中度过余生。

我们是否可以说，异端教派中大量女性的存在是异端教派"性革命"的罪魁祸首？或者我们是否该认为，呼吁"自由恋爱"是男性的计谋，目的是轻松获得女人的性青睐？回答这些问题并不容易。不过，我们可以从忏悔手册里大量提到的女性堕胎和避孕中看出，女性确实试图控制自己的生育功能。值得注意的是——考虑到未来在猎杀女巫期间，这些将被定罪——避孕药被称为"不育药水"或黑魔法（maleficia）（Noonan 1965：

---

① 希腊基督教术语，指无条件的爱。

异端妇女被判火刑。妇女在每个国家的异端运动中都数量众多

155—161）。人们认为是妇女用了这些药。

在中世纪早期，教会认识到妇女可能出于经济原因减少生育，因而对这些做法仍持某种宽容态度。因此，沃尔姆斯的主教伯查德（约1010年）在其撰写的《教令集》（*Decretum*）讨论完仪式问题之后写道：

> 你们是否做了那些妇女在私通和想要杀婴时惯常做的事：用她们的黑魔法和她们的草药杀死或堕掉胎儿，或者，如果她们还没有怀孕，就想让她们避孕？（Noonan 1965：160）

犯了这个罪的应忏悔 10 年；但也有人认为，"吃不饱饭而不得已为之的可怜小女人和为了掩盖私通罪做这些的人，是有很大区别的"（同上）。

然而，当妇女掌控生育似乎威胁了经济和社会稳定时，情况开始急剧变化，就像"黑死病"造成的人口灾难一样，在 1347 年至 1352 年期间，这场世界性的瘟疫摧毁了 1/3 以上的欧洲人口（Ziegler 1969：230）。

后面我们将看到这种人口灾难在中世纪晚期的"劳工危机"中扮演的角色。在这里，我们可以注意到，瘟疫蔓延之后性在迫害异端分子的运动中变得更加突出。性被怪诞地扭曲，这也预示了后来女巫恶魔会（the witches' Sabbat）将会如何被表现。到了 14 世纪中叶，审讯官的报告不再满足于指控异端分子鸡奸和性许可。异端教派开始被指控崇拜动物，包括臭名昭著的"尾巴下的吻"（bacium sub cauda）[①]，以及沉溺于群体乱交仪式、夜间飞行和把儿童作为祭品（Russell 1972）。审讯官还报告了一个叫作路西法的魔鬼崇拜者教派。这一过程标志着社会从迫害异端分子过渡到猎杀女巫。与此相对应，异端分子的形象越来越多地成了妇女。因此，到 15 世纪初，迫害异端分子的主要目标变成了女巫。

然而，这并不是异端运动的结束。1533 年，它最后的高潮来临：再洗礼派试图在德意志的明斯特镇建立上帝之城。这场运动以血洗的方式被粉碎，随后是一波无情的报复，影响了整个欧洲的无产阶级斗争（Po-chia Hsia 1988a：51—69）。

在此之前，无论是激烈的迫害还是对异端的妖魔化，都无

---

① 12 世纪时传说撒旦以黑猫的形式出现在他的追随者面前，追随者们会在猫尾下索吻以示效忠。

法阻止异端信仰的传播。正如安东尼诺·迪斯泰法诺所写的那样，开除教籍，没收财产，酷刑，火刑，对异端发动十字军东征——这些措施都不能破坏异端邪恶（haeretica pravitatis）的"巨大活力和受欢迎程度"（di Stefano 1950：769）。维特里的詹姆斯（James de Vitry）在 13 世纪初写道："没有哪个市镇不存在异端的支持者、捍卫者和信徒。"即使在 1215 年针对阿尔比派的十字军东征摧毁了清洁派的据点后，异端（与伊斯兰教一起）仍然是教会必须面对的主要敌人和威胁。异端的新成员来自各行各业：农民、下层神职人员（他们认同穷人，并将福音语言引入他们的斗争中）、城镇市民，甚至是小贵族。但流行的异端主要是集中在社会下层。它在农村和城市无产阶级（农民、鞋匠和布工）中兴盛："它向他们宣扬平等，用先知和世界末日的预言来激发他们的反抗精神"（同上：776）。

14 世纪 30 年代，宗教法庭在意大利北部的特伦托地区进行了许多审判，我们可以从这些审判中窥见异端受欢迎的程度。这些审判针对那些曾热情款待过使徒派的人，当时他们的领袖弗拉·多尔奇诺（Fra Dolcino）在 30 年前曾路过该地区（Orioli 1993：217—237）。在他来的时候，许多人打开门给多尔奇诺和他的追随者提供庇护。同样在 1304 年，多尔奇诺宣布贫穷和爱的神圣统治即将来临，并于韦尔切莱塞（Vercellese，位于皮埃蒙特）的山间建立了一个社区。当地正在反抗韦尔切利主教的农民给了他支持（Mornese and Buratti 2000）。在 3 年的时间里，多尔奇诺的追随者一直在抵抗十字军东征和主教对他们的封锁——身着男装的妇女与男子并肩作战。最后，他们还是败于饥饿和教会的镇压，教会所动员的讨伐部队与他们相比具有压倒性的优势（Lea 1961：615—620；Hilton 1973：108）。在韦尔切利主教集结的部队最终战胜他们的那一天,"1 000多名异端分子在火焰里,在河中,在剑下,被残忍地杀死"。多尔奇诺的同伴玛格丽塔,因她不肯放弃,在他眼前慢慢被烧死。多尔奇诺本人在山路上被慢慢地拖曳,逐渐被扯成碎片——这是对当地居民的警告(Lea 1961:620)。

城镇的斗争

不仅是女人和男人,农民和城市工人也在异端运动中找到了共同的事业。人们可能会认为不同的人群有着不同的关切和愿望,但他们之间这种共同的关注点可以从几个方面来解释。首先,在中世纪,城市和乡村之间的关系密切。许多市民之前都是农奴,为了更好的生活而迁居或逃往城市。在做手艺活的同时,他们也继续在土地上劳动,特别是在收获时节。乡村生活和他们与土地的持续关系,深深影响着他们的思想和欲望。农民和城市工人也因为受制于同一政治统治者而被联系在一起。因为到了13世纪(特别是在意大利北部和中部),土地贵族和城市贵族商人正逐渐同化,作为一个权力结构发挥作用。这一情况促进了工人之间互相关注和团结。因此,每当农民反抗时,他们发现工匠、日结工以及越来越多的城市贫民与他们站在一起。佛兰德斯沿海农民起义期间就是如此。起义始于1323年,1327年,法国国王和弗拉芒的贵族在卡塞尔击败叛军,1328年6月起义结束。正如大卫·尼古拉斯所写:"因为城市参与了,叛军才能够将冲突持续5年之久。"(Nicholas 1992:213—214)他补充说,到1324年底,伊普尔和布鲁日的工匠也加入了起义农民的行列：

> 此时，布鲁日已由一个织工和缩绒工的党派控制。他
> 们从农民手中接管了起义的方向……一场宣传战开始了，
> 僧侣和传教士告诉群众，一个新的时代已经到来，他们和
> 贵族是平等的。（同上：213—214）

另一个农民与城市工人的联盟来自图钦（Tuchins），它是
一个在法国中部山区活动的"土匪"运动，其中工匠加入了一
个典型的农村组织（Hilton 1973：128）。

把农民和工匠团结起来的，正是消除差异的共同愿望。正
如诺曼·科恩所写的，这一点在各类文献中得到了证明：

> 从穷人的谚语中可以听到，"穷人总是在工作、担心、劳
> 作和哭泣，从不发自内心地笑，而富人却在笑，在唱……"。
> 从奇迹剧中可以看到："……每个人都应该拥有和别人
> 一样多的财产，而我们却没有任何可以称得上是自己的东
> 西。大领主拥有所有的财产，而穷人除了苦难和逆境，什
> 么都没有……"
> 我们可以从最广为流传的讽刺诗中可以读到，"地方法官、
> 教士长、教区执事、市长……几乎都是以抢劫为生。他们
> 都利用穷人，都想掠夺他们……强者掠夺弱者……"或者
> "好的劳动者会做小麦面包，但他们永远不会咀嚼它；不，
> 他们得到的只是玉米中的渣，酒中的糟粕，好布中的垃圾。
> 一切好吃好喝的东西都归贵族和神职人员……"。（N. Cohn
> 1970：99—100）

这些抱怨表明民众对"大鸟"和"小鸟""胖子"和"瘦子"——14世纪的佛罗伦萨政治俗语这样称呼富人和穷人——之间存在的不平等是多么深恶痛绝。约翰·鲍尔在组织1381年英格兰农民起义的过程中宣称："除非我们的境况相当，否则英格兰不会变好的。"（同上：199）。

正如我们看到的，人们向往更加平等的社会，这主要体现在他们赞美贫困和物品共有制。然而，人们对工作的崭新态度也体现了他们对平等主义观点的肯定，这在异端教派中最为明显。一方面，人们有一种"拒绝工作"的策略，如法国瓦勒度派（里昂穷人派）和一些住院小兄弟会（方济各会、属灵派）的成员所采取的策略，他们希望从对世俗的关注中解脱出来，依靠乞讨和社区支持生存。另一方面，人们有一种对工作的新的价值评定，特别是对体力劳动。它在英格兰罗拉德派的宣传中成了最有意识的阐述，罗拉德派提醒追随者说："贵族有漂亮的房子，我们只有劳作和苦难，但是一切都是由我们的劳动创造的。"（同上；Christie-Murray 1976：114—115）

无疑，诉诸"劳动的价值"——这在军事阶层统治的社会中是一个新事物——主要是提醒人们注意封建权力的专断性。但这种新的认识也表明，新的社会力量出现了，这股力量对封建制度的衰亡起了至关重要的作用。

这种对劳动的价值评估反映了城市无产阶级的形成。他们部分由工匠和学徒组成——在工匠师傅手下工作，为当地市场生产——但大部分是出口工业富商雇用的日结工。到了14世纪初，在佛罗伦萨、锡耶纳和佛兰德斯，纺织业集中了多达4 000名这样的日结工（织工、缩绒工、染工）。对他们来说，城市的生活只是一种新型的农奴制，这次的统治者变成了布商，并实行了最严格的活动控制和最专制的阶级统治。城市的雇佣工人不能组织任何协会，甚至被禁止在任何地方以任何理由集会；他们不能携带武器，甚至不能携带行业的作业工具；他们不能罢工，否则将被处死（Pirenne 1956：132）。在佛罗伦萨，他们没有公民权利；与工匠不同，他们不属于任何手工会或协会，因此在这些商人手中受到最残酷的虐待。这些商人除了控制镇政府外，还管理着他们的私人法庭，并在不受惩罚的情况下监视、逮捕他们，对他们施以酷刑，并且一旦看到他们惹麻烦就将他们绞死（Rodolico 1971）。

正是在这些工人中，我们发现了最极端的社会抗议形式，他们也是接受异端思想最多的（同上：56—59）。在整个 14 世纪，特别是在佛兰德斯地区，纺织工人不断地反抗，反对主教、贵族、商人，甚至反对大的手工行会。在 1348 年的布鲁日，当大型手工行会掌权时，羊毛工人持续地反抗他们。在 1335 年的根特，本地资产阶级的叛乱被织工反叛组织推翻。工人们试图建立一个"工人民主制"（workers' democracy）来压制体力劳动者之外所有的权力机构（Boissonnade 1927：310—311）。在一个强大的权力联盟（包括王公、贵族、神职人员、资产阶级）击败他们后，1378 年，织工们再次尝试反抗并成功建立了（也许有些夸张）可称作历史上已知的第一个"无产阶级专政"。根据彼得·布瓦索纳德的说法，他们的目标是"让熟练工反对主人，让打工者反对大企业家，让农民反对领主和神职人员。据说，他们曾考虑消灭整个资产阶级和贵族，除了 6 岁的儿童"（同上：311）。直到 1382 年，他们惜败于罗斯贝克（Roosebecque）的一场旷野战役中，其中的 26 000 人丧生（同上）。

在布鲁日和根特发生的事件不是孤立的。在德意志和意大

札克雷暴动。1323 年的佛兰德斯，1358 年的法国，1381 年的英格兰，1370 年和 1380 年的佛罗伦萨、根特和巴黎，农民拿起武器起义

利，工匠和工人在每一个可能的场合都奋起反抗，迫使当地的资产阶级生活在持续的恐惧之中。在佛罗伦萨，工人在 1379 年夺取了政权，由佛罗伦萨纺织业的日结工 —— 琼皮（Ciompi）领导。[28] 他们也建立了一个工人政府，但只维持了几个月就在 1382 年遭到彻底溃败（Rodolico 1971）。低地国家①的列日市工人则更为成功。1384 年，贵族和富人［他们被称为"贵人"（the great）］无力继续持续了一个多世纪的对抗，于是投降了。从那时起，"手工行会完全支配了这个城市"，成为市政府的仲裁者（Pirenne 1937：201）。在 1323 年至 1328 年持续的斗争

———————————

① 包括荷兰、比利时、卢森堡。

中，手工业者也曾对佛兰德斯沿海农民起义给予支持。皮雷纳将其描述为"一场真正的社会革命尝试"（同上：195）。在这里——一位同时代明显效忠于统治者的佛兰德斯人说——"起义之灾使人们对生活产生了厌恶"（同上：196）。因此，从1320年到1332年，伊普尔"善良的人们"恳求国王不要拆除他们居住的城内堡垒，因为这些堡垒保护他们免受"平民"的侵害（同上：202—203）。

黑死病与劳工危机

黑死病是中世纪抗争中的一个转折点，平均有30%至40%的欧洲人因它而殒命（Ziegler 1969：230）。1315—1322年的大饥荒削弱了人们对疾病的抵抗力（Jordan 1996）。紧随着饥荒而来的是这场史无前例的人口暴跌，它深刻地改变了欧洲的社会和政治生活，并开创了一个新时代。由于高发病率带来的杠杆效应，社会等级制度被颠覆了。高病死率也破坏了社会规训：面对突然死亡的可能性，人们不再关心工作或遵守社会和性的规章制度，而是试着享受时光，尽可能大吃大喝，不去考虑未来。

然而，这场瘟疫最重要的后果是加剧了阶级矛盾所引发的劳工危机；随着劳动力的减少，工人变得极度匮乏，工人成本大大增加，这坚定了人们打破封建统治枷锁的决心。

正如克里斯托弗·戴尔所指出的，流行病造成的劳动力稀缺使权力关系往有利于下层阶级的方向转变。在土地稀缺的时候，领主可通过威胁将人驱逐出去来控制农民。但在人口减少、土地变得充裕之后，领主的威胁就不再有任何严重的后果，因为农民现在可以自由迁徙，找到新的土地耕种（Dyer 1968：26）。因此，当农作物腐烂、牲畜在田野里游荡时，农民和手工业者突然翻身做主，掌握了局势。这种发展的一个表现是罢租现象越来越多了。同时，他们可以大量流亡到荒地或城市，从而来要挟领主。正如庄园记录简短记载的那样，农民"拒绝付款"（negant solvere）。他们还宣布"不再遵从乡规民约"（negant consuetudines），无视领主修缮房屋、清理沟渠或追赶逃跑农奴的命令（同上：24）。

到 14 世纪末，拒付租金和拒服劳役已成为一种集体现象。所有村庄联合起来，停止缴纳罚款、税款和佃租，不再承认劳役折现或庄园法庭的禁令 —— 这两项是巩固封建权力的主要手段。在这种情况下，多少数额的地租和劳役变得没那么重要了。相比之下，更重要的是作为封建秩序基础的阶级关系被颠覆了。一位 16 世纪初的作家如此总结这种情况，他的话反映了贵族的观点：

> 农民太有钱了……而且不知道什么叫服从，他们根本不把法律放在眼里，他们希望贵族消失……他们想决定我们的土地应该收多少租。（同上：33）

为应对劳动力成本的增加和封建地租的崩溃，人们试图恢复劳役或者在某些情况下恢复奴隶制，从而增加对劳动的剥削。佛罗伦萨在 1366 年批准进口奴隶。[29] 但这些措施只会使阶级矛盾更加尖锐。在英格兰，贵族为了控制劳动成本，实施了限制最高工资的劳工法，这导致了 1381 年的农民起义。这场起义从一个地区蔓延到另一个地区，最后以成千上万的农民从肯特郡游行到伦敦"与国王对话"而告终（Hilton 1973；Dobson

1983）。同样在法国，1379—1382 年之间，出现了"革命的旋风"（Boissonnade 1927：314）。无产阶级暴动在贝济耶爆发，40 名织工和鞋匠被绞死。在蒙彼利埃，起义的工人宣布："到了圣诞节，我们将以 6 便士一磅的价格出售基督徒的肉。"卡尔卡松、奥尔良、亚眠、图尔奈、鲁昂等地都爆发了起义。最后 1413 年在巴黎，一个"工人民主制"团体在巴黎掌权。[30] 在意大利，最重要的起义是琼皮的起义。它始于 1382 年 7 月，当时佛罗伦萨的纺织工人一度迫使资产阶级让他们进入政府，并宣布一切雇佣劳动者的债务延期偿付。他们实质上宣告了一种无产阶级（"上帝的子民"）专政，尽管贵族和资产阶级很快联合起来将其粉碎了（Rodolico 1971）。

"现在是时候了"——这句话在约翰·鲍尔的信中反复出现，并很好地诠释了 14 世纪末欧洲无产阶级的精神。当时在佛罗伦萨，命运转盘（wheel of fortune）开始出现在酒馆和工作车间的墙壁上，象征着命运即将改变。

在这一过程中，农民和手工业者斗争的政治视野和组织范围扩大了。整个地区都有起义发生，人们组成集会、招募军队。有时，农民成群结队，攻击领主的城堡，并摧毁保存着他们奴役画押痕迹的档案。到了 15 世纪，农民和贵族之间的对抗变成了真正的战争，比如西班牙的雷门萨（remensas）起义，从 1462 年持续到了 1486 年。[31] 在 1476 年的德意志，鼓手汉斯（Hans the Piper）①领导的阴谋开始了一轮"农民战争"。这场战争升级演变为 1493 年到 1517 年之间由"农民联盟"（Bundschuch）领导的 4 次血腥叛乱，并最终在 1522 年至 1525 年间爆发了全面战争，

---

① 原名汉斯·伯姆（Hans Böhm，1458—1476），维尔茨堡人，牧人、乐师和尼克拉斯豪森 1476 年起义的发起人。——编者注

黑死病摧毁了欧洲 1/3 的人口。这是欧洲历史上社会和政治的一个转折点

波及四个国家（Engels 1977；Blickle 1977）。

在所有这些情况下，起义者并不满足于限制封建统治，也不只是为了争取更好的生活条件而讨价还价。他们的目的是要结束领主的权力。正如英格兰农民在 1381 年的农民起义中所宣称的那样，"旧法必须废除"。尽管起义在政治上和军事上溃败，领导人也被残忍处决，但事实上到 15 世纪初，至少在英格兰，农奴制或隶农制（villeinage）几乎完全消失了（Titow 1969：58）。

接下来便是所谓的"欧洲无产阶级的黄金时代"（Marx 1909，Vol. I；Braudel 1967：128ff.），这种描述与对 15 世纪的标准描绘大相径庭。通常，15 世纪被形象地描绘成一个被死亡之舞和死亡警告（memento mori）笼罩的世界。

索罗德·罗杰斯在其著名的关于中世纪英格兰工资和生活条件的研究中，为这一时期描绘了一个乌托邦式的形象。"在任何时候，"罗杰斯写道，"（英格兰的）工资都没有这么高过，食物也没有这么便宜过。"（Rogers 1894：326ff.）有时，工人在一年中的每一天都能拿工资，哪怕在星期天和大型节日他们不工作。雇主还给他们提供食物，并按每英里①的距离付给他们从家里来回上班的差旅费（viaticum）。此外，他们还要求以现金支付工资，并希望每周只工作 5 天。

正如将看到的那样，我们有理由怀疑这种富饶的程度。不过，对于西欧的广大农民和城市工人来说，15 世纪是一段拥有了空前权力的时期。劳动力的稀缺使他们占了上风，雇主争相要他们服务的景象也增强了他们的自我价值感，并抹去了几个世纪以来的堕落和屈从。在雇主眼中，工人要求高工资的"可耻行为"，只有他们新表现出的傲慢才可与之比肩——他们在满足了自己的需要之后，拒绝继续工作（由于工资较高，他们现在可以更快地完成工作）；他们固执己见，只把自己雇出去以完成有限的任务，而不是长时间劳作；他们要求获得工资之外的其他福利。当时的社会批评家抱怨，他们身穿华服，看起来与领主无异。约翰·高尔（John Gower）在《人类之镜》（*Mirour de l'omme*，1378）中抱怨说："奴仆现在是主人，主人则成了奴仆。""农民模仿自由人的生活方式，穿着自由人的衣服，装扮成自由人的样子。"（Hatcher 1994：17）

黑死病之后，无地者的状况也有所改善（Hatcher 1994）。这不是英格兰特有的现象。1348 年，诺曼底的教士们抱怨说，他们找不到人去耕种他们的土地，因为没有一个农民索要的工资是不超过 14 世纪初 6 个奴仆的收入的。在意大利、法国和德意志，工资翻了一倍之后又增加了两倍（Boissonnade 1927：316—320）。在莱茵河和多瑙河流域的土地上，务农每天的工资相当

---

① 1 英里约合 1 609 米。——编者注

于一头猪或一只羊的价格。这些工资率也适用于妇女，因为在黑死病之后，女性和男性之间的收入差距大大缩小了。

对欧洲无产阶级来说，这意味着他们达到了直到 19 世纪都无人能及的生活水平，而且农奴制消亡了。到 14 世纪末，土地上的奴役实际上已经消失了（Marx 1909，Vol. I：788）。在任何地方，农奴都被自由农民 —— 土地的公簿持有者或租契持有者 —— 取代了，他们只接受在高报酬的情况下工作。

性政治，以及国家与反革命的崛起

然而，到了 15 世纪末，一场反革命已经在社会和政治生活的各个层面展开。首先，政治当局努力拉拢最年轻、最叛逆的男工，通过恶毒的性政治让他们获得自由的性爱，把阶级对立变成与无产阶级妇女的对立。正如雅克·罗西欧（Jacques Rossiaud）在《中世纪的卖淫》（*Medieval Prostitution*，1988）中表明的那样，在法国，只要受害者是下层妇女，市政当局几乎就**认为强奸是无罪的**。在 14 世纪的威尼斯，强奸未婚的无产阶级妇女，即使经常是在涉及群体犯罪的情况下，面临的处罚也最多是手腕被打一下（Ruggiero 1989：91—108）。法国大多数城市的情况也是如此。在这里，轮奸无产阶级妇女变得司空见惯。犯罪者会在夜间公开大声地轮奸，他们 2 人至 15 人一组，闯入受害者的家中，或拖着受害者在街上走，完全不会隐藏或伪装自己。从事这些"运动"的人是年轻的工匠或家庭用人，以及富裕家庭中的穷小子，他们的目标则是贫穷的女孩。她们靠做女佣或洗衣女工为生，却被谣传说她们被主人"包养"了

（Rossiaud 1988：22）。平均来说，城里一半的男青年在某一时刻都参与了这些攻击行为。罗西欧将这描述为一种阶级抗议的形式，是因经济条件而被迫一直推迟结婚的无产阶级男性拿回"自己的"（女人）并报复富人的方法。但它的结果对所有工人都具有破坏性，因为有国家支持的对贫困妇女的强暴破坏了反封建斗争中取得的阶级团结。毫不奇怪，当局把这样的政策造成的骚乱（斗殴、青年夜间在街上冒险游荡、扰乱社会安宁）看作缓和社会紧张局势的一种小小代价。统治者痴迷于此，因为他们很害怕城市暴动，认为如果穷人占了上风，穷人就会夺取并共享自己的妻子（同上：13）。

无产阶级妇女就这样如此随便地被主人和奴仆牺牲了，她们付出的代价是无法估量的。一旦被强奸，她们就不可能轻易恢复在社会上的地位。她们的名声被毁，不得不离开城市或从事性工作（同上；Ruggiero 1985：99）。但她们并不是唯一的受害者。强奸的合法化造成了强烈的厌女氛围，这种氛围不分阶级地贬低所有妇女。它令人们对暴力侵害妇女的行为变得麻木不仁，并奠定了同时期猎巫行动的基础。在 14 世纪末，第一次女巫审判发生了，宗教法庭第一次记录了一个全女性的异端宗教和崇拜魔鬼的教派。

为化解工人的抗议，皇室和市政当局开始将卖淫制度化，公娼馆（municipal brothel）很快就在欧洲各地蔓延开来。这是分化人民的性政治（divisive sexual politics）的另外一面。在当时工资制度的推动下，受国家管理的娼妓被认为有效缓和了无产阶级青年的骚动。在法国，公娼馆又名"大宅院"（la Grand Maison），以前只是年长男子的特权（Rossiaud 1988），现在也普及到无产阶级青年中去了。公娼馆也被认为是对同性恋的一

妓院，出自 15 世纪的德意志木刻版画。妓院被视为社会抗议、宗教异端和同性恋的一种治疗措施

种治疗（Otis 1985）。在欧洲的一些城镇（如帕多瓦和佛罗伦萨），同性恋广泛存在且公开，但在黑死病之后，人们开始担心同性恋会导致人口减少。[32]

因此，在 1350—1450 年间，意大利和法国的每一个城镇和乡村都开设了政府管理并由税收提供支持的妓院。其数量远远超过了 19 世纪所达到的数量。在 1453 年，仅亚眠就有 53 家妓院。此外，所有对卖淫的限制和惩罚都被取消了。妓女现在可以在城市的任意一个角落招揽顾客，甚至在弥撒期间的教堂前也可以。她们不再受制于任何特定的着装规范或必须佩戴明显的标志，因为卖淫被正式承认为一种公共服务（同上：9—10）。

甚至教会也开始将卖淫视为一种合法活动。公娼馆被认为是对异端教派性行为的解毒剂，是对鸡奸的补救措施，也是保护家庭生活的一种手段。

回过头来看，很难说打"性牌"（sex card）在多大程度上帮助国家规训和分化了中世纪的无产阶级。可以肯定的是，这种性的"新政"是一个更广泛的社会过程的一部分。这一过程作为对社会冲突激化的反应，导致了国家的集中化，而国家是唯一能够对抗斗争普遍化和保障阶级关系的行为主体。

在这个过程中，正如我们在后面的章节中所看到的那样，国家成为阶级关系的最终管理者，也成为劳动力再生产的监督者——这一职能一直延续到今天。依靠这一身份，国家官员在许多地区立法，规定了对劳动力成本的限制（通过确定最高工资），禁止流浪（如今被施以严厉的惩罚）（Geremek 1985：61ff.），并鼓励工人再生产。

最终，日益加剧的阶级冲突使资产阶级和贵族之间形成了新的联盟。如果没有这种联盟，无产阶级起义可能不会被打败。事实上，我们很难接受历史学家常提出的论断，即这些斗争之所以没有成功，是由于他们的政治视野狭窄，他们"提出的要求很混乱"。实际上，农民和手工业者的目标是相当简单的。他们要求"每个人都应当拥有和别人一样多的东西"（Pirenne 1937：202），为了实现这一目标，他们与所有"一无所有的人"联合起来，在不同的地区一致行动。尽管缺乏军事技能，但他们并不害怕与训练有素的贵族军队对抗。

如果他们战败，那也是因为，所有封建势力（贵族、教会和资产阶级）之间尽管一直存在分歧，但由于害怕无产阶级的反抗而联合起来了。如今流传着资产阶级打着平等和民主的旗号常年与贵族交战的形象，事实上这种形象歪曲了历史。到了中世纪晚期，无论走到哪里，从托斯卡纳到英格兰和低地国家，我们都会发现资产阶级已经与贵族结盟，共同镇压底层阶级。[33] 因为在农民以及城市中追求民主的纺织工和鞋匠身上，资产阶级看到了一个比贵族危险得多的敌人——这个敌人甚至值得市民牺牲他们所珍视的政治自治权。尽管城市资产阶级为了让他们的市镇获得完全的主权斗争了两个世纪，但他们还是恢复了贵族的权力——通过自愿服从贵族的统治，而这是走向绝对国家权力的第一步。

注　释

1. 在公元 300 年左右占领高卢的巴高达人是逃亡奴隶社区的最佳例子（Dockes 1982：87）。他们的故事值得铭记。这些人是自由的农民和奴隶，罗马帝国王位竞争者之间的小规模冲突让他们吃苦受罪。他们恼羞成怒，带着农具和偷来的马匹，成群结队地四处游荡 ［因此他们的名字叫“战士队”（band of fighters，Randers-Pehrson 1983：26）］。城镇居民加入了他们的行列。他们组成了自治社区，在那里他们铸造了印有“希望”的硬币，选举了领袖，并建立了司法制度。惜败于马克西米利安皇帝（与戴克里先皇帝共治罗马帝国）后，他们转而进行“游击”战争。他们在 5 世纪卷土重来，全面发力，成为屡次军事行动的目标。公元 407 年，他们是一场“凶猛的起义”（ferocious insurrection）的主角。君士坦丁大帝在阿莫里卡（Armorica，如今的布列塔尼）之战中击败了他们（同上：124）。在这里，“反叛的奴隶和农民（已经）建立了一个自治的‘国家’组织，驱逐罗马官员，没收地主财产，将奴隶主降为奴隶，并（组织了）司法系统和一支军队”（Dockes 1982：87）。尽管罗马军队曾多次试图镇压他们，但巴高达人从未被完全击败。为了制服他们，罗马皇帝不得不与蛮族入侵者的部落勾结。君士坦丁从西班牙召回了西哥特人，慷慨地给他们提供高卢的土地，希望他们能控制住巴高达人。甚至匈人也被招募来追杀他们（Renders-Pehrson 1983：189）。但我们发现巴高达人又与西哥特人和阿兰人一起对抗向前不断逼近的匈人王阿提拉。

2. 奴工监狱（ergastula）是罗马庄园中奴隶的住所。这是"地下监狱"，里面的奴隶戴着铁链睡觉；据一位同时代的地主描述，它们的窗户很高，奴隶无法够到（Dockes 1982：69）。在罗马人征服的地区，它们"几乎随处可见"，"那里的奴隶人数远远超过自由人"（同上：208）。意大利刑事司法词汇中仍在使用 ergastolo 这个词表示"无期徒刑"。

3. 这是马克思在《资本论》第三卷中比较农奴经济与奴隶经济和资本主义经济时写的。"劳动者（自给自足的农奴）在多大的程度上能够得到一个超过他自己的必不可少的生存资料的余额……取决于他的劳动时间是按什么比例划分为为自己劳动的时间和为地主从事徭役劳动的时间的……在这些条件下，要能够从小农身上为名义上的地主榨取剩余劳动，只能通过超经济强制，而不管这种强制采取什么形式。"（Marx 1909，Vol. III：917—918）

4. 关于公地和共同权利在英格兰的重要性的讨论，见 Joan Thirsk（1964）、Jean Birrell（1987）和 J. M. Neeson（1993）。生态运动和生态女权主义运动赋予了公地以新的政治意义。关于生态女权主义对公地在妇女生活经济中的重要性的看法，见 Vandana Shiva（1989）。

5. 关于欧洲农民社会阶层的讨论，见 R. Hilton（1985：116—117，141—151）和 J. Z. Titow（1969：56—59）。**个人**自由和**租佃**自由的区别尤为重要。前者意味着农民不是农奴，尽管他 / 她可能仍有义务提供劳役。后者意味着农民拥有土地但并不附带农奴义务的"负担"。实际上，这两者往往是重合的，但折现劳役的变革后这种情况开始发生变化，因为自由农民为了增加自己的财产，开始持有附带了农奴负担的土地。因此，"我们确实发现具有自由人（liberi）身份的农民持有隶农土地，我们也确实发现隶农（villani, nativi）

持有自由保有的土地，即便这两种情况都很少发生，而且都是不受欢迎的"（Titow 1969：56—57）。

6. 芭芭拉·哈娜沃特调查了 15 世纪英格兰基布沃思（Kibworth）地区的遗嘱，发现"在 41% 的遗嘱中男子偏爱成年儿子，而将财产留给妻子一人或有儿子的妻子的比例是 29%"（Hanawalt 1986b：155）。

7. 哈娜沃特认为中世纪农民的婚姻是一种"伙伴关系"。"庄园法庭中的土地交易表明了夫妻之间更多是一种共同的责任和决策……丈夫和妻子都出现在为子女购买或租赁土地的记录中。"（Hanawalt 1986b：16）关于妇女对农业劳动的贡献和对其剩余产品的控制，也可参见 Shahar（1983：239—242）。关于妇女未经法律允许的对家庭的贡献，见 B. Hanawalt（1986b：12）。在英格兰，"非法拾荒是妇女为家庭获得额外粮食的最常见方式"（同上）。

8. 近年来，新一代女权主义历史学家就中世纪妇女问题做了一些其他方面的优秀研究。这里，我们可以看到这些研究的局限性。可以理解，这个领域的经验轮廓仍在重建中，研究者要提出综合性的观点是困难的。这导致人们倾向描述性分析，侧重于妇女社会生活的主要类别："母亲""工人""农村妇女""城市妇女"。这些分类似乎常常脱离了社会、经济变化以及社会斗争。

9. 正如蒂托在谈及英格兰债役农民时写道："不难看出，为什么在农民心目中隶农制的个人层面会被劳役问题掩盖……因身份不自由而产生的无力只会零星地出现……劳役，特别是周工就不一样了，周工要求一个人除了偶尔提供其他服务外，每周都为领主工作那么多天。"（Titow 1969：59）

10. "请看阿伯茨兰利卷宗的前几页：男子因不来收割或人数不足而被罚款；他们来得晚，来了之后又干得很差或游手好闲。有时不是一个人，而是一整群人都没有出现，所以领主的庄稼没有收获。有些人即使来了也故意显出很不愉快的样子。"（Bennett 1967：112）

11. "城镇"（town）和"城市"（city）之间的区别并不总是很清楚。就我们的区分目的而言，城市是有皇家特许状、主教区和市场的人口中心，而城镇是一个有固定市场的人口中心（通常比城市小）。

12. 以下是有关 13 世纪皮卡第农村贫困的统计情况：当地人和乞丐，13%；小块土地的所有者（经济不稳定，收成不好生存便会受到威胁），33%；有更多土地但没有役畜的农民，36%；富农，19%（Geremek 1994：57）。在 1280 年的英格兰，土地不足 3 英亩（约 12 141 平方米，不足以养活一家人）的农民占农民总数的 46%（同上）。

13. 一首纺丝者的歌谣形象地描述了城镇中非熟练女工的贫困生活：

> 总是在纺丝 / 我们永远不会穿得更好 / 而总是衣不蔽体又一贫如洗 / 总是挨饿口渴（Geremek 1994：65）

在法国的市政档案中，纺丝工人以及其他女工总是和妓女联系在一起，可能是因为女工们独居，背后也没有家庭结构。在城镇中，妇女不仅遭受贫困，而且失去了亲属，这使她们很容易受到虐待（Hughes 1975：21；Geremek 1994：65—66；Otis 1985：18—20；Hilton 1985：212—213）。

14. 关于对中世纪行会中妇女的分析，见 Maryanne Kowaleski and Judith M. Bennett (1989); David Herlihy (1995); and Williams and Echols (2000)。

15. (Russell 1972:136; Lea 1961:126–127). 另外，牧羊人运动也是由一件东方的事件引发的。1249 年，埃及的穆斯林俘虏了法兰西国王路易九世（Hilton 1973：100—102）。"出身卑微而淳朴"的人们组织起来，要求释放国王。但很快这场运动就具有了反教派的特征。1320 年春夏，牧羊人再次出现在法国南部，并仍然"直接受到十字军氛围的影响……（他们）没有机会在东部进行十字军东征；相反，他们把精力用在攻击法国西南部、纳瓦拉和阿拉贡的犹太人社区上。这些行动往往与当地领事馆共谋，直到被王室官员消灭或驱散"（Barber 1992：135—136）。

16. 针对阿尔比派（来自法国南部阿尔比镇的清洁派）的十字军东征是

对异端分子的第一次大规模进攻，也是对欧洲人的第一次十字军东征。1209 年后，教皇英诺森三世在图卢兹和蒙彼利埃地区发动了这场战争。在此之后，对异端分子的迫害急剧加强。1215 年，在第四次拉特兰会议上，英诺森三世在会议的教规中加入了一系列措施，将异端分子判处流放，没收他们的财产，并将他们排除在公民生活之外。后来，在 1224 年，皇帝腓特烈二世加入了对异端分子的迫害，在《保护法令》(*Cum ad conservandum*) 中将宗教异端定义为犯上罪 (lesa maiestatis)，犯此罪者被处以火刑。1229 年，图卢兹会议规定应该把异端分子找出来，加以惩处。那些经证实是异端分子的人及其保护者将被烧死在火刑柱上。异端分子被发现后，其房屋将被摧毁，所建房屋的土地将被没收。改过自新的人将被授以圣职，而那些故态复萌的将遭受火刑。然后在 1231—1233 年，格雷戈里九世设立了一个专门负责铲除异端的法庭：宗教裁判所。1252 年，在当时主要神学家的一致同意下，教皇英诺森四世授权对异端分子使用酷刑 (Vauchez 1990：163，164，165)。

17. 安德烈·沃谢将宗教裁判所的"成功"归功于其他程序。逮捕嫌疑人的准备工作是极为保密的。起初，宗教裁判所的迫害包括与政府当局合作发起对异端分子集会的突袭。后来，瓦勒度派和清洁派被迫转入地下，嫌疑人在没有被告知传唤理由的情况下被叫到裁判所前。调查过程也同样是秘密的。被告不知道自己面临的指控，而那些告发他们的人也是匿名的。嫌疑人如果告发他们的同伙并保证对他们的供词守口如瓶，就会被释放。因此，当异端分子被逮捕时，他们永远不可能知道他们的教众中是否有人告密了 (Vauchez 1990：167—168)。正如伊塔洛·梅鲁所指出的，罗马宗教裁判所在欧洲文化史上留下了一道深深的伤疤。它制造了一种不容异己和制度性怀疑的氛围，这种氛围至今仍在腐蚀着法律制度。宗教裁判所的遗产是一种怀疑的文化。它依赖匿名指控和预防性拘留，将嫌疑人视为确凿的罪犯 (Mereu 1979)。

18. 让我们在此回顾一下恩格斯如何区分农民及手工业者的异端信仰与

城镇居民的异端信仰：前者是与反封建权威联系在一起的，而后者主要是为了抗议神职人员（Engels 1977：43）。

19. 贫困的政治化加上货币经济的兴起，使教会对穷人的态度发生了决定性的变化。直到 13 世纪，教会一直将贫穷视为一种神圣的状态，并布施穷人，试图说服乡下人接受自己的处境，不要嫉妒富人。在主日布道中，牧师大量讲述诸如贫穷的拉撒路在天堂坐在耶稣身边，看着自己富有却吝啬的邻居在火焰中燃烧的故事。教会将"圣洁的贫穷"（sancta paupertas）视为崇高，是为了让富人认识到慈善是一种救赎手段。该策略使教会获得了大量的土地、建筑和金钱的捐赠，这些财富本来是用来分配给有需要的人的，却使教会成为欧洲最富有的机构之一。但当穷人越来越多，异端分子开始挑战教会的贪婪和腐败时，神职人员就否定了他们关于贫穷的颂歌，并开始吹毛求疵地"区分"不同的穷人。从 13 世纪开始，教会声称只有自愿贫穷在上帝眼中才有功德，这是谦卑和蔑视物质的表现；这实际上意味着，现在只能对"值得求助的穷人"，即贵族中的贫困成员提供帮助，而不是帮助那些在街头或城门口乞讨的，后者越来越被怀疑犯了懒惰或欺诈罪。

20. 瓦勒度派内部对于如何正确地养活自己有许多争议。在 1218 年的贝尔加莫会议上，该运动的两个主要分支之间出现了重大分歧。法国的瓦勒度派（里昂穷人派）选择了靠救济来维持生活，伦巴第的瓦勒度派则决定必须靠自己的劳动生活，并着手组建工人集体或合作社（congregationes laborantium）（di Stefano 1950：775）。伦巴第的瓦勒度派继续保有私人财产（房屋和其他形式的财产）并接受婚姻和家庭（Little 1978：125）。

21. Holmes 1975: 202; N. Cohn 1970: 215–217; Hilton 1973: 124. 正如恩格斯所描述的那样，在反对波希米亚地区德意志贵族的胡斯派民族解放运动中，塔博尔派是其中的革命民主派。在他们之中，恩格斯告诉我们，"他们的要求反映了农民和城市下层人民对结束一切封建压迫的愿望"（Engels 1977：44n）。H. C. 李的《中世纪的宗教裁判所》(*Inquisition of the Middle Ages*，Lea 1961：523—540）更完整地叙述了他们的非凡故事。我们在书中读到，他们是农民和贫民，具有共和主义倾向，不希望自己的队伍中出现贵族或绅士。他们之所以被称为塔博尔派，是因为在 1419 年当布拉格的胡斯派第一次受到攻击时，他们就搬到了塔博尔山。在那里，他们建立了一个新的城镇，它既成为抵抗德意志贵族的中心，又成为共产主义的实验中心。据说，他们从布拉格抵达塔博尔山后，摆出了一个个敞开的大箱子，每个人都要把他 / 她的财产放在里面，这样所有的东西都是共享的。这种集体的安排可能是短暂的，但它的精神长久流传了下来（Demetz 1997：152—157）。

塔博尔派与更温和的圣杯派不同，因为他们的目标包括了波希米亚的独立，并保留了他们已经没收的财产（Lea 1961：530）。但是当面对外敌时，他们在四条信仰上达成了一致，使胡斯运动团结起来：

Ⅰ. 自由传讲神谕；

Ⅱ. 在（酒和面包）中领受圣餐；

Ⅲ. 废除神职人员对世俗财产的统治，回归基督和使徒的福音生活；

Ⅳ. 惩罚一切违反神圣律法的行为，无论是谁，不管是什么情况。

团结是非常需要的。为了铲除胡斯派的叛乱，教会在 1421 年派了 15 万大军对付塔博尔派和圣杯派。"5 次，"李写道，"在 1421 年期间，十字军入侵波希米亚，5 次被击退。"两年后，在锡耶纳会议上教会决定，如果不能在军事上击败波希米亚异端分子，就应该实施封锁来孤立和饿死他们。但这也失败了，胡斯派的思想继续向德意志、匈牙利和斯拉夫的南部地区蔓延。1431 年，10 万大军又一次向他们讨伐，同样是徒劳的。这一次，十字军一"听到可怕的胡斯派部队战歌"（同上）就逃离了战场，即使在战斗还未开始时。

最后摧毁塔博尔派的是教会与胡斯派中的温和派展开的谈判。教会的外交官巧妙地加深了圣杯派和塔博尔派之间的分裂。因此，当对胡斯派发动又一次十字军东征时，圣杯派与梵蒂冈的天主教男爵勾结在了一起。他们在 1434 年 5 月 30 日的利帕尼战役中消灭了自己的兄弟。当天，有超过 13 000 名塔博尔人死在战场上。

与所有异端运动一样，妇女在塔博尔运动中非常活跃。许多人参加了 1420 年的布拉格战役，当时有 1 500 名塔博尔妇女挖了一条长长的壕沟，用石头和干草叉进行防守（Demetz 1997）。

1413 年，约翰·胡斯在莱茵河畔的戈特利本（Gottlieben）殉难。在他死后，他的骨灰被扔进了河里

22. 这些话 —— 据历史学家 R. B. 多布森说 "是英文史上最动人的社会平等请求" —— 实际上是同时代的法国编年史学家、英格兰农民起义的激烈反对者让·傅华萨（Jean Froissart）强加给约翰·鲍尔，从而让他看起来像个傻瓜的。据说约翰·鲍尔曾多次 [在伯纳斯勋

爵（Lord Berners）16 世纪的译本中〕讲道："啊，你们这些善良的人，英格兰不会好的，除非大家都变得一样了，没有恶棍也没有绅士，但我们可以团结在一起，而领主不会比我们更强大。"（Dobson 1983：371）

23. 到了1210 年，教会将废除死刑的诉求视为异端"错误"，并将其归咎于瓦勒度派和清洁派。当时人们普遍认为教会的反对者就是废除死刑的支持者，以至于每一个想要归顺教会的异端分子都必须申明："世俗的权力可以在没有弥天大罪的情况下行使血的审判，只要它出于正义而非仇恨，以审慎而非轻率的方式进行惩罚。"（Mergivern 1997：101）正如 J. J. 默吉文指出的，在这个问题上，异端运动占据了道德的制高点，"迫使'正统派'讽刺性地一种非常值得怀疑的做法进行辩护"（同上：103）。

24. 在证明鲍格米勒派对清洁派影响的证据中，有两部作品是"西欧的清洁派从鲍格米勒派手中接过来的"。它们是《以赛亚的愿景》（*The Vision of Isaiah*）和《秘密的晚餐》（*The Secret Supper*），在韦克菲尔德（Wakefield）和埃文斯（Evans）对清洁派文学的评论中被引用（1969：447—465）。

鲍格米勒派对东方教会的意义，就像清洁派对西方教会的意义一样。除了他们奉行摩尼教和反生育主义外，最令拜占庭当局震惊的是他们的"激进无政府主义"、公民不服从和阶级仇恨。正如长老科斯马斯（Presbyter Cosmas）在针对他们的布道中写道："他们教导自己的人民不服从他们的主人，他们蔑视富人、憎恨国王、嘲笑长老、谴责波雅尔（boyars），他们说上帝认为那些为国王服务的人是卑鄙的，并禁止每个农奴为他的领主工作。"异端宗教对巴尔干地区的农民产生了巨大而长远的影响。"鲍格米勒派用人民的语言传教，他们的信息被人民理解……他们的松散组织，他们对邪恶问题提出的吸引人的解决方案，以及他们对社会抗议的投入，使他们的运动几乎坚不可摧。"（Browning 1975：164—166）鲍格米勒派对异端的影响可以从13 世纪普遍使用的buggery 一词中找到蛛丝马迹。

这个词一开始指的是异端，然后又被用来指代同性恋（Bullough 1976a：76ff.）。

25. 教会禁止教士结婚和纳妾的原因，除了需要恢复其声誉外，更多是出于保护其财产的愿望。因为一旦结婚，他们的财产就会分成许多份。同时，他们还担心牧师的妻子可能会过分干涉教士的事务（McNamara and Wemple 1988：93—95）。第二次拉特兰会议的裁决加强了 11 世纪已经通过的一项决议。但在对这一革新的公开反抗中，决议并没有得到遵守。抗议在 1061 年达到高潮，一场"有组织的叛乱"让帕尔玛主教当选为敌对教皇（Antipope），被冠以何诺二世（Honorius II）的头衔，随后他试图攻占罗马的行动失败了（Taylor 1954：35）。1123 年的拉特兰会议不仅禁止了教士的婚姻，而且宣布那些已经存在的婚姻无效，使牧师的家庭，尤其是他们的妻子和孩子，陷入了恐惧和贫困的状态（Brundage 1987：214，216—217）。

26. 12 世纪的教规改革命令已婚夫妇要避免性生活：在与复活节、五旬节和圣诞节有关的三个四旬节期间，在一年中的每个星期天，在接受圣餐前的节日，在新婚之夜，在妻子的月经、怀孕、哺乳期间，在做忏悔时（Brundage 1987：198—199）。这些限制并不是新出现的，它们重申了许多忏悔手册中的基督教智慧。新鲜的是，这些限制被纳入了教规法的体系，而"教规法在 12 世纪被改造成教会管理和纪律的有效工具"。教会和教友都认识到，一个带有明确刑罚的法律要求与忏悔师所建议的忏悔有着不同的地位。在这一时期，人与人之间最亲密的关系成为律师和刑罚学者的事务（Brundage 1987：578）。

27. 贝居安会修女与异端之间的关系并不是确定的。虽然她们同时代的一些人，如维特里的詹姆斯——卡罗·尼尔描述他是"一位重要的教会管理者"——认为她们的行动是另一种异端。她们最终在 1312 年的维埃纳会议上被怀疑是异端分子而受到谴责，这可能是因为神职人员容不下逃离了男性控制的妇女。贝居安会修女随即消失了，

"因教会的责难而被迫消失了"（Neel 1989：324—327，329，333，339）。

28. 琼皮是那些清洗、梳理羊毛和给羊毛涂油以便后续加工的人。他们被认为是非技术工人，社会地位最低。"琼皮的"是一个贬义词，意思是脏兮兮、衣冠不整，可能因为琼皮半裸着身子工作，身上总是油腻腻的，沾满了染料。他们的起义始于 1382 年 7 月，起因是他们中一个叫西蒙奇诺的人被逮捕并遭受酷刑。显然，在酷刑之下，他被迫透露了琼皮曾举行过一次秘密会议：在会议期间，他们互相亲吻对方的嘴，承诺要保护对方免受雇主的虐待。得知西蒙奇诺被捕的消息后，工人纷纷赶到羊毛业的行会大厅（Palazzo dell'Arte），要求释放他们的同志。然后在确保他获释后，他们占领了行会大厅，在维琪奥桥上设置了巡逻队，并在行会大厅的窗户上挂上了"小行会"（arti minori）的徽章。他们还占领了市政厅，声称在那里发现了一个装满绞索的房间，他们认为这些绞索是为他们准备的。琼皮似乎控制了局势，他们提交了一份请愿书，要求他们成为政府的一部分，不再因无法归还欠债而被砍手，要求富人缴纳更多的税款，并要求用金钱罚款代替体罚。在 8 月的第 1 周，他们组建了 1 支民兵队伍，并成立了 3 个新的行会，同时为选举做了准备。在这次选举中，琼皮的成员将首次参加选举。然而，他们的新政权只持续了不到 1 个月，因为羊毛大亨对他们进行封锁，使他们陷入饥饿。在他们失败后，许多人被逮捕、吊死和斩首；更多的人不得不离开城市，这标志着佛罗伦萨羊毛业开始衰落（Rodolico 1971：书中各处）。

29. 在黑死病之后，所有的欧洲国家都开始谴责游手好闲的行为，并对流浪、乞讨和拒绝工作的人进行迫害。英格兰率先在 1349 年颁布了谴责高工资和游手好闲的法令，规定那些不工作和没有任何生存手段的人必须接受工作。1351 年，法国也颁布了类似的法令，建议人们不要给健康的乞丐和流浪者提供食物或住所。1354 年又颁布了一项法令，规定那些游手好闲，在酒馆里打发时间、玩骰子或乞讨的人必须接受工作，否则将面临惩罚；初犯者将被关进监狱，只给面包和水，再犯者将被上枷，三犯者将在额头上烙下罪印。在法国的立法中，出现了一项新的内容，这项内容也成为现代打击流浪汉的一种手段：强迫劳动。在卡斯蒂利亚，1387 年出台的一项法令允许私人逮捕流浪者，并无偿雇用他们 1 个月（Geremek 1985：53—65）。

30. 将"工人民主制"的概念应用于这些政权形式，可能显得荒谬。但我们应该考虑到，当今美国常被视为民主国家，但至今还没有一个产业工人成为总统，其最高政府机关都是由经济贵族的代表组成的。

31. 雷门萨是加泰罗尼亚的奴隶农民在离开他们的土地时必须支付的赎罪税。黑死病之后，受雷门萨约束的农民还必须缴纳一种新的税，称为"五恶税"（los malos usos），这种税在早先的时候曾在少数地方实施（Hilton 1973：117—118）。这些新的税以及围绕着使用荒地而发生的冲突，是一场旷日持久的地区战争的根源。在这场战争中，加泰罗尼亚农民从每 3 个家庭中招募 1 名男子。他们还通过宣誓结社加强联系，在农民大会上做出决定，并在田地里到处竖起十字架和其他威胁标志。在战争的最后阶段，他们要求废除地租制，确立农民的财产权（同上：120—121；133）。

32. 因此，公娼馆的激增伴随着一场反对同性恋的运动。这场运动甚至蔓延到了佛罗伦萨。在那里，同性恋是社会结构中的重要组成部分，"吸引了各种年龄、婚姻状况和社会等级的男性"。同性恋在佛罗伦萨如此流行，以至于妓女经常穿着男装来吸引顾客。佛罗伦萨出现变化的迹象是当局在 1403 年推出了两个专项行动。当时该市禁止"鸡奸者"担任公职，并成立了一个专门负责消灭同性恋的监察委员会：正派办公室（the Office of Decency）。但值得注意的是，该办公室采取的主要步骤是为开设新的公娼馆做准备。因此，到 1418 年，当局仍在寻找"从城市和郡县"根除鸡奸的方法（Rocke 1997：30—32，35）。关于佛罗伦萨政府推动公费卖淫作为应对人口减少和"鸡奸"的补救措施，也可参见 Richard C. Trexler（1993）：

像 15 世纪的其他意大利城市一样，佛罗伦萨也认为，官方赞助的卖淫活动可以打击另外两种具有巨大道德与社会影响力的恶：男性同性恋——人们认为他们的行为掩盖了两性之间的差异，从而掩盖了所有的差异和礼仪——以及因婚姻数量不足而导致的合法婚生人口的下降。（第 32 页）

特雷克斯勒指出，在 14 世纪末、15 世纪初的卢卡、威尼斯和锡耶纳，也可以发现同性恋蔓延、人口减少和政府资助公娼之间存在同样的关联，而且妓女数量和社会权力的增长最终导致了反弹。因此，尽管

在 15 世纪初，（佛罗伦萨的）传教士和政治家已然深信，任何城市都不能长期忍受女性和男性看起来一样……一个世纪后，（他们）想知道，当（上层）妇女无法与妓院妓女区隔开时，这个城市是否还能存续下去。（同上：65）

33. 在托斯卡纳，政治生活的民主化进程发展得比欧洲其他地区都要快。到了 15 世纪下半叶，这种趋势出现了逆转，贵族的权力得到了恢复。这是由商业资产阶级推动的，以阻挡下层阶级的崛起。到这时，商人家庭和贵族家庭之间已经发生了有机的融合，这种融合是通过联姻和分享特权来实现的。这就结束了中世纪托斯卡纳城市社会和共同生活的主要成就——社会阶层流动（Luzzati 1981：187，206）。

阿尔布雷希特·丢勒,《人类的堕落》(*The Fall of Man*, 1510)。这个激烈的场景描绘了亚当和夏娃被驱逐出伊甸园的样子,反映出农民被驱逐出公共土地的情景。就在丢勒创作这幅作品时,这个情景正在整个西欧大地上发生

第 2 章

积累劳动力与贬低妇女

在"向资本主义的过渡"中建构"差异"

我要追问,当一个人试图成为另一个人的领主时,世间万物是否都远离了战争、流血和苦难⋯⋯当所有人都把地球看成共同的财富时⋯⋯这种苦难是否会消失?

—— 杰拉德·温斯坦利,《新正义法》,1649 年

对他来说,她是一个支离破碎的商品,她的感情和选择很少被考虑:她的脑袋和心脏与她的背和手是隔离的,并与她的子宫和阴道分离开。她的背和肌肉被压进田间的劳作⋯⋯她的双手被要求哺育和养育白人⋯⋯她的阴道是性快感的通道,是前往子宫的门户,也是男性资本的投资场所 —— 资本投资是性行为,而由此生下的孩子便是累积的剩余⋯⋯

—— 芭芭拉·奥姆雷德,《黑暗之心》,1983 年

引 言

发展资本主义并不是对封建政权危机唯一可能的反应。在整个欧洲，大规模的公社主义运动（communalistic social movement）和反封建的叛乱为创建新的平等主义社会带来了希望。这样的社会将建立在社会平等和合作的基础上。然而到了1525年，它们最有力的表现，即德意志的"农民战争"或如彼得·布里克尔（Peter Blickle）所说的"平民革命"（revolution of the common man）被镇压。[1]10万叛乱者遭到了报复性的屠杀。而后1535年，"新耶路撒冷"，即再洗礼派在明斯特城发动的试图将上帝的国度带到人间的运动，也以一场血腥的屠杀而告终。首先破坏这场运动的大概是其领导人转向了父权制，他们强行实行一夫多妻制，导致其队伍中的妇女奋起反抗。[2]随着这些运动相继失败，再加上猎巫的蔓延和殖民扩张的影响，欧洲的革命进程走到了尽头。然而，军事力量并不足以消除封建制度的危机。

到了中世纪晚期，封建经济注定要面临一场持续了一个多世纪的积累危机。我们可以推断出它的规模。一些基本的估算表明，在1350—1500年间，劳动者和雇主之间的权力关系发生了重大变化。劳动者的实际工资增长了100%，物价下降了33%，租金也下降了，工作日的长度减少了，社会也出现了地方自给自足的趋势。[3]当时商人和地主出现了许多悲观情绪，欧洲各国采取措施保护垄断、压制竞争、强迫人们按规定的条件工作，这些也是这一时期长期负积累（disaccumulation）的证据。正如封建庄园的登记册中记载的那样，"他们做的工作（是）不配吃早餐的"（Dobb 1963：54）。封建经济不能自我再生产，资本主义社会也不可能从中"演变"出来，因为自给自足和新的高工资制度允许"人民拥有财富"却"排除了资本主义财富的可能性"（Marx 1909，Vol. I：789）。

正是为了应对这场危机，欧洲统治阶级发动了全球攻势。在至少 3 个世纪的时间里，这一攻势将改变地球的历史，奠定资本主义世界体系的基础。他们无情地占有新的财富来源，扩大其经济基础，并将新的工人纳入麾下。

我们知道，"征服、奴役、抢劫、谋杀、短暂的武力"是这一进程的基础（同上：785）。因此，"向资本主义的过渡"的概念在很多方面都是虚构的。在 20 世纪 40 年代和 50 年代，英国历史学家用它来定义大约从 1450 年到 1650 年的这个时期。其间，欧洲的封建主义正在瓦解，而新的社会经济制度还没有建立起来，尽管资本主义社会的要素正在形成。[4]"过渡时期"的概念则帮助我们思考一个长期的变化过程，以及资本主义积累与尚未占主导地位的资本主义政治形态共存的社会。然而，这个词暗示了一种渐进、线性的历史发展，而它所命名的时期却是世界历史上最血腥、最不连续的时期——一个经历了世界末日式变革的时期。历史学家只能用最严酷的词语来描述：亨利·卡门提出的"黑铁时代"（the Iron Age），W. G. 霍斯金斯的"劫掠时代"（the Age of Plunder），以及劳伦斯·斯通的"鞭子时代"（the Age of the Whip）。那么，"过渡时期"就不能被描绘为资本主义出现铺平道路的社会变革以及形塑这些变革的力量。因此，在本书中，我主要是在时间意义上使用这个词。同时我用马克思"原始积累"的概念来指代"封建反应"（feudal reaction）的社会过程和资本主义关系的发展，尽管我同意其批评者的观点，即我们必须重新思考马克思对它的解释。[5]

马克思在《资本论》第一卷末尾提出了"原始积累"的概念，以描述欧洲统治阶级为应对其积累危机而发起的社会经济改造，并（在关于亚当·斯密的论辩中）[6]明确了：（1）如果不将资本和劳动事先集中起来，资本主义就不可能发展；（2）资本主义财富的来源是工人与生产资料的脱离，而不是富人的节制。因此，原始积累是有用的概念，因为它把"封建反应"与资本主义经济的发展联系起来，确定了资本主义制度发展的**历史**和**逻辑**条件。"原始"（"起源"）既表明资本主义关系存在的先决条件，又标志了时间上的具体事件。[7]

然而，马克思几乎完全从工业中受雇的无产阶级的视角来分析原始积累：在他看来，原始积累是他那个时代革命进程的主角，是未来共产主义社会的基础。因此，在他的论述中，原始积累主要包括从欧洲农民手中征用土地和形成"自由的"独立工人，尽管他承认：

> 美洲金银产地的发现，土著居民的被剿灭、被奴役和被埋葬于矿井，对东印度群岛开始进行的征服和掠夺，非洲变成商业性地猎获黑人的场所……这些是……原始积累的主要因素……（Marx 1909, Vol. I：823）

马克思还认识到，"出现在美国的许多身世不明的资本，仅仅在昨天还是英国的资本化了的儿童血液"（同上：829—830）。相比之下，我们在他的著作中并没有发现任何关于资本主义在劳动力再生产和妇女社会地位方面带来深刻变革的提法。马克思对原始积累的分析也没有提到16世纪和17世纪的"大猎巫"（Great Witch-Hunt），尽管这场由国家支持的恐怖运动是击败欧洲农民的核心力量，促使欧洲农民被驱逐出曾经共同拥有的土地。

在本章和后面的章节中，我讨论了这些发展，特别是在欧洲地区的发展。我将论证：

1. 剥夺欧洲工人的生活资料以及在"新大陆"的矿区和种植园里奴役美洲土著和非洲人，并不是全球无产阶级形成和"积累"的唯一手段。

2. 这个过程要求把身体变成工作机器，要求妇女屈服于劳动力的再生产。最重要的是，它要求摧毁妇女的权力，在欧洲和美洲，这是通过消灭"女巫"来实现的。

3. 那么，原始积累不只是可被剥削的工人和资本的积累与聚集。它**也是工人阶级内部差异和分化的积累**，借此，建立在性别、"种族"和年龄基础上的等级制度成为阶级统治和现代无产阶级形成的构成因素。

4. 因此，我们不能像一部分马克思主义者那样，把资本主义积累与工人（无论男女）的解放相提并论，也不能把资本主义的出现看作历史进步的时刻。恰恰相反，资本主义创造了更加残酷及阴险的奴役形式。因为它在无产阶级的身体里埋下了深刻的分化，这些分化起到了加剧和掩盖剥削的作用。在很大程度上，正是由于这些强加的分化，特别是男女之间的分化，资本主义的积累继续破坏着地球上每个角落的生活。

资本主义积累与欧洲的劳动力积累

马克思写道，资本来到世间，从头到脚，每个毛孔都滴着血和肮脏的东西（1909，Vol. I：834）。事实上，当我们看到资本主义发展的开端时，我们有置身于一个巨型集中营的感觉。在"新大陆"，我们有土著居民被米塔（mita）和库阿特尔奇勒（catequil）[8]制度征服。在这种制度下，大量人被迫在万卡维利卡和波托西的矿区挖银和汞。在东欧，我们有"第二农奴制"，将以前从未被奴役过的农民捆绑在土地上。[9]在西欧，我们有"圈地运动"和"猎巫"，以及给流浪汉和乞丐打上烙印、鞭打他们，把他们监禁在新建造的工棚和教养所里——未来监狱制度的雏形。奴隶贸易开始兴起，而在海上，船只已经在把签订契约的奴隶和罪犯从欧洲运到美洲。

我们可以从这一情景中推断出，在原始积累的过程中，武力是主要的杠杆和经济力量[10]，因为资本主义的发展需要欧洲统治阶级占有的财富和受其指挥的工人数量有一个巨大的飞跃。换句话说，原始积累包括劳动力的巨大积累——赃物形式的"死劳动"（dead labor）和可供剥削的人的"活劳动"（living labor）——要以历史上从未有过的规模实现。

值得注意的是，资产阶级在其存在的前3个世纪里，趋向于把奴隶制和其他形式的强迫劳动作为主要的工作关系强加到人的身上，这种趋势只是受到了工人反抗和劳动力耗尽的限制。

这样的情况不仅发生在美洲殖民地。到16世纪，以强迫劳动为基础的经济正在形成，在欧洲也是如此。稍后我将考察奴隶劳动和种植园制度在资本主义积累中的重要性。在这里我想强调的是，在15世纪的欧洲，从未完全废除的奴隶制也得到了复兴。[11]

意大利历史学家萨尔瓦托雷·博诺（Salvatore Bono）对意大利的奴隶制历史进行了最深入的研究。他发现，16世纪和17世纪，地中海地区有许多奴隶。在勒班陀战役（1571）之后，不但对穆斯林世界的敌对升级了，奴隶的人数也增加了。据博诺计算，那不勒斯地区有1万多名奴隶，整个那不勒斯王国有2.5万名奴隶（占人口的1%）。意大利其他城镇和法国南部在奴隶数量上也达到了类似水平。在意大利，一种公共奴隶制出现了：成千上万被绑架的外国人——今天无证移民工人的祖先——被市政府雇用来建造公共工程，或者被私人雇用从事农业。许多人被安排当桨手，而大量雇用他们的就是梵蒂冈船队（Bono 1999：6—8）。

奴隶制是"主人始终努力追求的（剥削）形式"（Dockes 1982：2）。欧洲也不例外。我们需要强调这点来消除将奴隶制与非洲联系在一起的假设。[12] 但在欧洲，由于不存在发展奴隶制的物质条件，奴隶制仍然是一种小范围的现象，尽管雇主对奴隶制的欲望一定相当强烈（比如直到18世纪英国才宣布奴隶制非法）。大部分地区复辟农奴制的企图也失败了，除了在东部地区，那里人口稀少使地主占了上风。[13] 在西部，农民反抗阻止了农奴制的复辟，并最终爆发了"德意志农民战争"。这场"平民革命"是欧洲历史上的一个分水岭，它的组织范围广泛，遍及3个国家（德意志、奥地利、瑞士），各个领域的工人（农民、矿工、工匠，包括德意志和奥地利最优秀的艺术家）[14] 都加入了这场革命。它就像1917年俄国的布尔什维克革命一样，震慑了权贵的内心，使其认为这场革命与再洗礼派占领明斯特是勾结在一起的并证实了他们的恐惧：一个国际阴谋正在推翻他们的政权。[15] 在它失败之后，即征服秘鲁的那一年，丢勒创作了《战败的农民纪念碑》（*Monument to the Vanquished Peasants*）（Thea 1998：65；134—135）来纪念这场革命。而此时，权贵们开始无情地复仇。"从图林根到阿尔萨斯，在田野上，树林中，成百上千被拆除、被烧毁的城堡的沟渠里，成千上万的尸体躺在地上"，"他们被谋杀、折磨、刺穿、处死"（同上：153，146）。但倒退是不可能了。在德意志各地和处于"战争"中心的其他领土上，习惯权利（customary rights）甚至领土政府（territorial government）的形式都保留了下来。[16]

上述的复仇是一个例外。统治者无法击破工人对再次为奴的抵抗，他们只好征用农民的土地，并实行强迫的雇佣劳动。那些试图独自出租自己或离开雇主的工人会受到监禁的惩罚，如果是累犯，甚至会被处死。欧洲直到 18 世纪才发展出一个"自由"的雇佣劳动市场，但即使在那时，合同制的雇佣劳动也要以激烈的斗争来争取，最终只有有限的劳动者（大多是男性和成年人）才能获得。然而，奴隶制和农奴制无法恢复的事实意味着，中世纪晚期的劳动力危机在欧洲一直持续到了 17 世纪，而最大限度剥削劳动力的运动又危害了劳动力的再生产，从而加深了这一危机。这一矛盾——至今仍是资本主义发展的特点[17]——在美洲殖民地爆发得最为剧烈。在征服美洲后的几十年里，工作、疾病和纪律惩罚灭绝了 2/3 的美洲土著人口。[18]这也是奴隶贸易和剥削奴隶劳动的核心。数以百万计的非洲人因中央航路和种植园中的恶劣生活条件而死亡。除了纳粹时期，欧洲对劳动力的剥削从未达到如此灭绝性的程度。即便如此，在 16 世纪和 17 世纪，美洲也出现了普遍的贫困、死亡和激烈的社会反抗。这些都是由土地私有化和社会关系的商品化（领主和商人对其经济危机的反应）引发的，并可能使新兴的资本主义经济沉没。

农民展开"自由"之旗

我认为，这就是从封建主义向资本主义过渡的过程中妇女和再生产的历史背景；资本主义的出现给妇女（无论是欧洲还是美洲）的社会地位带来了变化——特别是对无产阶级而言。这些变化主要是由寻找新的劳动力来源以及新的劳动力管理和分工形式所决定的。

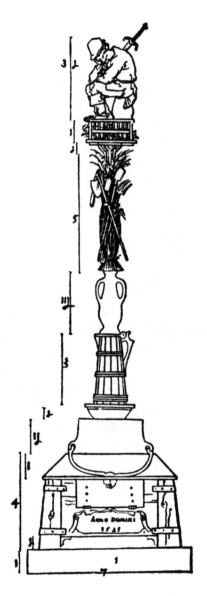

丢勒，《战败的农民纪念碑》（1526）。这幅画表现的是一个农民高坐在他日常生活的一系列物品上。这幅画的含义十分模糊。它可以暗示农民被背叛，也可以暗示他们应该被当作叛徒对待。因此，这幅画已被解释为讽刺造反的农民，抑或是向他们的道德力量致敬。可以肯定的是，丢勒对1525年发生的事件深感不安。作为一个坚定的路德宗教徒，他一定是追随路德谴责叛乱的

为了印证这一说法，我追溯了影响资本主义在欧洲出现的主要发展——土地私有化和价格革命（the Price Revolution），认为这两者都不足以产生一个自我维系的无产阶级化进程。然后，我概括性地考察了资产阶级为规训、繁衍和扩大欧洲无产阶级而实行的政策，它始于对妇女发动的攻击，这建立了新的父权秩序。我把它定义为"工资的父权制"（patriarchy of the wage）。最后，我审视了殖民地种族和性别等级制度的产生，探究它们在多大程度上可以形成土著、非洲和欧洲妇女之间，以及妇女和男子之间对抗或团结的地带。

欧洲的土地私有化、稀缺性的产生和生产与再生产的分离

资本主义伊始，工人阶级就在战争和土地私有化中贫民化了。到 16 世纪中叶，欧洲商人占有了加那利群岛的大部分土地，并把它们变成了甘蔗种植园。最大规模的土地私有化和圈地过程发生在美洲，到 17 世纪初，西班牙人根据赐封制度（encomienda）占用了 1/3 的土著共有土地。土地的丧失也是在非洲掠夺奴隶的后果之一，它让许多社区失去了最优秀的青年。

欧洲的土地私有化始于 15 世纪末，与殖民扩张并驾齐驱。私有化采取了多种形式：驱逐租户、提高租金和增加国家税收，这些导致许多人负债并出售土地。我把所有这些形式都定义为**对土地的剥夺**（land expropriation）。因为即便这个过程中没有使用武力，失去土地也违背了个人或社区的意愿，损害了他们的生存能力。这里必须提到两种剥夺土地的形式：战争和宗教

改革，前者的特点在这一时期发生了变化，被用作改变领土和经济安排。

"在 1494 年之前，欧洲的战争主要是短暂且不规律的小战役。"（Cunningham and Grell 2000：95）这些战役往往发生在夏季，以便让农民即构成军队的主要人群有时间播种庄稼；军队之间长期对峙，却没有什么行动。但到了 16 世纪，战争变得更加频繁，出现了新的战争类型，这在一定程度上是由于技术革新，但主要原因是欧洲国家开始转而以征服领土来解决经济危机，富裕的金融家也投入其中。军事战役变得更加漫长。军队规模增长了 10 倍，并越发地长期化、专业化。[19] 军队雇用了大量雇佣兵，他们与当地居民没有任何联结；战争的目标变成了消灭敌人，因此战争留下了荒芜的村庄、遍野横尸、饥荒和流行病，就像阿尔布雷希特·丢勒的《天启四骑士》（1498）中描绘的那样。[20] 众多的艺术作品都表现了这一现象对民众的创伤性影响。它改变了欧洲的农业面貌。

新教改革的开端是上层阶级对土地的大规模掠夺。在这一过程中，教会的土地被没收，许多租佃合同也被废除。在法国，对教会土地的共同渴求最早团结了新教运动中的下层和上层。工匠和日结工"怀着由痛苦和希望而生的激情"要求争夺教会土地。新教运动在动员时也承诺他们能得到自己的那份土地。但从 1563 年开始拍卖土地时，他们的期望就被出卖了（Le Roy Ladurie 1974：173—176）。同样，那些为了摆脱什一税而成为新教徒的农民也被欺骗了。当他们坚持自己的权利，宣称"福音书承诺土地自由并赋予了他们公民权"时，他们被当成煽动叛乱者而受到野蛮的攻击（同上：192）。[21] 在英格兰，许多土地也以宗教改革的名义转手。W. G. 霍斯金斯（W. G. Hoskins）将其

雅克·卡洛（Jacques Callot），《战争的惨状》（*The Horrors of War*，1633），版画。被军事当局绞死的人之前是士兵，后来成了强盗。17 世纪欧洲道路上拥挤不堪的流浪汉和乞丐中很大一部分都是被开除的士兵

描述为"自诺曼征服以来英格兰历史上最大规模的土地转让"，或者简而言之，这就是一场"大劫掠"。[22] 然而在英格兰，土地私有化主要是通过"圈地"来完成的。这种现象已经与剥夺工人的"共同财富"联系在一起，以至于在当下，"圈地"一词被反资本主义的活动家作为每一次（资本主义）攻击社会权益的标志。[23]

在 16 世纪，"圈地"是一个专业术语，它表明英格兰领主和富农用来消除公有土地财产和扩大土地占有量的一套策略。[24]"圈地"主要是指废除敞田制（open-field system），即村民在没有被篱笆围住的田里拥有不相邻土地的安排。圈地还包括用栅栏围住公地，推倒贫农的房屋。这些贫农虽然没有土地，但可以生存，因为他们拥有习惯权利。[25] 大片土地也被封闭以建立鹿园，整个村庄则被抛下成为牧场。

尽管"圈地"一直持续到 18 世纪（Neeson 1993），但即使在宗教改革之前，也有 2 000 多个农村社区被这种方式摧毁

（Fryde 1996：185）。村庄的消亡如此严重，以至于在 1518 年和 1548 年王室再次要求进行调查。但是，尽管任命了几个皇家委员会，王室却几乎没有采取任何措施来阻止这种趋势。相反，一场激烈的斗争开始了，在无数次起义中达到高潮。同时，还伴随着一场关于土地私有化利弊的漫长辩论。今天这场辩论仍在继续，世界银行对地球最后公地的攻击使它重新活跃起来。

简言之，"现代化者"从各种政治角度提出的论点是，圈地提高了农业效率，虽然也造成了混乱，但这些混乱会被农业生产力的显著提高充分补偿。他们宣称土地资源大量减少了。在此基础上，穷人掌握土地，生产就会停滞（后世的加勒特·哈丁提出了类似观点即"公地悲剧"论）[26]，而富人接管土地，则使土地得以休息。该论点认为，在农业创新的加持下，圈地提高了土地的生产力，扩大了粮食供应。从这一观点出发，任何对土地公有制的赞美都会被视为"对过去的怀念"，因为它的假设是农业公有制是落后和低效的，为其辩护的人犯了过度依赖传统的错误。[27]

然而，这些论点并不成立。尽管市场上和出口的粮食增加了，土地私有化和农业商业化并没有增加平民的粮食供应。对工人来说，它们开启了两个世纪的饥荒。就像今天，即使在非洲、亚洲和拉丁美洲最肥沃的地区，由于公有土地使用权的破坏和世界银行结构调整计划强加的"不出口就灭亡"政策，营养不良也很普遍。英格兰引进的新农业技术也没有弥补这种损失。相反，农业资本主义的发展与农村人口的贫困化"携手共进"（Lis and Soly 1979：102）。土地私有制带来了许多痛苦的一个证明就是，在农业资本主义出现后不到一个世纪，就有 60 个欧洲城镇建立了某种形式的社会援助或者在朝这个方向发展。

流浪汉已经成为一个国际性的问题（同上：87）。人口增长可能促成了这个趋势的发展；但它的重要性被夸大了。我们应该对人口增长加上时间的限定。到 16 世纪末，欧洲几乎所有地方的人口都在停滞或下降，只不过这次工人并没有从这种变化中得到任何好处。

人们对于农业中敞田制的有效性也有一些误解。新自由主义历史学家将其描述为浪费，但即使是像扬·德弗里斯（Jan De Vries）这样的土地私有化支持者也承认，共同使用农田有许多好处。它保护了农民，使他们免于歉收，因为每个家庭可以使用的地块种类是丰富多样的。它还方便人们安排和管理工作时间（因为每块地块需要关注的时间点是不同的）；它鼓励建立在自治和自力更生基础上的民主生活方式，因为所有的决定——何时种植或收获、何时排干田地、允许多少牲畜进入公地——都由农民大会做出。[28]

同样的考量也适用于"公地"。在 16 世纪的文献中，公地被贬低为懒惰和无序的根源。但公地对于许多小农或佃农的再生产是必不可少的。他们之所以能够生存下来，只是因为他们可以在草地上养牛，或在树林里采集木材、野生浆果和草药，或在采石场、鱼塘和空地上聚会。除了鼓励集体决策和合作外，公地是发展农民团结性和社会性的物质基础。[29]公地的社会功能对妇女尤为重要，因为她们拥有的土地较少，社会权力较小，其生存、自主性和社会性更多地依赖于公地。沿用爱丽丝·克拉克关于前资本主义欧洲市场对妇女的重要性的论述，我们可以说，公地对妇女来说也是社会生活的中心，是她们召开会议、交换消息、听取意见的地方，也是妇女可以对社会事件形成自己的观点而非依赖于男人观点的地方（Clark 1968：51）。

农村宴席。农民社区的所有节日、游戏和聚会都在公地上举行。16世纪丹尼尔·霍普弗（Daniel Hopfer）的版画

　　这种被 R. D. 托尼称为封建村落的"原始共产主义"的合作关系网，在敞田制被废除、公共土地被圈走的时候就崩溃了（Tawney 1967）。当土地私有化、个人劳动合同取代集体劳动合同时，农业中的劳动合作消亡了，农村人口之间的经济差异也因为寮屋贫民增多而加深了，这些贫民除了一张小床和一头牛，什么都没有了，只能"卑躬屈膝"去乞求一份工作（Seccombe 1992）。此时，社会凝聚力崩溃[30]，家庭解体。年轻人离开村

子，加入日益增长的流浪汉或流动工人的行列 —— 这很快成为当时的社会问题 —— 老年人则被留在村子里自谋生路。老年妇女的处境尤其艰难。子女不再赡养她们，她们成为穷人，靠借钱、小偷小摸和赊账生存。农民越发两极分化，这一结果源自不断加深的经济不平等，也源自仇恨和怨恨的网络，后者在猎巫的记录中得到了很好的证实：众多指控当中显示了和帮助相关的争吵、动物的入侵或未付的租金[31]。

圈地也损害了工匠的经济状况。在 16 世纪和 17 世纪，商业资本家利用农村地区的廉价劳动力来打破城市行会的权力，破坏工匠的独立性。这像极了当下跨国公司利用被世界银行侵占了土地的农民来建设"自由出口区"，并以最低的成本生产商品。纺织业的情况尤其如此，它被改组为农村家庭手工业，并以"包出制"（putting out system）为基础，该制度是今天"非正规经济"的雏形，二者都建立在妇女和儿童的劳动之上。[32] 但纺织工人并不是唯一充当廉价劳动力的。所有的工人一旦失去了土地，都会在中世纪陷入一种当时并不普遍的受制于人的状态。因为他们没有土地，雇主便有权力削减他们的工资和延长工作时间。在新教地区，这种情况是在宗教改革的幌子下发生的，宗教改革取消了圣日，使工作年限延长了一倍。

意料之中的是，随着土地被掠夺，工人对工资的态度也发生了变化。虽然在中世纪，工资可以被看作自由的工具（与劳役的强迫性相比），但一旦人们不再有机会获得土地，工资就开始被看作奴役的工具（Hill 1975：181ff.）。[33]

掘地派的领导人杰拉德·温斯坦利（Gerrard Winstanley）表达了工人对雇佣劳动的憎恨。他说："如果一个人为了工资而工作，那么无论是生活在敌人手下还是生活在自己的兄弟手下，都没有任何区别。"这就解释了在圈地（广义上包括所有形式的土地私有化）之后，"流浪者"和"无主者"的人数增加了。他们宁愿走上街头，冒着被奴役或死亡的危险——正如针对他们的"血腥"立法所规定的那样——也不愿为挣工资而打工。[34] 这也解释了农民为保护自己的土地不被掠夺而进行的艰苦斗争，无论土地的面积有多小。

在英格兰，反圈地斗争始于 15 世纪末，并持续到 16 世纪和 17 世纪。当时铲平圈地的树篱成为"最常见的社会抗议"和阶级冲突的象征（Manning 1988：311）。反圈地的暴动往往变成了大规模的起义，其中最广为人知的是凯特叛乱（Kett's Rebellion）。这场叛乱发生在 1549 年的诺福克郡，以领导人罗伯特·凯特命名。在高峰期，叛军规模达到了 16 000 人。他们拥有大炮，并击败了 12 000 人的政府军，甚至占领了当时英格兰第二大城市诺维奇。[35] 他们还起草了一个方案，该方案一旦实现，将遏制农业资本主义的发展，并消除国内所有封建权力的残余。它包括了凯特作为农民与皮匠向护国公提出的 29 项要求。第一项是"从今往后，任何人不得再圈地"。其他条款要求将租金降低到 65 年前的水平，"所有的土地终身保有者和公簿持有者都可以获得所有公地的利润"，以及"所有被奴役的人都可以获得自由，因为上帝用宝贵的鲜血给了人类自由"（Fletcher 1973：142—144）。这些要求被付诸实践了。在整个诺福克，围地的篱笆被连根拔起。直到另一支政府军攻击时，叛军才被制止。数百人受伤了。凯特和他的兄弟威廉在诺维奇的城墙外被绞死。

然而，反圈地的斗争一直持续到雅各布时期。那时，妇女的人数明显增加。[36] 在詹姆斯一世统治时期，大约 10% 的圈地暴动中都有妇女参加，有些则是全部由女性发起的抗议。例如，1607 年，37 名妇女在"多萝西队长"（Captain Dorothy）的带领下，袭击了在约克郡的索普摩尔（Thorpe Moor）公地工作的煤矿工人。妇女将该地称作农村公地。1608 年，40 名妇女在林肯郡沃丁厄姆一个被圈的土地上"推倒了栅栏和篱笆"；1609 年，在沃里克郡邓彻奇的一个庄园里，"15 名妇女，包括已婚女性、寡妇、老处女、未婚女儿和奴仆，在晚上集合起来，挖掉篱笆，平整沟渠"（同上：97）。同样，1624 年 5 月在约克，妇女们破坏了一个栅栏并因此入狱——据说她们"在壮举之后享受了烟草和啤酒"（Fraser 1984：225—226）。然后在 1641 年，一群人闯入了巴克登的一个圈地栅栏。这些人主要是妇女和一些协助她们的男孩（同上）。而这些仅仅是一些妇女对抗的事例。当生计受到威胁时，她们手持干草叉和镰刀，抵制对方圈禁土地或将沼泽排干。

人们将妇女在这些运动中的强力表现归结为女性是凌驾于法律之上的，其丈夫是她们在法律上的"掩护"。我们听说，当时男人在推倒栅栏的时候，也要穿得像女人一样。但这一情况没有持续太久，因为政府很快就取消了妇女这一特权，并开始逮捕和监禁参与反圈地暴动的妇女。[37] 此外，我们不应假定妇女在抵抗掠夺土地方面没有自己的利益。情况恰恰相反。

与折现劳役的变革一样，当人们失去土地和村社分崩离析时，妇女是受害最深的人。这里面部分原因是，她们更难成为流浪者或流动工人。因为在游牧生活中，她们更容易面临男性暴力，特别是在厌女情绪不断升级的时候。由于要怀孕和照顾孩子，她们流动性也较小。而许多学者忽视了这一事实，他们往往假定（通过移居和其他形式的游牧）逃避奴役是典型的斗争形式。妇女也不能成为有报酬的士兵，尽管有些妇女加入军队成为厨师、洗衣工、妓女和妻子；[38] 但到了 17 世纪，这种选择也消失了，因为军队被进一步整编，过去跟随军队的女性群体被赶出了战场（Kriedte 1983：55）。

妇女受到圈地的负面影响也更大，因为一旦土地被私有化，货币关系开始主导经济生活，她们就会发现她们比男人更难养活自己。在这种再生产劳动的价值被彻底贬低的时候，她们越来越被限制在再生产领域里。我们将看到，这一现象伴随着从自给自足到货币经济的转变，出现在资本主义发展的每个阶段，它可以被归结为几个因素。然而很明显，经济生活的商业化为它提供了物质条件。

当前资本主义欧洲盛行的自给自足经济消亡后，生产和再生产的统一性也就不复存在了。所有为了使用而生产（production-for-use）的社会，其一大特性就是生产与再生产的统一。而生产和再生产分离后，这些活动成为不同社会关系的载体，并且在性别方面对人进行区隔。在新的货币制度中，只有为市场服务的生产被定义为创造价值的活动。而工人的再生产从经济角度来看开始被认为是无价值的，甚至不再被认为是工作。人们为主人阶级服务或在家庭之外进行再生产劳动时，也能获得报酬（尽管是以最低的标准）。但是，在家庭中进行的劳动力再生产的经济重要性以及它在资本积累中的功能变得不可见。再生产劳动被神秘化为一种自然使命，并被贴上"妇女劳动"的标签。此外，妇女被排除在许多雇佣职业之外，即使她们被雇用，与男性的平均工资相比，她们的收入也微不足道。

这些历史性的变化在 19 世纪随着全职家庭主妇的产生而达到顶峰，它们重新定义了妇女在社会中的地位和与男性的关系。由此产生的性别分工不仅将妇女固定在再生产劳动上，而且增加了她们对男性的依赖，这使国家和雇主能够利用男性工资作为控制妇女劳动的一种手段。这样一来，商品生产与劳动力再生产的分离，也使资本主义得以利用工资和市场作为无偿劳动的积累手段。

最重要的是，生产与再生产的分离创造了一个无产阶级妇女阶层，她们和男人一样被剥夺了财产，但与她们的男性亲属不同，在一个日益货币化的社会中她们几乎没有机会获得工资，因此被迫陷入长期贫困、经济依赖中。她们同样作为工人，却是不可见的。

正如我们将看到的，再生产劳动的贬值和女性化对男性工

汉斯·塞巴尔德·贝汉姆（Hans Sebald Beham，约 1530 年）的这幅画题为"妇女和男仆"（Women and Knaves）。它展示了过去跟随军队前往战场的妇女队伍。这些妇女包括妻子和妓女，负责照顾士兵的再生产。注意看画里那个戴着口套的女人

人来说也是一场灾难，因为再生产劳动的贬值不可避免地贬低了其产品：劳动力。但毫无疑问，在"封建主义向资本主义的过渡"中，妇女遭受了一个特殊的社会退化过程，这是资本积累的根本，并一直保持到现在。

同样鉴于这些发展，我们不能说工人与土地的分离和货币经济的出现帮助中世纪农奴摆脱了奴役。土地私有化解放的不是工人——男性或女性。它"解放"的是资本，因为土地现在可以"自由"地作为积累和剥削的手段，而不是作为生存的手段。被解放的是地主，他们现在可以把大部分的再生产成本推卸给工人，而工人只有在直接受雇时才能获得一些生活资料。当没有工作或没有足够的利润时，如在商业或农业危机时期，工人反而会被解雇，挨饿也无人搭理。

工人与他们的生活资料分离以及他们开始依赖货币关系，也意味着实际工资被削减了。男子的劳动被货币操纵，妇女的劳动也因而进一步贬值了。然后一旦土地开始私有化，两个世纪以来处于稳定的食品价格就会开始上涨，这并不是一种巧合。[39]

价格革命和欧洲工人阶级的贫困化

这种"通货膨胀"现象，由于其破坏性的社会后果而被命名为价格革命（Ramsey 1971）。同时代的人和后来的经济学家（如亚当·斯密）将其归因于黄金和白银自美洲抵达，并"（通过西班牙）以巨大的流量涌入欧洲"（Hamilton 1965: vii）。但有人指出，这些金属开始在欧洲市场上流通之前，物价就已经上涨了。[40]此外，黄金和白银本身并不是资本，而是可以有其他用途，例如制作珠宝和黄金屋顶以及绣衣服。如果金银可以调节价格，甚至可以把小麦变成贵重商品，那是因为它们被安置在一个发展中的资本主义世界。在这个世界中，越来越多的人口——在英格兰占 1/3（Laslett 1971：53）——无法获得土地，不得不购买他们曾经生产的食物。同时，统治阶级已经学会利用货币的神奇力量来削减劳动成本。换句话说，价格上涨是因为国家和国际市场体系的发展鼓励了农产品的进出口，也是因为商人囤积居奇。1565 年 9 月，在安特卫普，"当穷人真的在街上挨饿时"，一个仓库因为装了太多粮食而被压塌了（Hackett Fischer 1996：88）。

正是在这种情况下，来自美洲的财富引发了大规模的财富再分配和新的无产阶级化进程。[41] 价格上涨毁了小农，他们在收成不再能养活自己时，不得不出卖土地来购买粮食或面包。同时，一个资本主义企业家阶层崛起了，他们通过投资农业和放贷积累财富，而在当时拥有金钱对许多人来说生死攸关。[42]

价格革命还引发了历史性的实际工资暴跌，与我们当下众多亚非拉国家被世界银行和国际货币基金组织进行"结构性调整"的情况相当。到 1600 年，西班牙的实际工资与 1511 年相比，已经降低了 30% 的购买力（Hamilton 1965：280），而其他国家的下跌也同样严重。食品价格上涨了 8 倍，工资却只增加了 3 倍（Hackett Fischer 1996：74）。这不是市场这只看不见的手的作用，而是国家政策的结果。它阻止劳动者组织起来，同时在定价和货物流动方面给予商人最大的自由。可以预见，在几十年内实际工资的购买力下降了 2/3，正如 14 世纪和 18 世纪之间英国木匠日工资（以千克粮食表示）的变化所显示的（Slicher Van Bath 1963：327）：

年份	粮食（千克）
1351—1400	121.8
1401—1450	155.1
1451—1500	143.5
1501—1550	122.4
1551—1600	83.0
1601—1650	48.3
1651—1700	74.1
1701—1750	94.6
1751—1800	79.6

　　欧洲的工资经过几个世纪才恢复到中世纪晚期的水平。情况急剧恶化，以至于在英格兰，到 1550 年，男性工匠必须工作 40 周才能达到该世纪初他们工作 15 周的收入。在法国，（见第 101 页图表）1470 年至 1570 年间工资下降了 60%（Hackett Fischer 1996：78）。[43] 工资骤降对妇女而言尤其具有灾难性。在 14 世纪，妇女干同样的工作，得到的报酬是男人的一半；但到了 16 世纪中叶，她们只能挣到被削减后的男性工资的 1/3。无论是在农业还是在制造业，她们都无法再靠雇佣工作来养活自己。这无疑是这一时期卖淫现象大规模蔓延的原因。[44] 接下来是欧洲工人阶级的绝对贫困化。这一现象如此广泛和普遍，以至于在 1550 年及以后很长一段时间里，欧洲的工人被简称为"穷人"。

　　工人的饮食变化就是这种广泛贫困化的证据。肉类从他们的餐桌上消失了，只剩一些猪油渣，啤酒和葡萄酒、盐和橄榄油也消失了（Braudel 1973：127ff.；Le Roy Ladurie 1974）。从

16 世纪到 18 世纪，工人的饮食基本上由面包组成，这是他们
预算中的主要开支。与中世纪晚期典型的丰富肉食相比，这是
一个历史性的倒退（无论我们如何看待饮食规范的变迁）。彼
得·克里特写道，在那个时候，"每年的肉类消费已经达到了每
人 100 千克，即使以今天的标准来看这也是一个不可思议的数
字。而到了 19 世纪，这一数字却下降到不足 20 千克"（Kriedte
1983：52）。布劳德尔也谈到了"肉食欧洲"的终结，他援引斯
瓦比亚人海因里希·穆勒（Swabian Heinrich Muller）的证词，
穆勒在 1550 年评论说：

> ……过去他们在农民家里吃的东西是不同的。那时，
> 每天都有大量的肉和食物；乡村集市和宴席上的桌子被它
> 们压得陷下去了。今天，一切都真的变了。这几年来，我
> 们实际经历的是多么灾难性的时代，多么高的物价啊！即
> 便是那些过得最好的农民，他们吃得还不如之前的日结工
> 和男仆。（Braudel 1973：130）

不仅肉类消失了，粮食短缺也变得很普遍，粮食歉收的时
候，情况变得更加严重。稀少的粮食储备使粮食价格暴涨，城
市居民都陷入饥饿之中（Braudel 1966, Vol. I：328）。这就是
16 世纪 40 年代到 50 年代的饥荒情况，80 年代到 90 年代这几
十年也是如此。那是欧洲无产阶级历史上最糟糕的时期，同时
出现了普遍的动乱和大量有记录可查的女巫审判。但在平常时
期，营养不良问题也很严峻，因此食物作为社会等级的标志获
得了很高的象征价值。穷人对食物的渴望空前绝后，激发了人
们有关庞大固埃式的狂欢（Pantagruelian orgies）的美梦，就像

拉伯雷在《巨人传》（1552）中描写的那样。同时，这使得人们对某些事有种噩梦般的执迷，例如（意大利东北部的农民）认定女巫会在夜间的乡村里游荡，吃他们的牛（Mazzali 1988：73）。

欧洲正准备成为普罗米修斯式的世界推动者，人们认为它可能将人类带到新的技术和文化高度。但事实上，欧洲是一个人们永远吃不饱饭的地方。人们强烈渴望着食物，以至于穷人被认为是为了食物把自己的灵魂出卖给魔鬼。在欧洲收成不好的时候，农村以橡子、野根或树皮果腹。许多人在农村哭泣和哀号，"他们饿得要吞掉田里的豆子"（Le Roy Ladurie 1974）；或者他们侵入城市，重新分配粮食或攻击富人的房子和粮仓，而富人赶忙拿起武器、关闭城门，把饥饿的人赶出去（Heller 1986：56—63）。

向资本主义的过渡开启了欧洲工人漫长的饥荒时期 —— 这个时期可能是因为殖民带来的经济扩张而结束的。以下事实也证明了这一观点：在 14 世纪和 15 世纪，无产阶级斗争的中心是要求"自由"和减少工作，而到了 16 世纪和 17 世纪，他们的斗争主要是由饥饿引发。他们攻击面包店和粮仓，发起暴动来反对出口当地农作物。[45] 当局将参与这些袭击的人描述为"一无是处"或"贫穷"和"卑微的人"，但其中大多数是勉强糊口的工匠。

食物暴动通常是由妇女发起和领导的。伊夫-玛丽·贝尔塞（Ives-Marie Bercé）研究了 17 世纪法国的 31 次食物暴动，其中有 6 次完全是由妇女组成的。在其他的暴动中，女性的参与度也非常高以至于贝尔塞称其为"女性暴动"。[46] 希拉·罗博特姆（Sheila Rowbotham）在评论 18 世纪英格兰的这一现象时总结说，女性在这种类型的抗议中非常突出，因为她们是家庭的照顾者。但妇女的生活是被高物价影响最深的，因为她们比男

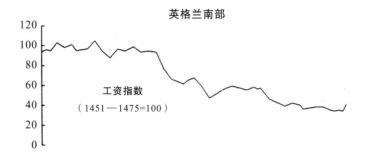

英格兰南部

工资指数
（1451—1475=100）

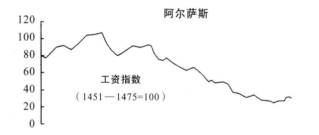

阿尔萨斯

工资指数
（1451—1475=100）

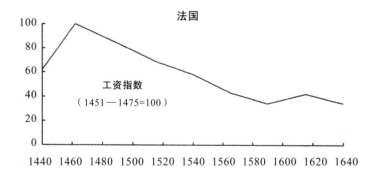

法国

工资指数
（1451—1475=100）

价格革命和实际工资的下降，1480—1640 年。价格革命引发了实际工资的历史性暴跌。在数十年内，实际工资的购买力降低了 2/3。直到 19 世纪，实际工资才恢复到 15 世纪时的水平（Phelps-Brown and Hopkins，1981）

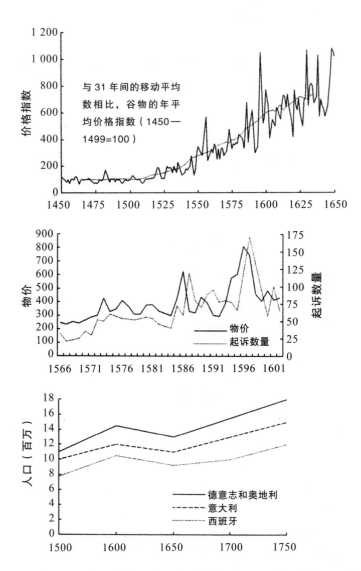

这些图表揭示了价格革命的社会后果。它们分别显示了 1490 年至 1650 年期间英格兰粮食价格的上涨，1566 年至 1602 年期间（英格兰）埃塞克斯价格伴随着财产犯罪的上涨，以及 1500 年至 1750 年期间德意志、奥地利、意大利和西班牙以百万计的人口下降（Hackett Fischer，1996）

人更难获得金钱和工作，她们的生存更依赖廉价的食物。这就是为什么尽管她们处于从属地位，但当食物价格上涨或者有谣言说粮食供应将被从城里运走时，她们会迅速走上街头。这就是 1652 年科尔多瓦起义时的情况：起义开始于"清晨……一个贫困妇女抱着她饿死的儿子的尸体，在贫民区的街道上哭泣"（Kamen 1971: 364）。同样的情况发生在 1645 年的蒙彼利埃，当时妇女走上街头"保护她们的孩子不被饿死"（同上：356）。在法国，当妇女确信粮食将被侵吞或发现富人买走了最好的面包而只剩下分量较轻或较贵的面包时，她们就会围攻面包店。这时，成群结队的贫困妇女会聚集在面包师的摊位前，要求得到面包，并控诉面包师把供货藏了起来。在粮食市场的广场上或在运载玉米的马车沿途，以及"在河岸，可以看到船夫在装麻袋的地方，也爆发了暴动。在这些场合，暴动者用干草叉和棍棒伏击马车……男人扛走麻袋，女人尽可能多地往裙子里装粮食"（Bercé 1990：171—173）。

争夺食物的斗争还通过其他方式进行，如偷猎，从邻居的田地或家里偷东西以及袭击富人的房子。在 1523 年的特鲁瓦，有传言说穷人把富人的房子烧了，准备入侵他们（Heller 1986：55—56）。在低地国家的梅赫伦，愤怒的农民用血标在投机者的房子上做标记（Hackett Fischer 1996：88）。"食物罪"（food crimes）在 16 世纪和 17 世纪的惩戒程序中占了很大比重。巫师审判中反复出现的"恶魔宴会"（diabolical banquet）主题就是一个典型。这表明"平民"举办宴会吃烤羊肉、白面包，喝葡萄酒被认为是一种邪恶行为。但是，饥肠辘辘的身体是穷人在生存斗争中可用的主要武器。在饥荒时期，成群结队的流浪者和乞丐包围着有钱人，因为饥饿和疾病，他们看起来半死不活。

穷人抓住有钱人的胳膊，把伤口暴露在他们面前，迫使他们生活在感染和暴乱的恐惧之中。"一个威尼斯人在 16 世纪中叶写道，走在大街上或在广场上逗留而没有一群人围着你乞讨是不可能的：你看他们的脸上写着饥饿，眼睛像没有宝石的戒指，他们形容枯槁，只剩下皮包骨。"（同上：88）一个世纪之后的佛罗伦萨情况也差不多。1650 年 4 月，一个叫 G. 巴尔杜奇的人抱怨说："听弥撒是不可能的。礼拜总是会被那些赤身裸体、脓疮遍布的可怜人打搅。"（Braudel 1966，Vol. II：734—735）[47]

国家对劳动力再生产的干预：
济贫与"工人阶级"的罪犯化

争取食物的斗争并不是反对资本主义关系扩张的唯一战线。各地的人民群众都在抵制资本主义对之前生活的破坏，他们与土地私有化、废除习惯权利、征收新税、工资依赖（wage-dependence）、军队持续在他们附近驻扎做斗争。人们非常憎恨军队这种做法，急忙关闭城镇的大门，防止士兵在他们中间定居。

在法国，16 世纪 30 年代到 17 世纪 70 年代之间发生了 1 000 次"骚动"（起义）。有许多次全部省份都牵涉其中，引来了军队的干预（Goubert 1986：205）。英格兰、意大利和西班牙也有类似的情况[48]，这表明前资本主义的乡村世界即便被马克思以"乡村愚昧"（rural idiocy）的名义否定，也可以发生高水平的斗争，这些斗争的激烈程度与工业无产阶级的无异。

在中世纪，移民、流浪和"侵犯财产罪"的兴起都是人们对贫穷和掠夺的一种抵抗；这些现象已经声势浩大、随处可见。

流浪者的家庭。卢卡斯·范莱登（Lucas van Leyden）的版画，1520 年

如果我们相信同时代当局的抱怨，那么那个时候流浪者挤满并改变了城市。他们跨越边境，睡在干草堆里或挤在城镇的入口。大量的人处在自己的大迁徙中，几十年来都在当局的控制之外。据报道，1545 年仅在威尼斯就有 6 000 名流浪者。"在西班牙，道路上充斥着流浪者，他们在每个城镇停留。"（Braudel，Vol. Ⅱ：740）[49] 从英格兰开始（在这些事上英格兰总是先锋），各个国家通过了新的、严厉得多的反流浪者法律，规定了可以奴役流浪者并对累犯处以死刑。但镇压没有起效，16 世纪和 17 世

纪欧洲的道路仍然充满了大流动和冲突。在这些路上有逃避迫害的异端分子、退伍军人、工匠和其他寻找工作的"老百姓"，然后是外国工匠、被驱逐的农民、妓女、小贩、小偷、职业乞丐。最重要的是，在欧洲的道路上讲述着发展中的无产阶级的故事、传说和经验。同时，犯罪率也在上升。其比例之高，使我们可以认为，百姓正在大规模地夺回和再度占用那些被富人窃取的公共财富。[50]

今天，向资本主义的过渡中的这些方面可能看来（至少对欧洲来说）是过去的事情。或者，正如马克思在《资本论》（1973：459）中所说，资本主义发展的"历史先决条件"将被更成熟的资本主义形式克服。然而这些现象与我们眼下的全球化新阶段的社会后果如此相似，说明情况并非如此。贫穷、叛乱和"犯罪"的升级是资本主义积累的结构性因素，因为资本主义必须将劳动力从其再生产的资料中剥离出来，以强加自己的统治。

到 19 世纪，在欧洲的工业化地区，最极端的无产阶级的苦难和叛乱已经消失了，但这并不能证明资本主义带来的苦难消失了。无产阶级的苦难和叛乱并没有结束，只是工人受到的超级剥削减轻了。这最初是靠奴隶制的制度化达到的，后来是通过殖民统治的持续扩张。

"过渡"时期在欧洲仍然是一个激烈的社会冲突时期。这一时期为一系列国家举措提供了舞台。从效果来看，这些举措有三个主要目标：（1）创造更有纪律的劳动力；（2）分散社会抗议；（3）将工人固定在强加给他们的工作岗位上。让我们依次来看。

首先，在追求社会规训的过程中，统治者攻击了所有形式的集体社会行为和性活动，包括体育运动、游戏、舞蹈、饮酒、节庆和其他团体仪式，这些都是工人之间联结和团结的源头。

流浪者被鞭打着穿过街道

大量法案支持了这些管制：在英格兰，1601 年至 1606 年期间就有 25 项管理酒馆的法案（Underdown 1985：47—48）。彼得·伯克（1978）在对此的研究中，认为这是一场反对"大众文化"的运动。但我们可以看到，当时的问题是将劳动力再生产去社会化（desocialization）或去集体化（decollectivization），以及让人们的闲暇时光更有生产性。在英格兰，这一过程随着内战（1642—1649）后清教徒的上台而达到高潮。当时，统治者害怕社会上无法无天的人，便禁止了所有无产阶级的集会和欢闹。但"道德改革"在非新教地区同样激烈，同一时期，宗教游行取代了在教堂内外举行的跳舞和唱歌。甚至个人与上帝的关系也被私有化了：在新教地区是个人与神之间直接关系的建立；在天主教地区是个人忏悔的引入。教堂本身作为一个社区中心，除了针对邪教的活动外，不再主持任何社会活动。结果，社会的隔离放大了土地私有化和圈禁公地造成的物理围墙。工人的再生产从露天场地转移到家中，从社区转移到家庭，从公共空间（公地、教堂）转移到私人空间。[51]

其次，在 1530 年至 1560 年的几十年间，至少有 60 个欧洲城镇引入了公共援助制度，其中包括当地市政府的行动和中央国家的直接干预。[52] 公共援助的确切目的仍然饱受争议。虽然关于这一主题的诸多文献认为，公共援助的引入是为了回应危及社会控制的人道主义危机，但法国马克思主义学者扬·穆利耶·布唐（Yann Moulier Boutang）在其关于强迫劳动的大规模研究中坚持认为，这个制度的主要目标是对无产阶级的"大固定"（The Great Fixation），即防止劳动力逃跑。[53]

无论如何，公共援助的引入是工人与资本之间国家关系的转折点，国家职能也因此被重新定义了。统治者首次认识到单单以饥饿和恐怖手段进行统治的资本主义制度是**不可持续的**。国家将被重建为阶级关系的保障者以及劳动力再生产和规训的主要监督者，而公共援助则是向此方向迈进的第一步。

我们能在 14 世纪找到这种国家功能的先例。当时面对普遍的反封建斗争，国家成了唯一能够对抗工人阶级的机构，此时的工人阶级在各地区统一战线、持有武装，不再局限于对庄园的政治经济提出诉求。1351 年，英格兰通过《劳工法》，限定了最高工资。自此，国家正式负责监管和压制劳工，而曾经行使这一职能的地方领主不再有能力确保做好此事。但正是随着公共援助的引入，国家开始要求对劳动力的"所有权"，并在统治阶级内部建立了资本主义的"劳动分工"，使得雇主放弃对工人再生产的任何责任。雇主确信国家无论是用胡萝卜还是大棒都会对此进行干预，以解决不可避免的危机。随着这一创新，社会再生产的管理也有了跃升，这导致了人口记录（人口普查、死亡率、出生率、结婚率）的广泛实施，以及决算被用于记录社会关系。法国里昂贫民局管理人员的工作堪称典范：到 16 世纪末，他们已经学会了计算穷人的数量，评估每个儿童或成人所需的食物数量，并记录死者的情况，以确保没有人会以死者的名义申请援助（Zemon Davis 1968：244—246）。

伴随着这门新的"社会科学"的出现，一场关于公共援助管理的国际辩论也在展开，预示着当代关于福利的争议。社会是只能支持那些无法工作的人，即所谓的"值得救助的穷人"（deserving poor），还是同样应该帮助那些无法找到工作的"健全"劳动者？为了不影响他们找工作，援助应该给他们多少钱？从社会规训的角度来看，这些问题至关重要。因为公共援助的一个关键目标是将工人与他们的工作联系起来。但是，在这些问题上，人们很少能达成共识。

虽然像胡安·路易斯·比韦斯（Juan Luis Vives）[54] 这样的人本主义改革者和富裕的市镇居民代言人认识到，更自由、更集中的慈善分配（但不超过面包的分配）在经济和纪律性方面有益，部分神职人员却极力反对禁止个人捐赠的做法。但是，在不同的制度和观点下，援助的管理者都是非常吝啬的，因此造成的冲突与救济一样多。被援助者对强加给他们的羞辱性仪式感到不满，这些仪式包括给他们戴上"臭名的标记"（以前只有麻风病人和犹太人才戴），或者在法国参加每年的穷人队列，在队伍中他们必须唱着赞美诗，举着蜡烛；当施舍品没有及时发放或无法满足他们的需要时，他们会强烈抗议。针对这种情况，一些法国城镇在分发食物或要求穷人以工换食物时设立了围栏（Zemon Davis 1968：249）。在英格兰，随着 16 世纪的发展，公共援助（包括儿童和老人）的条件是将受助者监禁在

"济贫院"（work-house）中。在那里他们成为各种工作计划的实验对象。[55] 因此，这场源自圈地运动和价格革命的对工人的攻击，在一个世纪的时间里导致了**工人阶级的罪犯化**。一个庞大的无产阶级形成了，他们要么被监禁在新建的济贫院和教养院里；要么在法律之外寻求生存，与国家公开对立——离鞭子和绞索总是只有一步之遥。

从组建辛勤的劳动力队伍的角度看，这是一个决定性的失败。而 16 世纪和 17 世纪政界对社会规训问题的持续关注显示，同时代的政治家和企业家也同样敏锐地意识到了这一点。此外，这种普遍的社会叛乱引发了许多社会危机，这些危机在 16 世纪下半叶因新的经济衰退而加剧。这在很大程度上是由于西班牙美洲在被征服后人口急剧下降，以及殖民地经济的萎缩。

人口下降、经济危机以及对妇女的规训

哥伦布登陆美洲大陆后，殖民者的劳动力无限供应的美梦（呼应了探险家对美洲森林中有"无尽的树"的估计）不到一个世纪便破灭了。

欧洲人把死亡带到了美洲。虽然关于殖民入侵引发的人口暴跌存在不同的估算，但学者们几乎一致地将其影响比作"美洲大屠杀"。根据大卫·斯坦纳德（David Stannard，1992）的说法，征服美洲后的一个世纪，整个南美洲的人口减少了 7 500万，占其居民的 95%（1992：268—305）。这也是安德烈·贡德·弗兰克的估计，他写道："在一个多世纪内，墨西哥、秘鲁和其他一些地区的印第安人人口减少了 90% 甚至 95%。"（1978：

43）。在墨西哥，人口"从 1519 年的 1 100 万下降到 1565 年的 650 万，再降到 1600 年的约 250 万"（Wallerstein 1974：89n）。到 1580 年，"疾病……加上西班牙人的残暴行为，已经杀死或赶走了安的列斯群岛和新西班牙的低地、秘鲁和加勒比海沿岸的大多数人"（Crosby 1972：38）。它很快在巴西消灭了更多的人。神职人员将这场"大屠杀"合理化为上帝对印第安人"兽性"行为的惩罚（Williams 1986：138）；但大屠杀造成的经济后果难以忽略。到 15 世纪 80 年代，西欧的人口也开始下降，并一直持续到 17 世纪，在德意志，人口下降达到顶峰，1/3 的人口流失了。[56]

这是黑死病（1345—1348）之外另一场史无前例的人口危机，而可怕的统计数字只是冰山一角。死亡的大多是"穷人"。当瘟疫或天花席卷城镇时，患病的大多数都不是富人，而是工匠、日结工和流浪者（Kamen 1972：32—33）。他们死伤众多，尸体遍布街道。当局谴责说这是一场阴谋，煽动民众追捕罪犯。但统治者也将人口下降归咎于低出生率和穷人不愿意生育。这种指控在多大程度上是合理的很难讲，因为在 17 世纪之前，人口记录是参差不齐的。但我们知道，到 16 世纪末，所有社会阶层的结婚年龄都在提高，而且在同一时期，弃儿——一种新的现象——的数量开始增加。还有一些牧师在讲坛上指责年轻人因为养不起孩子就选择不婚不育。

人口和经济危机的高峰期是 17 世纪 20 年代和 30 年代的几十年。欧洲和殖民地都面临着市场萎缩、贸易停摆、普遍失业。有一段时间，发展中的资本主义经济很可能崩溃。殖民地和欧洲经济已经高度融合，危机的相互影响迅速加快了经济崩溃的进程。这是第一次国际经济危机。正如历史学家所称，这是一场

"全面危机"（Kamen 1972：307ff.；Hackett Fischer 1996：91 ）。

正是在这种情况下，劳动、人口和财富积累之间的关系成为政治辩论的焦点，并由此出现了许多针对性的政治策略。这些策略便是人口政策和"生命权力"体制的最初元素。[57] 我们这里不该被一些粗糙的概念和国家的残酷手段迷惑，这些概念将众人（populousness）与人口（population）混为一谈 [58]，而国家正是借此开始惩罚任何阻碍人口增长的行为的。我认为，16世纪和 17 世纪的人口危机而非 18 世纪欧洲饥荒的结束（如福柯所言），使生育和人口增长成为国家事务和知识话语的主要内容。我进一步认为，迫害"女巫"的加剧和国家针对妇女的刑罚也应追溯到这场危机。在这一时期，为管理生育和剥夺妇女对生育的控制权，国家采取了许多新的规训方法。这一论点的证据是间接的，而且应该承认有其他因素使得欧洲掌权者决心愈加严格控制妇女的生育功能。在这些因素中，我们必须将财产和经济关系的日益私有化囊括进来，这种私有化使得资产阶级内部开始焦虑父权和妇女的行为问题。同样，那时有许多指控说女巫把孩子献给了魔鬼——这是 16 世纪和 17 世纪"大猎巫"的一个关键主题。从中我们不仅可以读出对人口减少的关注，而且可以读出有产阶级对从属阶级的恐惧。他们尤其害怕底层妇女，她们以奴仆、乞丐或医女的身份，有很多机会进入雇主家中从而给他们带来伤害。然而，恰恰在人口减少的时候，一种新的意识形态正在形成，它强调劳动在经济生活里的中心地位，同时欧洲的法典也引入了严厉的刑罚措施，以惩治犯有生育罪的妇女。这些不可能单纯是一个巧合。

许多证据表明，人口危机、扩张主义的人口理论以及出台促进人口增长的政策是一起发展出来的。到 16 世纪中叶，公民数量决定国家财富的观念已经成为某种社会公理。法国政治思想家和恶魔学家让·博丹写道："在我看来，人们永远不应该害怕有太多的臣民或太多的公民，因为联邦的力量在于人。"（*Commonwealth*, Book Ⅵ）意大利经济学家乔瓦尼·博特罗（Giovanni Botero，1533—1617）有一个更复杂的方法，他认为人口数量和生存手段之间应该平衡。不过，他还是宣称："一个城市的伟大并不取决于它的实际规模或它的城墙有多长，而是完全取决于它的居民数量。"亨利四世说："国王的力量和财富在于其公民的数量和财富。"这句话概括了这个时代的人口思想。

我们在新教改革计划中也可以发现这种对人口增长的关注。改革者摒弃了传统基督教对贞洁的推崇，他们给婚姻、性行为甚至妇女的生殖能力划定价值。路德承认，"人类的增加需要"妇女，并表明"无论她们的弱点是什么，妇女拥有一种可以抵消所有弱点的美德：她们有一个子宫，她们可以生育"（King 1991：115）。

对人口增长的支持随着重商主义的兴起[59]而达到高潮，后者认为大量人口的存在是一个国家繁荣和强大的关键。重商主义经常被主流经济学家斥为粗暴的思想体系，因为它假定国家的财富与劳动力及货币的数量成正比。重商主义者十分渴求劳动力，为了强迫人们工作，他们使用了许多残暴的手段。这也是他们声名狼藉之处，因为大多数经济学家希望维持资本主义是促进自由而非强制的假象。正是重商主义阶级发明了劳教所，追捕流浪者，将罪犯"流放"到美洲殖民地，投资奴隶贸易。他们同时宣称"贫穷的效用"（utility of poverty），并断言"懒惰"是一种社会瘟疫。因此人们没有认识到，重商主义者的理论和实践最直接地表达了原始积累的要求，以及提出了首个明确解决劳动力再生产问题的资本主义政策。正如我们所看到的，这一政策有其"强力"的一面，包括强加一个极权主义政权，利用一切手段从每个人身上榨取最大限度的劳动力，而不论他的年龄和状况如何。但它也有"广泛的一面"，即努力扩大人口规模，从而扩大军队和劳动力的规模。

正如伊莱·赫克歇尔指出的："在17世纪下半叶重商主义盛行的时期，所有国家都流行着一种近乎狂热的增加人口的愿望。"（Heckscher 1966：158）随之而来的是一种关于人的新概念，把人想象成只是国家的原材料、工人和饲养员（Spengler 1965：8）。但是，甚至在重商主义理论的全盛时期之前，法国和英格兰就已经采取了一系列鼓励生育的措施，这与公共救济相结合，形成了资本主义生育政策的雏形。新的法律愈发重视婚姻而惩罚独身主义，仿照的是罗马帝国后期为此目的所采取的法律。家庭作为提供财产传承和劳动力再生产的关键机构被赋予了新的重要性。同时，人们也开始记录人口。国家对性行为、生育和家庭生活的监督干预也随之而来。

但为了恢复理想的人口比例，国家采取的主要举措是对妇女发动一场真正的战争，这显然是要打破她们对自己身体和生育的控制。正如本书后面提到的，这场战争主要是以猎巫的形式发动的。猎巫将任何形式的节育和非生育的性行为都妖魔化了，同时指控妇女将孩子献给魔鬼。但它也依赖对什么构成生殖犯罪的重新定义。因此，从16世纪中叶开始，当葡萄牙船只从非洲运回第一批人类货物时，所有的欧洲政府都开始对避孕、堕胎和杀婴实施最严厉的刑罚。

杀婴在中世纪得到了一些宽恕，至少对于贫困妇女是这样；但现在它被变成了一种死罪，而且其惩罚比大多数的男性罪行还要严厉。

> 在 16 世纪的纽伦堡，杀害婴儿的母亲会被淹死；在 1580 年，3 个被判杀婴罪的母亲的头颅被钉在脚手架上以示众，那一年，杀婴的惩罚改为了斩首。(King 1991：10) [60]

为了确保孕妇不终止妊娠，国家采取了新的监控形式。在法国，1556 年的一项皇家法令要求妇女对每次怀孕进行登记。当婴儿被秘密分娩却在受洗前死去，该母亲无论是否被证实有任何不法行为，都会被处死。1624 年和 1690 年，英格兰和苏格兰也通过了类似的法规。国家还建立了一个间谍系统来监视未婚母亲，并剥夺她们所有的支持。甚至接待未婚孕妇也被定为非法，因为担心她们逃避公众监督；而那些与她结交的人则会受到公众的批评 (Wiesner 1993：51—52；Ozment 1983：43)。

结果是，妇女开始被大量起诉，在 16 世纪和 17 世纪的欧洲，因杀婴而被处决的人比因为其他罪行被处决的人要多——除了巫术，巫术的指控也聚焦于杀害儿童和其他违反生殖规范的行为。值得注意的是，杀婴和巫术这两种情况取消了限制妇女法律责任的法规。因此，妇女第一次以自己作为合法成年人的名义走进欧洲的法庭，被指控为女巫和杀童者。此外，这一时期产婆受到的怀疑——导致男医生进入产房——更多来自当局对杀婴的恐惧，而不是对产婆所谓的医术不精的担忧。

随着产婆被边缘化，妇女失去了对生育的控制权，在分娩过程中沦为被动的角色，男医生则被视为真正的"生命赐予者"（正如文艺复兴时期术士的炼金术梦想）。伴随着这种转变，一种新的医疗实践也盛行起来：在发生医疗紧急情况时，胎儿的生命优先于母亲的生命。这与由妇女掌控的分娩习俗形成了鲜明的对比：之前，未来母亲的床边聚集了一个妇女群体。为了实现对妇女生育的控制，统治者必须将妇女群体赶出产房。产婆必须被医生监视，或者成为管制妇女的角色。

在法国和德意志，产婆如果想继续执业就必须成为国家的间谍。她们要报告所有的新生儿，发现非婚生子女的父亲，并检查疑似秘密生育的妇女。当在教堂的台阶上发现弃婴时，她们还必须检查一些可疑妇女是否有哺乳的迹象（Wiesner 1933：52）。亲戚和邻居也被要求进行类似的间谍行为，在新教国家和城镇，邻居们应该监视妇女，并详尽报告有关的性细节：比如一个女人在她丈夫不在的时候接待了一个男人，或者她和一个男人一起进屋并关上了身后的门（Ozment 1983：42—44）。在德意志，支持生育的运动高涨：如果妇女在分娩时没有做出足够的努力或者对其后代没有表现出足够的热情，就会受到惩罚（Rublack 1996：92）。

这些政策持续了两个世纪（在 18 世纪末，欧洲仍有妇女因杀婴而被处决），其结果是妇女被生育奴役。虽然在中世纪妇女可以使用各种形式的避孕药具，并无可争议地掌控生育过程，但从现在开始，她们的子宫变成了由男人和国家控制的公共领地，生育直接服务于资本主义积累。

在这个意义上，原始积累时期西欧妇女的命运与美洲殖民地种植园的女奴隶类似，特别是在 1807 年奴隶贸易结束后，美洲的女奴隶被主人强迫来繁殖新工人。这种比较显然有很大的局限性：欧洲妇女没有公开受到性侵犯——尽管人们强奸无产阶级妇女可能免受惩罚；她们也不必忍痛看着自己的孩子被带走并在拍卖台上出售；她们从强迫生育中获得的经济利益也隐蔽得多。在这个意义上，正是女奴隶的状况最明确地揭示了资本主义积累的真相和逻辑。尽管存在差异，但在这两种情况下，女性的身体都被变成了劳动力再生产和扩大的工具，被当作天然的繁殖机器，以妇女无法控制的节奏运作。

马克思的分析中没有提到原始积累的这一面向。除了在《共产党宣言》中评论资产阶级家庭内部妇女的作用 —— 作为保证家庭财产传承的继承人的生产者 —— 马克思从未承认生育既可以成为剥削的地带，也可以成为抵抗的场所。他从未想象过妇女可以拒绝生育，也从未想象过这种拒绝可以成为阶级斗争的一部分。在《政治经济学批判大纲》（1973：100）中，他认为，资本主义的发展与人口数量无关，因为由于劳动生产率的提高，资本所剥削的劳动力相对于"不变资本"（投资于机器和其他生产资料的资本）而言不断减少，从而决定了"剩余人口"的产生。但是，这种机制，即马克思所定义的"资本主义生产方式所特有的人口规律"（*Capital*, Vol. I：689ff.），是有前提条件的。只有当生育是一个纯粹的生物过程或对经济变化自动做出反应的活动时，以及在资本和国家不需要担心"妇女罢工反对生育"的情况下，它才可能盛行。事实上，这就是马克思所假设的。他承认，资本主义的发展伴随着人口增加，其中的原因他偶尔会讨论。但是，和亚当·斯密一样，他认为这种增加是经济发展的"自然结果"。在《资本论》第一卷中，他多次将"剩余人口"的计算与人口的"自然增长"进行对比。为什么生育应该是"自然的事实"，而不是有不同利益和权力关系投入的由历史决定的社会活动？这是马克思没有问的问题。他也没有想到，男人和女人在生育上可能有不同的利益。他把这项活动当作一个不分性别的、无差别的过程。

阿尔布雷希特·丢勒，《圣母玛利亚的诞生》（The Birth of the Virgin, 1502—1503）。生育是妇女生活中的主要事件之一，也是女性合作取得胜利的一个场合

POPULAR ERROURS
OR THE
Errours of the people in matter of Physick.

这幅英格兰设计图描绘了医疗实践的男性化。一位天使将女治疗师从病人的床边推开。图中的横幅谴责了她的无能在现实中，生育和人口变化与自动或"自然"相去甚远。在资本主义发展的各个阶段，国家不得不采取监管和强制的手段以扩大或减少劳动力。这在资本主义起飞的时候尤其明显，当时工人的肌肉和骨骼是主要的生产资料。但即使在后来——直到现在——国家也不遗余力地试图从妇女手中夺取对生育的控制权，并决定哪些孩子应该出生，在哪里出生，什么时候出生，或者出生多少。因此，妇女常常被迫违背自己的意愿进行生育。她们与自己的身体、"劳动"甚至孩子疏离。她们对这种疏离的体会比任何其他工人的都要深（Martin 1987：19—21）。事实上，没有人能描绘一个女人看到自己的身体与自己对抗时所遭受的痛苦和绝望。而当妇女违背自己的意愿怀孕时，这种情况必然发生。当妇女在婚外怀孕并遭受刑罚时，当妇女因为生孩子而更容易被社会排斥甚至面临死亡时，情况尤为如此。

对妇女劳动的贬低

妇女对生育的控制权被认定为犯罪，对于这一现象，无论是从它对妇女的影响还是从它对资本主义工作组织产生的后果来看，我们怎样强调其重要性都不过分。据记载，中世纪的妇女拥有许多避孕手段，其中大部分是将草药制成药水和"药膏"来加速妇女的月经，引起流产或造成不孕。在《夏娃的草药：西方避孕史》（*Eve's Herbs: A History of Contraception in the West*，1997）一书中，美国历史学家约翰·里德尔（John Riddle）列出一份广泛的目录，囊括了最常用的物质及其药效。[61] 避孕的入罪化从妇女身上剥夺了这种代代相传的、她们从中获得了一些生育自主权的知识。在某些情况下，这种知识似乎并没有丢失，而只是转入地下；然而，当控制生育再次出现在社会舞台上时，避孕手段不再为女性所用，而是专门为男性而造。虽然我参考了里德尔的作品来讨论这个问题，但这种转变带来了哪些人口方面的后果，我暂时不去追究。在这里，我只想强调，通过剥夺妇女对自己身体的控制权，国家剥夺了她们身心完整的最基本条件，并将怀孕降格为强迫劳动。此外，国家还将妇女限制在先前社会未知的再生产劳动中。然而，强迫妇女违背自己的意愿生育，或者（正如 20 世纪 70 年代的一首女权主义歌曲所唱的那样）强迫她们"为国家生孩子"[62]，只是部分地界定了妇女在新性别劳动分工中的职能。另一个与之互补的方面是它将妇女定义为非劳动者（non-worker）。这是一个被女权主义历史学家大量研究的过程，它到 17 世纪末几乎已经完成。

这时，妇女甚至在曾经是她们独有的工作方面也失去了地位，如啤酒酿造和助产。她们的就业受到了新的限制。特别是无产阶级妇女发现，她们很难获得任何其他工作，除了那些地位最低的：家庭用人（1/3 的女性劳动力）、农场工人、纺纱工、编织工、刺绣工、小贩、奶妈。正如梅里·威斯纳所言，这样的假设正在逐渐深入人心（在法律、税收记录和行会条例中），即妇女不应外出工作，只能以帮助她的丈夫为目的而从事"生产"。甚至有人认为，妇女在家里做的任何工作都是"非工作"，即使是为市场做的工作也是毫无价值的（Wiesner 1993：83ff.）。因此，如果一个女人缝制一些衣服，那就是"家务劳动"或"料理家事"，即使这些衣服不是为家庭准备的。而当一个男人做同样的工作时，则被视为"生产"。对妇女劳动的贬低就是这样，城市政府告诉行会忽略妇女（尤其是寡妇）在家中所做的生产，因为这不是真正的工作，因为妇女只是为了摆脱公共救济才需要这些工作。威斯纳补充说，妇女接受了这种杜撰，甚至为要求工作而道歉，以她们需要养活自己为由恳求工作（同上：84—85）。很快，所有女性的工作，如果是在家里做的，都被定义为"家务"，即使是在外面做的，报酬也比男性工作的低，而且这些工作的报酬从来都不够女性维持生计。现在，婚姻被视为妇女的真正职业。妇女无法养活自己被认为是理所当然的，以至于当一个单身妇女试图在一个村庄定居时，即便她赚到了工资，也会被赶走。

伴随着掠夺土地，这种雇佣劳动带来的权力丧失导致了卖淫的大规模扩大。正如勒华拉杜里报告的那样，法国妓女数量的增长随处可见：

> 从阿维尼翁到纳博讷再到巴塞罗那，"放荡的女人"（femmes de débauché）在城市的入口、红灯区的街道……以及桥梁上驻扎。到 1594 年时，"可耻的交易"空前繁荣。（Le Roy Ladurie 1974：112—113）

英格兰和西班牙的情况也类似，在城市里，每天都有从农村来的贫困妇女甚至是工匠的妻子以这种工作来添补家庭收入。1631 年，马德里政治当局发布的一项公告谴责了这个问题，公告抱怨说现在有许多流浪妇女在城市的街道、小巷和酒馆中徘徊，勾引男人与她们一起犯罪（Vigil 1986：114—115）。但是，当卖淫成为大量女性人口的主要生存方式时，政府机构对它的态度就变化了。在中世纪晚期，它被官方接纳为一种必要的恶，妓女们从高工资制度中受益。而在 16 世纪，情况发生了

妓女和士兵。妓女通常是跟随着营地，为士兵和其他无产者履行妻子的职能。除了提供性服务，还为她所服务的男人洗衣和做饭

妓女在拉客。在土地私有化和农业商业化之后，许多农妇被赶出了土地，妓女的数量大大增加

逆转。在以新教改革和猎杀女巫为代表的强烈厌女情绪下，卖淫首先受到了新的限制，而后入罪。1530 年至 1560 年间，各地的城镇妓院被关闭，妓女尤其是街头流浪者受到了严厉的惩罚：被放逐、鞭打，受到其他残酷的惩罚形式。其中有"浸水椅"（ducking stool）或阿卡布萨德（acabussade）——尼基·罗伯茨描述它是"一部残酷的戏剧"——受害者被捆绑起来，有时她们被迫进入一个笼子，然后被反复浸入河或池塘里，直到她们几乎被淹死（Roberts 1992：115—116）。同时，在 16 世纪的法国，强奸妓女不再是一种犯罪。[63] 在马德里，当局也判定不允许女性流浪者和妓女在街上与城市的门廊下逗留和睡觉。如果被抓到，她们应该被抽 100 鞭子，然后 6 年之内禁止进入城市，此外还要剃光头和眉毛。

如何解释这种对女性劳动者的猛烈攻击？妇女被排除在社会认可的工作和货币关系领域之外，这与强加给她们的强迫生育以及同时代的大规模猎杀有什么关系？

在资本主义对妇女进行了 4 个世纪的规训之后，现在来看这些现象，答案似乎是不言而喻的。尽管妇女的雇佣劳动、家务劳动和（有偿）性工作仍然经常被孤立地研究，但我们现在能够更清楚地看到，妇女在雇佣劳动中遭受的歧视直接源于她们在家庭中作为无酬劳动者的职能。因此，我们可以将禁止卖淫和从有组织的工作场所中驱逐妇女，与创造家庭主妇和重建家庭作为生产劳动力的场所联系起来。然而，从理论和政治的角度来看，基本问题是，在什么条件下这种对妇女的降格是可能的，什么社会力量促进了这种降格或与之共谋？

这里的答案是，贬低妇女劳动的一个重要因素是手工业者从 15 世纪末开始发起的运动。他们将女工排除在工作车间之外，大概是为了保护自己免受资本主义商人的攻击，因为资本家正以更低的工资雇用妇女。工匠的努力留下了大量的证据。[64] 无论是在意大利、法国还是德意志，工匠都向当局请愿，不允许妇女同他们竞争，禁止妇女进入他们的队伍。当禁令未被遵守时，他们就进行罢工，甚至拒绝与同妇女一起工作过的男人共

一个妓女正在遭受阿卡布萨德的折磨。"她将被淹没在河中数次，然后遭到终身监禁"

事。看起来工匠对于将妇女限制于从事家务劳动也很感兴趣，因为他们经济困难，"妻子谨慎地料理家事"对他们来说已经成为避免破产和保持小店独立的一个必要条件。西格丽德·布劳纳（上述引文的作者）谈到了德意志工匠对这一社会规则的重视（Brauner 1995：96—97）。妇女试图抵抗这一冲击，但面对男工的恐吓，她们失败了。那些敢于走出家门，在公共空间为市场工作的妇女被描绘成淫荡的泼妇，甚至是"妓女"和"女巫"（Howell 1986：182—183）。[65] 的确，有证据表明，到 15 世纪末，厌女症的浪潮在欧洲各城市愈演愈烈，这反映在男性执迷于"马裤之争"和不听话的妻子性格上 —— 在流行文学中，她们被描绘成殴打丈夫或骑在他们背上的形象。厌女症也源于这

专横的妻子挑战了性的等级制度，并且会殴打丈夫。与"马裤之争"一道，这一形象是 16 世纪和 17 世纪社会文学最喜欢的靶子之一

种（适得其反的）将妇女赶出工作场所和市场的企图。

另外，很明显，如果当局不与之合作，这一企图就不会成功。但他们显然看到，这样做符合他们的利益。因为除了安抚反叛的工匠之外，从手工业中驱赶妇女，为她们固定从事再生产劳动和在家庭手工业中作为低工资工人提供了必要的基础。

妇女：新的公地和失地的替代品

手工业者和城市当局之间的这种联盟，加上土地的持续私有化，塑造了一种新的性别劳动分工。或者用卡罗尔·帕特曼（Carol Pateman，1988）的话说，这是一种新的"性契约"[66]——妇女被母亲、妻子、女儿、寡妇等词语定义，她们作为工人的身份被隐藏了，同时男人得以免费获得妇女的身体、劳动，以及她们孩子的身体和劳动。

根据这种新的社会-性别契约，无产阶级妇女对男性工人而言，成了男人在圈地中丧失的土地的替代品，成为他们最基本的再生产资料，成为任何人都可以随意占有和使用的公共物品。"普通妇女"（Karras 1989）[67]这一概念呼应了一种"原始占有"（primitive appropriation）。在 16 世纪，这个概念是指那些卖淫的人。但在新的工作组织中，**每个女人（除了那些被资产阶级男性私有化的女人）都成了公共物品**，因为一旦妇女的活动被定义为非工作，妇女的劳动就开始作为一种自然资源出现——所有人都可以使用，就像呼吸空气和饮水一样。

这对妇女来说是一次历史性的挫败。随着她们被逐出手工业和再生产劳动的贬值，贫穷变得女性化了。为了使男人对妇女劳动强制进行"原始占有",一个新的父权秩序被构建起来,使得妇女陷入了双重依赖:对雇主的和对男人的。因为在前资本主义时代的欧洲,由于妇女可以使用公地和其他公共资产,妇女对男性的从属得以缓和。而在新的资本主义制度下,**妇女本身也成为公地**,因为她们的劳动被定义为自然资源,并处于市场关系之外。

工资的父权制

在这一情况下,家庭内部发生的变化尤为显著。这一时期,家庭开始从公共领域分离出来,并具备了作为劳动力再生产中枢的现代意涵。

家庭是市场的对应物,社会关系私有化的工具,也是传播资本主义规训和父权统治的工具。在原始积累时期,家庭也成为占有和掩盖妇女劳动的最重要机构。[68]

在研究工人阶级的家庭时,我们尤其能看到这一点。然而针对这一主题的研究是不充分的。以前的讨论更多关注了有产者的家庭,这可能是因为在我们提到的那个时代,它是父母和婚姻关系的主导形式和模式。人们对作为政治机构的家庭比作为工作场所的家庭更感兴趣。于是,人们强调在新的资产阶级家庭中,丈夫代表国家,负责约束和监督"从属阶级"。16 世纪和 17 世纪的政治理论家(例如让·博丹)认为从属阶级包括男人的妻子和他的孩子(Schochet 1975)。于是,家庭被确立为一个微型国家或微型教会,当局则要求单身工人生活在主人的屋檐和统治之下。还有人指出,妇女在资产阶级家庭中丧失了很多权力,她们通常被排除在家族生意之外，其职能被限制在监督家务事上。

在上层阶级中，正是**财产**赋予了丈夫对妻子和孩子的权力。但是，这幅图景没有认识到工人阶级男性通过**将妇女排除在工资之外**的方式，也得到了类似的权力。

这种趋势的典型是包出制中的家庭工人（cottage worker）。男性家庭工人非但没有逃避婚姻和组建家庭，反而依赖婚姻，因为妻子可以"帮助"他们为商人工作，同时照顾他们的身体需要，并为他们生孩子。这些孩子从小就可以在织布机上工作或从事一些辅助性的工作。因此，即使在人口减少的时候，家庭工人显然也在继续繁殖；他们的家庭规模十分庞大。一位 17 世纪的奥地利人看到村里的人时，描述他们挤在家里像麻雀挤在椽子上。这种安排的不同之处在于，尽管妻子与丈夫并肩工作，她也为市场生产，但现在丈夫领走了她的工资。其他女工结婚后也是如此。在英格兰，"已婚男子……在法律上有权获得他妻子的收入"，即便她的工作是看护或哺乳。因此，当堂区雇用妇女做这些工作时，记录"经常隐藏（她们）作为工人的存在"，显示以男子的名义收款。"付给丈夫还是妻子全凭书记员的心情。"（Mendelson and Crawford 1998：287）

这一政策使得妇女不可能有自己的钱，为她们屈从于男性和男性工人占有她们的劳动创造了物质条件。正是在这个意义上，我谈到了**工资的父权制**。[69] 我们还必须重新思考"工资奴隶制"（wage slavery）的概念。如果在新的雇佣劳动制度下，男性工人确实只是在形式上获得了自由，那么在向资本主义过渡的过程中，最接近奴隶处境的工人群体就是工人阶级妇女。

同时，鉴于雇佣工人恶劣的生活条件，妇女为繁衍家庭所做的家务必然是有限的。无论是否结婚，无产阶级妇女都需要从事多份工作来赚一些外快。此外，家务劳动还需要一些再生产资本：家具、器皿、衣服、买食物的钱。但雇佣工人的生活很差，"夜以继日地苦干"（正如 1524 年纽伦堡的一位工匠所谴责的那样），只是为了养家糊口（Brauner 1995：96）。大多数人勉强有片瓦遮风。人和牲口一起住在小屋里，没有任何卫生可言（即使条件较好的人也很难讲卫生）；他们衣衫褴褛，最多只能以面包、奶酪和蔬菜果腹。因此，在这一时期，我们在工人阶级中看不到全职家庭主妇的典型形象。只是到了 19 世纪，为了应对第一波反对工业劳动的激烈斗争，工人阶级中才普及了以全职家庭主妇的无偿再生产劳动为核心的"现代家庭"。这一现象首先出现在英国，而后在美国。

它的发展（在《工厂法》限制妇女和儿童就业之后）反映了资产阶级在劳动力再生产方面的第一次长期投资，而不仅仅是追求其数量上的扩张。这是在叛乱威胁下的一种妥协，即给予工人更高的工资（能够养活"不工作"的妻子）和更密集的剥削率。马克思将其称为从"绝对剩余"到"相对剩余"的转变。也就是说，剥削从基于最大限度地延长工作时长并降低工资，转变为提高劳动生产率和生产速度来弥补高工资和短工时。站在资本家的角度出发，这是一场推翻了长期"低工资"制度的社会革命。它源自工人和雇主之间达成的新的协议，同时这场变革再次建立在从工资制度中排除妇女的基础上——她们在工业革命早期获得的雇用也走向了终结。这也标志着新的资本主义财富——它是两个世纪以来剥削奴隶劳动的产物，很快又被新阶段的殖民扩张所推动。

相比之下，在 16 世纪和 17 世纪，人们尽管十分关注人口规模和"有工作的穷人"（working poor）的数量，对劳动力再生产的实际投资却极低。因此，无产阶级妇女从事的大部分再生产劳动不是为了她们自己的家，而是为了她们雇主的家庭或市场。在英格兰、西班牙、法国和意大利，平均有 1/3 的女性人口做女佣。因此，在无产阶级中，延迟婚姻和家庭解体是大势所趋（16 世纪的英格兰村庄每年有 50% 的人员流动）。经常的情况是穷人甚至被禁止结婚，当时人们担心他们的孩子会沦落到依赖公共救济金。当这种情况真的发生时，孩子就会被从家人身边带走，出租给堂区充当劳动力。据估计，欧洲农村有 1/3 或更多的人口保持单身；在城镇，这一比例甚至更高，特别是在德意志的妇女中，有 80% 是"老处女"或寡妇（Ozment 1983：41—42）。

尽管无产阶级妇女所做的家务被减少到最低限度，并且她们必须始终为市场工作，但在过渡时期的工人阶级群体中，我们已经看到了性别分工的出现，它将成为资本主义劳动组织的典型。它的核心是男性和女性劳动之间的日益分化，女性和男性执行的任务变得更加多样化，并将成为不同社会关系的载体。

男性工人可能既没钱也没权，但他们仍然可以从妻子的劳动和工资中获益，或者他们可以购买妓女的服务。在整个无产阶级化的第一阶段，妓女经常为男工履行妻子的职能，除了为他们提供性服务外，还为他们做饭、洗衣。此外，卖淫入罪化惩罚了妇女，却几乎没有触及男性顾客，反而加强了男性权力。现在，一个男人想要摧毁一个女人，只需宣布她是一个妓女，或者到处说她已屈服于他的性欲。妇女不得不恳求男人"不要夺走她们的名誉"（名誉是社会留给她们的唯一财产）（Cavallao and Cerutti 1980：346ff.）。她们假定自己的命运如今掌握在男人手中，他们（像封建领主一样）可以对自己行使生杀大权。

驯服妇女并重新定义女性与男性气质：
妇女是欧洲的野蛮人

鉴于这种对妇女的劳动和社会地位的贬低，"过渡时期"的文学和社会政策将妇女不服从以及"驯服"妇女的方法作为主题（Underdown 1985a：116—136）[70]，也就不足为奇了。妇女作为工人的价值被完全贬低，她们相对于男性的自主权也被剥夺，这和她们经历的一个激烈的社会贬低过程是同步的；事实上，整个 16 世纪和 17 世纪，妇女在社会生活的每个领域都丧失了优势。

这方面变化的一个关键领域是法律。在这一时期，我们可以看到妇女的权利被不断削弱。[71]妇女失去的主要权利之一是作为独立女性（femme soles）单独从事经济活动的权利。在法国，她们失去了签订合同或在法庭上代表自己的权利，被宣布为法律上的"低能者"（imbecile）。在意大利，她们开始越来越少出现在法庭上来谴责针对妇女的虐待行为。在德意志，当一个中产阶级妇女成为寡妇时，她需要指定一名监护人来管理她的事务。德意志妇女还被禁止单独生活或与其他妇女生活在一起。对于贫困妇女，她们甚至被禁止与自己的家人生活在一起，因为人们认为她们不会受到适当的控制。总之，在经济和社会贬值的同时，妇女经历了一个法律上的幼儿化（infantilization）过程。

新的空间性别分化也显示着妇女丧失了社会权力。在地中海国家，妇女不但被赶出许多有偿劳动的领域，还被赶出街道——在那里，一个落单的妇女有可能被嘲笑或性侵（Davis 1998）。在英格兰也是如此（在一些意大利游客的眼中，这是一个"女性天堂"），妇女在公共场合露面开始被人诟病。英格兰妇女被劝阻不要坐在家门口或待在窗边；她们还被指示不要和自己的女性朋友在一起（在这一时期，"八卦"一词——女性朋友——开始包含贬义）。甚至有人建议妇女婚后不应经常探望父母。

学术界和大众文学就女性美德和恶习的性质展开了广泛的辩论，其中我们可以看到新的性别分工如何重塑了男女关系。在向资本主义过渡的过程中，这是于意识形态上重新定义性别关系的主要途径之一。这场辩论从早期开始就被称为"妇女之争"。从这场辩论中可以看出，人们对这个主题有了新的好奇心。这表明旧的规范正在被打破，公众开始意识到性政治的基本要素正在被重新构建。我们可以在这场辩论中发现两种趋势：一方面，新的文化准则被建构起来，最大限度地放大了男女之间的差异，创造了更多女性和男性的原型（Fortunati 1984）；另一方面，人们认为女性天生就比男性差，如过于情绪化、淫荡和无法管理自己，因此必须置于男性的控制之下。正如人们共同谴责巫术一样，大家在这个问题上的共识跨越了宗教和知识的界线。从讲坛、书本到人文主义者、新教改革者、反改革的天主教徒，各方都在合作，不断执着地诋毁妇女。

妇女被指责为不可理喻、虚荣、野蛮、浪费。女性的舌头尤其受到指责，被视为妇女反叛的工具。但坏女人主要是不听话的妻子，她与"骂街泼妇""女巫"和"妓女"一起，是戏剧家、通俗作家和道德家最喜欢攻击的目标。在这个意义上，莎士比亚的《驯悍记》（1593）是那个时代的宣言。无数厌女的戏剧和小册子呼吁和赞美对不服从父权权威的女性的惩罚，伊丽莎白时期和詹姆斯时期的英格兰文学也是大量欣赏此类主题。

一个泼妇被套上"辔头"在社区游街。这是一个铁制的装置，用尖锐的舌片惩罚妇女。重要的是，欧洲的奴隶贩子在非洲也使用类似的装置来制服他们的俘虏，并将他们带到船上

这一类型的典型是约翰·福特的《可惜她是个妓女》（*Tis a Pity She's a Whore*，1633），该作品的结局说教式地暗杀、处决和谋杀了 4 个女性角色中的 3 个。其他关注管教妇女的经典作品有：约瑟夫·斯维特南（Joseph Swetnam）的《对淫荡、懒散、乖戾和不忠诚女性的传讯》（*The Arraignment of Lewd, Idle, Froward, Inconstant Women*，1615）；以及《妇女议会》（*The Parliament of Women*，1646），这是一部主要针对中产阶级妇女的讽刺作品，将她们描绘成忙于制定法律来将丈夫踩在脚下的人。[72] 同时，为了控制妇女在家庭内外的行为，新的法律和酷刑形式被引入，这证实文学对妇女的诋毁是一个精确的政治计划，旨在剥夺妇女的所有自主权和社会权力。在理性时代的欧洲，被指责为泼妇的女人像狗一样被戴上口套游街示众；妓女被鞭打，或被关进笼子遭受假溺，而对被判通奸罪的妇女则处以极刑（Underdown

1985a：117ff.）。

可以毫不夸张地说，在征服美洲大陆之后关于这一主题的文学中，妇女受到的敌意和疏远感与"印第安野蛮人"相同。这种对照关系并不是随机的。在这两种情况下，文学和文化上的诋毁都是为掠夺计划服务的。正如我们将看到的，妖魔化美洲原住民是为了证明奴役他们和掠夺其资源是合理的。在欧洲，攻击妇女为男人占有她们的劳动力和将她们对生育的控制权定罪提供了理由。抵抗的代价始终是灭亡。如果没有恐怖运动的支持，这些针对欧洲妇女和殖民者的战术都不会成功。就欧洲妇女而言，在构建她们新的社会功能和贬低她们的社会身份方面，猎杀女巫发挥了主要作用。

妇女被妖魔化并遭到残暴的对待和凌辱，这在女性的集体心灵和对未来可能性的感知中留下了不可磨灭的痕迹。从各个角度来看——社会、经济、文化、政治——猎巫是妇女生活中的一个转折点；它相当于恩格斯在《家庭、私有制和国家的起源》（1884）中提到的作为母权制世界衰落原因的历史性失败。因为猎巫行动摧毁了整个女性实践、集体关系和知识体系的世界。这些是前资本主义欧洲妇女权力的基础，也是她们在反封建斗争中进行抵抗的条件。

这次失败中出现了一种新的女性模式，即理想的妇女和妻子——被动、顺从、节俭、少言寡语、永远忙于工作、贞洁。这一变化始于17世纪末，此前妇女已经遭受了两个多世纪的国家恐怖主义。妇女被击败后，在"过渡时期"构建的女性形象就被作为一个不必要的工具而被抛弃，取而代之的是一个顺从的新形象。在猎巫时，妇女被描绘成野蛮的生命，智力薄弱，精力旺盛，叛逆，不服从命令，无法控制自己。而到了18世纪，这一准则已经被颠覆。妇女现在被描绘成被动的无性生命，比男人更顺从、更有道德感，能够积极地影响他们的道德。甚至她们的非理性现在也拥有了价值，正如法国哲学家皮埃尔·培尔尔在他的《历史与批判辞典》（1740）中意识到的那样，他赞扬

《妇女议会》（1646）的正面插图。这是一部典型的反妇女的讽刺作品，并在内战时期主导了英格兰文学

了女子"母性本能"的力量，认为它应该被看作一种真正的神赐。母性确保了妇女尽管在生育和养育孩子上面临了不利因素，也能够继续繁衍。

殖民、全球化与妇女

在欧洲，统治者对人口危机的反应是让妇女屈从于生育。而在殖民时期的美洲，殖民毁灭了 95% 的原住民人口，欧洲统治阶级对此的反应是以奴隶贸易获取大量的劳动力。

早在 16 世纪，大约有 100 万非洲奴隶和原住民工人在美洲殖民地为西班牙生产剩余价值。他们遭受的剥削比率远远高于欧洲工人，并推动了欧洲经济部门向资本主义方向发展（Blaut 1992a：45—46）。[73] 到 1600 年，仅巴西出口的糖，其价值就是英格兰同年出口所有羊毛的两倍（同上：42）。黄金和白银在解决资本主义危机的过程中也发挥了关键作用。从巴西进口的黄金重新激活了欧洲的商业和工业（De Vries 1976：20）。到 1640 年，进口的黄金达到了 17 000 多吨，这使当地的资产阶级在获得工人、商品和土地方面具备了特殊优势（Blaut 1992a：38—40）。然而真正的财富是由奴隶贸易而积累起来的劳动力，它让一种无法在欧洲施行的生产模式成为可能。

现在已经确定，种植园制度为工业革命提供了动力，正如埃里克·威廉斯（Eric Williams）所论证的那样。他指出，在利物浦和布里斯托，没有一块砖不是用非洲人的血砌成的（1944：61—63）。但若没有欧洲对美洲的"侵吞"，以及两个世纪以来从种植园流向欧洲的"血汗"，资本主义甚至可能不会起飞。我们必须强调这一点，因为它有助于我们认识到奴隶制对资本主义历史的重要性；以及为何当资本主义制度周期性、系统性地受到重大经济危机的威胁时，资产阶级就不得不启动一个"原始积累"的过程，即大规模殖民和奴役。我们当下目睹的过程正是如此（Bales 1999）。

种植园制度对资本主义发展至关重要，不仅因为它积累了大量剩余劳动力，还由于其建立了劳动力管理、出口导向型生产、经济一体化和国际分工的模式，这一模式将成为资产阶级关系的模板。

种植园集中了大量的工人，其俘虏的劳动力背井离乡，无法依靠当地的支持。它不仅预示着工厂，也预示着后来利用移民和全球化来削减劳动力成本的做法。特别是，种植园是形成国际分工的关键一步，它（通过生产"消费品"）将奴隶的劳动纳入欧洲劳动力的再生产，同时使受奴役的工人和雇佣工人在地理上和社会上保持割裂。

糖、茶、烟草、朗姆酒和棉花，这些与面包一样是欧洲劳动力生产中最重要的商品，直到 17 世纪 50 年代以后，在奴隶制被制度化和欧洲工资开始（适度）上涨之后，它们的殖民生产才大幅提高（Rowling 1987：51，76，85）。然而，这里有一点必须提及，当这些产量确实大幅提高时，有两个机制被引入，从国际层面极大重组了劳动力的再生产。一方面，全球生产线的建立降低了在欧洲生产劳动力所需的商品的成本，并将奴工和雇佣工人联系起来。这预示了资本主义目前对亚洲、非洲和美洲的工人利用以为"先进的"资本主义国家提供"廉价"消费品（由于敢死队和军事暴力而变得廉价）。

另一方面，奴工生产的商品以大都市的工资为载体进入市场，奴役劳动的产品的价值由此得以实现。这样一来，就像女性的家务劳动一样，受奴役的劳动力被进一步纳入大都市劳动力的生产和再生产中。工资被进一步重新定义为积累的工具。也就是说，工资成为一种杠杆，不但调动了由它购买的劳动力，还调动了它隐藏的劳动力，因为奴工的工作条件是没有工资的。

欧洲的工人是否知道他们购买的是由奴工生产的产品？如果他们知道，他们是否反对？这是一个我们想问他们的问题，但这个问题我无法回答。可以肯定的是，茶叶、糖、朗姆酒、烟草和棉花有着悠久的历史，它们作为原材料或奴隶贸易的交换手段推动了工厂制度的兴起。然而它们的历史远比我们从它们对工厂制度的贡献中推断出的要重大得多。因为随着这些"出口产品"而来的不仅是奴隶的鲜血，还是一种新的剥削科学的种子，以及工人阶级的新分化。通过这种分化，雇佣劳动不是奴隶制的替代品，而是延长劳动时间的那无酬部分（如女性无酬劳动）的手段。

美洲奴工和欧洲雇佣劳动者的生活紧密地联系在一起。在加勒比群岛，奴隶可以分到一块土地（"供应地"）自用。分配给他们多少土地，给他们多少时间耕种，都与世界市场上的糖价成正比（Morrissey 1989：51—59）——这似乎是由工人工资和工人再生产的斗争动态来决定的。

然而，如果我们断定，由于奴隶劳动融入了欧洲雇佣无产阶级的生产中，欧洲工人和大都会资本家对廉价进口商品便有着共同的愿望并因此形成了一个利益共同体，那将是错误的。

实际上，和征服美洲一样，奴隶贸易对欧洲工人来说是一个划时代的不幸。正如我们所看到的，奴隶制（就像猎巫一样）

是后来传入欧洲的劳动控制方法的一个主要实验场所。奴隶制
还影响了欧洲工人的工资和法律地位；因为只有在奴隶制结束
后，欧洲的工资才有了巨大的增长，欧洲工人才获得了组织权，
这不可能是一种巧合。

也很难想象欧洲的工人从征服美洲中获利，至少在其最初
阶段是如此。让我们记住，正是激烈的反封建斗争刺激了小贵
族和商人寻求殖民扩张，而征服者来自欧洲工人阶级最讨厌的
敌人。同样重要的是，征服美洲为欧洲统治阶级提供了金银财
宝来雇用军队击败城市和农村起义；而且，在阿拉瓦克人、阿
兹特克人和印加人被征服的同一时期，欧洲的工人被驱逐出家
园，像动物一样被打上烙印，被当作巫婆烧死。

因此，我们不应认为欧洲无产阶级总是掠夺美洲的帮凶，
尽管个别无产阶级无疑是这样。贵族对"下层阶级"的合作期
望是很低的，因此最初西班牙人只允许少数人登船。在整个 16
世纪，只有 8 000 名西班牙人合法地移民到美洲，神职人员占了
17%（Hamilton 1965：299；Williams 1984：38—40）。甚至后
来，人们被禁止独立在海外定居，因为统治者担心他们会与当
地人勾结。

对大多数无产者而言，在 17 世纪和 18 世纪，要进入"新大
陆"只能靠契约仆役（indentured servitude）和"流放"。为了
惩罚罪犯、政治和宗教异见者以及因圈地而产生的大量流浪汉
和乞丐，英国当局便将他们发配到新大陆。正如彼得·莱恩博和
马库斯·雷迪克在《多头蛇》（*The Many-Headed Hydra*，2000）
中指出的，殖民者恐惧不加限制的移民是有原因的。面对欧洲
普遍悲苦的生活条件，关于新世界的报道对人们产生了强大的
吸引力。这些报道将新世界描绘成一片神奇的土地，人们在那里

生活，没有劳苦和暴政，没有主人和贪婪，没有你我之分，所有东西都是公共的（Linebaugh and Rediker 2000；Brandon 1986：6—7）。新世界具有巨大的吸引力，它所提供的新社会的愿景显然影响了启蒙运动的政治思想，使得一种新的"自由"概念出现了。自由被认为是"不受制于人"（masterlessness）的象征，这是欧洲政治理论中之前没有的思想（Brandon 1986：23—28）。毫不奇怪，一些欧洲人试图完全沉浸在这个乌托邦世界中，正如莱恩博和雷迪克有力指出的，他们可以重建失去的公地经验（2000：24）。尽管那些来到美国殖民地定居的人受到许多限制，但还是有人在印第安部落生活了多年。而一旦被抓到，这些人将付出沉重的代价，逃跑的人会被当作叛徒处死。这就是弗吉尼亚州一些年轻英格兰定居者的命运，他们跑去和印第安人一起生活，万一被抓到，就会被殖民地的议员们判处"火刑、马车碾死……绞刑或枪决"（Koning 1993：61）。莱恩博和雷迪克评论道："恐怖制造了边界。"（2000：34）然而，直到1699年，英格兰人仍然很难说服被那些印第安人迷住的国民远离印第安人的生活方式。

> 辩论、恳求和眼泪（一位同时代人说）……都无法说服人们离开他们的印第安朋友。另一方面，印第安儿童在英格兰人中间接受了精心的教育，衣食无忧。但他们中没有一个会留下来。最终，他们还是回到自己的族群中（Koning 1993：60）。

至于那些签了卖身契或被判刑来到新大陆的欧洲无产者，他们经常与非洲奴隶并肩工作，其命运在一开始与非洲奴隶没有太大区别。他们对主人的敌意同样强烈，因此种植园主将他们视为危险的群体。17 世纪下半叶，种植园主开始限制雇用他们，并推动立法将他们与非洲人隔离开来。但直到 18 世纪末，种族之间的界限才被不可逆转地划定（Moulier Boutang 1998）。在此之前，不论在国内还是种植园里，欧洲统治阶级想象白人、黑人和原住民之间结盟是可能的，而他们也一直对这种团结保持恐惧。莎士比亚在《暴风雨》中表达了这一观点。他描绘了由本地造反者、女巫之子凯列班以及远洋的欧洲无产者特林鸠罗和斯丹法诺策划的一场阴谋，暗示了被压迫者之间大联盟的可能性，并戏剧性地对应了普洛斯彼罗用魔法抚平统治者之间的矛盾的做法。

在《暴风雨》中，这个阴谋以耻辱的方式结束，欧洲无产者被证明不过是小贼和酒鬼，凯列班则向他的殖民地主人乞求宽恕。因此，当战败的叛军被带到普洛斯彼罗与他以前的敌人西巴辛斯和安东尼奥（现在与他和解了）跟前时，他们受到了嘲笑，并引发了对所有权和分化的思考：

西巴辛斯　哈哈！这些是什么东西，安东尼奥大人？可以不可以用钱买的？

安东尼奥　大概可以吧；他们中间的一个完全是一条鱼，而且一定很可以卖几个钱。

普洛斯彼罗　各位大人，请瞧一瞧这些家伙身上穿着的东西，就可以知道他们是不是好东西。这个奇丑的恶汉的母亲是一个很有法力的女巫，能够叫月亮都听她的话，能够支配着本来由月亮操纵的潮汐。这三个家伙做贼偷了我的东西；这个魔鬼生下来的杂种又跟那两

个东西商量谋害我的生命。那两人你们应当认识，是
你们的人；这个坏东西我必须承认是属于我的。[①]

（《暴风雨》，第五场，第一幕，第 265—276 行）

　　然而，在舞台之外，这种威胁仍在继续。"在百慕大和巴巴
多斯，白人仆役都被发现与非洲奴隶密谋，因为在 17 世纪 50 年
代，成千上万的罪犯从不列颠岛屿运往那里。"（Rowling 1987：
57）在弗吉尼亚州，黑人和白人仆从之间的结盟在 1675—1676
年的培根叛乱中达到顶峰，当时非洲奴隶和不列颠的契约仆役
联合起来，密谋反对他们的主人。

　　正是出于这个原因，从 17 世纪 40 年代开始，在南美殖民
地和加勒比海地区，无产阶级奴隶的积累伴随着种族等级制度
的建立，从而阻碍了这种联合的可能性。新的法律剥夺了非洲
人从前被赋予的公民权利，如公民身份、携带武器的权利，以
及在法庭上取证或为所受伤害寻求补偿的权利。黑奴处境的转
折点是奴隶身份成了世袭的，奴隶主被赋予了殴打和杀害奴隶
的权利。此外，"黑人"和"白人"的通婚也被禁止了。美国独
立战争之后，白人契约仆役被当作英国统治的残余而遭到废除。
结果到了 18 世纪末，美国殖民地已经从"一个存在奴隶的社会
变成了一个奴隶制社会"（Moulier Boutang 1998：189），非洲
人和白人之间团结在一起的可能性被严重破坏。在殖民地，"白
人"不仅仅是一个社会和经济特权的标志——"1650 年之前被
用于称呼'基督徒'，之后用来指代'英格兰人'或'自由人'"
（同上：194）——还是一种道德属性，一种将社会霸权自然化

---

① 译文版本为朱生豪译，人民文学出版社，2014 年。下同。——编者注

的手段。相比之下，"黑人"或"非洲人"成了奴隶的同义词，以至于自由的黑人——在 17 世纪早期的美洲仍然规模庞大——后来要被迫证明他们是自由的。

殖民地的性别、种族与阶级

如果凯列班的阴谋是由女性发动的，结果会不同吗？如果煽动者不是凯列班，而是他的母亲西考拉克斯，那位莎士比亚隐藏在背景中的强大的阿尔及利亚女巫呢？如果不是特林鸠罗和斯丹法诺，而是在征服美洲的同一时期烧死于欧洲火刑柱上的女巫姐妹，又会是怎样？

这个问题是一个修辞性的反问，但它有助于我们质疑殖民地的性别劳动分工的性质，以及欧洲妇女、原住民妇女和非洲妇女凭借共同的性别歧视经历可能建立的联结。

在《我，提图巴，塞勒姆的黑女巫》（*I, Tituba, Black Witch of Salem*，1992）中，玛丽斯·康德（Maryse Condé）描述了提图巴和她的新主人——清教徒塞缪尔·帕里斯的年轻妻子——如何一开始就相互支持，共同反对塞缪尔对妇女的仇视与杀意，这让我们深入了解了可能产生这种联系的情形。

加勒比地区的例子更加突出地表明了这一点。在那里，低等英格兰妇女作为囚犯或契约仆役被从英国"流放"，成了糖厂劳工的重要组成部分。"有产阶级的白人男性认为她们不适合结婚，也没有资格从事家政服务"，因为她们不识礼数、脾气暴躁。"失去土地的白人妇女被解雇，她们在种植园、公共建筑工地和城市服务部门从事体力劳动。在这些地方，她们与奴隶群体、黑奴男子密切交往。"她们在此建立家庭,并与这些男人生了孩子(Beckles 1995:131—132)。她们还在销售农产品或赃物时与女奴合作或竞争。

然而随着奴隶制的制度化,白人工人负担减轻了,欧洲过来的白人妇女也越来越少是种植者的妻子。在这一背景下,妇女的情况便发生了巨变。不论白人妇女的社会出身如何,只要她们的地位上升,或嫁入白人的权力机构内部,并且一旦自己也成为奴隶主,她们通常雇用女性做家务(同上)。[74]

然而,这并不是一个自然发生的过程。与性别歧视一样,种族主义也需要立法并依靠强力执行。我们必须看到,许多禁令都明令禁止黑人和白人通婚或发生性关系。与黑奴结婚的白人妇女会被谴责,而这种结合所生的孩子也是终身为奴。17世纪60年代马里兰和弗吉尼亚通过的这些法律,足以证明一个隔离的、种族主义的社会是自上而下建立的。而"黑人"与"白人"之间的亲密关系一定非常普遍,否则不会动用终身奴役来禁止这种关系。

就像遵循猎巫行动的剧本一样,新的法律将白人妇女和黑人之间的关系妖魔化。当这些法律在17世纪60年代通过时,欧洲的猎杀女巫行动即将结束,但在美洲,围绕女巫和黑魔鬼的所有禁忌都在恢复 —— 这一次是以黑人为代价的。

"分而治之"(divide and rule)也成为西班牙殖民地的一种官方政策。在此之前的一个时期,殖民者在数量上的劣势使得他们更加开放地对待不同种族间的关系,以及与当地酋长联姻。但是在16世纪40年代,随着混血儿数量的增加破坏了殖民者的特权,"种族"被确立为财产传承的关键因素。种族等级制度随之

建立，从而区分了土著人、梅斯蒂索人（mestizo）[1] 和穆拉托人
（mulatto），并将他们与白人人口分开（Nash 1980）。[75] 有关婚姻
与妇女性行为的禁令也相当于实施了社会排斥。但在西班牙统
治下的美洲，种族隔离只取得了部分成功，因为在移民、人口
下降、原住民起义的背景下形成了白人无产阶级。他们没有发
家致富的可能，从而更加认同梅斯蒂索人和穆拉托人而非白人
上层阶级。因此，在加勒比海的种植园社会中，欧洲人和非洲
人之间的差异随着时间的推移而增加。然而在南美殖民地，人
口"重组"成为可能，尤其在底层欧洲人、混血儿和非洲妇女
之间。非洲妇女除了经济上不稳定外，也同样遭受了双重标准
的法律带来的不利因素，这使她们容易受到男性的虐待。

　　我可以从 18 世纪墨西哥的宗教裁判所为消除魔法和异端信
仰而进行的调查记录中找到这种"重组"的迹象（Behar 1987：
34—51）。这项调查是无法完成的，宗教裁判所也很快对此失去
了兴趣，因为他们相信民间的魔法不再能威胁政治秩序。但它所
收集的证词显示，妇女之间密切交流着有关施法治病和情感治
疗的问题。在当时，非洲、欧洲和本土魔法传统的相遇创造了
一个新的文化现实。正如露丝·贝哈尔所写：

> 　　印第安妇女把蜂鸟送给西班牙医士好勾引他们，穆拉托
> 妇女教梅斯蒂索混血妇女如何驯服丈夫，一个洛巴（loba）
> 女巫把科约塔（coyota）介绍给魔鬼。这种"民间"信仰体
> 系与教会的信仰体系并行不悖，并且像基督教在新大陆一
> 样迅速传播。于是过了一段时间，人们就无法区分什么是

---

[1]　有西班牙和美洲土著血统的拉丁美洲人。

"印第安人""西班牙人"或"非洲人"了。[76]（同上）

在宗教裁判所眼中，她们统统属于"没有理性"的人。而露丝·贝哈尔描述的这个多姿多彩的女性世界则有力地说明，妇女可以跨越殖民和肤色界限建立联盟，她们可以凭借共同经历和分享传统的知识与实践，来控制她们的生育和反抗性别歧视。

同基于"种族"的歧视一样，这不仅仅是殖民者从欧洲带来长矛和马匹时带来的文化包袱。就像是资本主义先前对社区自治的破坏，这一策略同样是由具体的经济利益和发展资本主义经济的需要所决定的，因此总是根据手头的任务进行调整。

在墨西哥和秘鲁，面对人口减少，西班牙当局为了让女性在家中从事家务劳动而引入了一种新的性别等级制度，剥夺了土著妇女的自主权，并给予她们的男性亲属更多的权力。根据新的法律，已婚妇女成了男人的财产，并被迫（违背传统习俗）跟随丈夫回家。当局还建立了一个教父母（compadrazgo）体系[①]，进一步限制了她们的权利，把对孩子的授权放在男性手中。此外，为了确保土著妇女能在矿区繁育出做米塔劳役的工人，西班牙当局立法规定，任何人都不能将丈夫和妻子分开。这意味着妇女无论是否愿意，都要被迫从夫，她们甚至要跟随丈夫到遭受采矿污染的死亡营区（Cook Noble 1981：205—206）。[77]

在 17 世纪中叶的加拿大，法国耶稣会会士对管教和训练因努人的干预揭示了性别差异是如何积累的。已故人类学家埃莉诺·利科克在她的《男性统治的神话》（*Myths of Male Dominance*, 1981）中讲述了这个故事。她研究了其中一位主角保罗·勒琼

---

① 天主教仪式中产生的教父教母关系。

一个遭受烙刑的女奴。在欧洲的女巫审判中最为典型的就是，魔鬼在妇女身上打下烙印作为完全征服的象征。但实际上，真正的魔鬼是白人奴隶贩子和庄园主，他们（就像这张图片中的男人一样）毫不犹豫地把他们奴役的妇女当作牲口

（Paul Le Jeune）神父的日记。他是一名耶稣会传教士，以典型的殖民主义方式加入了一个法国贸易站，目的是让印第安人加入基督教并把他们变成"新法国"的公民。因努人是印第安的游牧民族，他们在拉布拉多半岛东部狩猎、捕鱼，生活非常和谐。但

在勒琼到来的时候，欧洲人的入侵和毛皮贸易的蔓延破坏了他们的社区。于是，一些渴望与欧洲人达成商业联盟的男性，愿意让法国人来决定他们应该如何管理自己（Leacock 1981：39ff.）。

法国人被因努人的慷慨、合作意识和对地位的漠视打动，但对他们"缺乏道德"感到震惊；法国人看到因努人没有私有财产、权威和男尊女卑的概念，他们甚至拒绝惩罚他们的孩子（Leacock 1981：34—38）。这种情况在欧洲人与美洲原住民接触时经常发生。耶稣会会士决定改变这一切，于是开始向印第安人传授文明的基本要素，他们相信只有这样才能将他们变成可靠的贸易伙伴。本着这种精神，他们首先教导原住民，"男人是主人"，"在法国，妇女不会管她们的丈夫"。而夜间求爱，按夫妻任何一方的意愿离婚，以及配偶双方在婚前或婚后的性自由都是需要被禁止的。勒琼与一个因努男性关于这方面的对话有力地表明了这一点：

> 我告诉他，一个女人爱上了丈夫之外的其他人是不光彩的，允许这样的恶存在于他们中间，他自己也将无法确定在场的儿子是不是亲生的。他回答说："你没有道理。你们法国人只爱自己的孩子；但我们爱部落里所有的孩子。"看到他用马和骡子的方式进行哲学思考，我笑了。（同上：50）

在新法兰西总督的支持下，耶稣会会士成功说服因努人自己成为首领，并让"他们的"妇女服从秩序。通常情况下，他们的招数就是暗示那些过于独立和不服从丈夫的妇女是魔鬼的产物。许多因努族妇女对于男性要制服她们是很愤怒的，于是便逃跑了。这时，耶稣会会士会劝说男人去追赶他们的配偶，并以囚禁威胁她们：

> 这种正义的行为 —— 勒琼在一个案例中自豪地评论
> 道 —— 在法国不会引起大惊小怪，因为以这种方式行事是
> 很平常的。但在这些人中……每个人都认为自己从出生起
> 就像大森林中游荡的野兽一样自由……看到他们服从一个
> 强制性的命令，或者实施任何严厉或正义的行为，都令人
> 惊奇，或者说这简直是一个奇迹。（同上：54）

然而，耶稣会会士最大的胜利是说服因努人殴打他们的孩子。他们认为"野蛮人"对后代的溺爱是他们传教的主要障碍。勒琼的日记记录了首例女孩被公开殴打的情况，她的一个亲戚向旁观者讲述了这一事件的历史意义，让人不寒而栗，他说："这是我们第一次体罚自己的族人……"（同上：54—55）

因努人之所以得接受男性至上的训练，是因为法国人想向他们灌输私有财产的"本能"，从而让他们成为毛皮贸易中的可靠伙伴。种植园的情况则截然不同：在那里，劳动性别分工是直接由种植园主对劳动力的要求以及奴隶生产的商品在国际市场上的价格所决定的。

正如芭芭拉·布什和玛丽埃塔·莫里西（Marietta Morrissey）所记录的那样，在废除奴隶贸易之前，妇女和男子都受到相同程度的剥削；种植园主发现，让奴隶干活并将其"榨干"比鼓励他们生育更有利。因而，性别分工和性等级制度在这时是不明显的。非洲男人对他们的女伴和亲属的命运没有发言权；至于女人，她们根本没受到什么特别照顾。妇女被期望像男人一样在田里工作，特别是在糖和烟草需求量大的时候，她们即便

在怀孕时也会受到同样残酷的惩罚（Bush 1990：42—44）。

因此具有讽刺意味的是，在奴隶制中妇女似乎"实现了"与同阶级男子的大致平等（Momsen 1993）。但她们与男子的待遇从来都不是一样的。妇女获得的食物往往更少；与男人不同，她们容易受到主人的性侵犯。她们实际上受到了更残酷的惩罚，因为除了身体上的痛苦外，她们作为女性还必须承受性的羞辱，以及怀孕时对她们胎儿的伤害。

此外，1807 年后奴隶贸易被废除，加勒比海地区和美国的种植园主采取了"繁殖奴隶"（slave breeding）的政策。由此，新的一页展开了。正如希拉里·贝克尔斯指出，就巴巴多斯岛而言，种植园主从 17 世纪起就试图控制女奴的生育模式，按照田间劳动的需求，"（鼓励）她们在任何特定的时间内少生或多生"。但只有当非洲奴隶的供应减少时，管制妇女的性关系和生育模式才变得更加系统和强烈（Beckles 1989：92）。

在欧洲，强迫妇女生育导致避孕被判处死刑。而在种植园，奴隶正成为一种珍稀商品的地方，转向繁育后代的政策使妇女更容易受到性侵，尽管它"改善"了妇女的工作条件：减少工作时间、建造卧房、提供助产士协助分娩、扩大社会权利（例如，旅行和集会）（Beckles 1989：99—100；Bush 1990：135）。但这些变化并不能减少田间劳动对妇女造成的伤害，也不能减少妇女因缺乏自由而产生的痛苦。除巴巴多斯外，种植园主试图通过"自然繁殖"扩大劳动力的努力并没有成功，种植园的出生率仍然"异常地低"（Bush 1990：136—137；Beckles 1989，同上）。这种现象究竟是公然反抗奴隶制延续的结果，还是因为受奴役的妇女在恶劣条件下已经身体虚弱，仍然是一个有争议的问题（Bush 1990：143ff.）。但是正如布什所言，我们有充分的理由相信，失败的主要原因是妇女拒绝生育。因为只要奴隶制被根除，即使妇女经济条件在某些方面恶化了，在被解放的奴隶社群中人口也开始增长（Bush 1990）。[78]

妇女拒绝成为奴隶制的受害者也重塑了劳动性别分工。例如在加勒比海岛屿上，受奴役的妇女把自己变成了半自由的市场商贩，出售她们在"份地"（provision grounds，在牙买加称为 polinks）上种植的产品。种植园主把这些土地交给奴隶，以便她们能够养活自己。种植园主采取这一措施是为了节省繁衍劳动力的成本。但是，进入"份地"对奴隶来说也是有利的；这让他们有更多的流动性，并有可能利用分配给他们的耕作时间从事其他活动。生产可食用或出售的小农作物也增强了他们的独立性。妇女是为份地的收获付出最多的，她们标记不同的作物，在种植园制度内重新使用和繁殖它们——这也是她们在非洲的主要职业之一。因此，到 18 世纪中叶，加勒比地区的女奴在种植园经济中为自己开辟了一席之地，并为岛屿食品市场的扩大（如果说不是创造的话）做出了贡献。她们既是奴隶和白人所消费的大部分食物的生产者，也是自己所种农作物的销售者和市场小贩，辅之以从主人的商店拿出来的货物——或与其他奴隶交换，或由主人交给她们出售。

正是在这种身份下，女奴也与白人无产阶级妇女产生了联系。这些白人妇女往往是从前的契约奴仆，在脱离队工劳动并获得解放之后依然与女奴联系。他们之间的关系有时是敌对的：欧洲无产阶级妇女也主要通过种植和销售粮食作物来生存，她们有时会偷窃女奴带到市场的产品，或试图阻碍其销售。但这两类妇女也合作建立了一个庞大的买卖关系网络，逃避殖民当局的法律，后者时常担心这些活动会使奴隶脱离他们的控制。

　　尽管有立法阻止她们出售或限制她们出售的地点，但被奴役的妇女继续扩大她们的销售活动，并在她们的份地上继续耕种（她们把这些地看作是自己的）。于是到 18 世纪末，她们形成了一个农业的雏形，并实际上垄断了岛屿市场。因此，根据一些历史学家的说法，早在解放前，加勒比海地区的奴隶制实际上就已经结束了。排除万难的女奴正是这一过程中的关键力量。尽管当局多次试图限制她们的权力，她们还是以自己的决心建立了奴隶社区，并发展了岛屿经济。

　　加勒比女奴隶也对白人的文化产生了决定性的影响，特别是她们作为治疗师、预言家、魔法专家，以及其对主人的厨房和卧室的"统治"影响了白人妇女（Bush 1990）。

　　毫不奇怪，她们被视为奴隶社区的核心。游客们对她们的歌声、头巾和衣服，以及放肆的说话方式印象深刻。而现在，这些被理解为她们讽刺主人的一种手段。非洲和克里奥尔妇女影响了贫困白人女性的习俗。一位同时代人把她们描绘成像非洲人一样，把孩子绑在屁股上走路，同时把装有货物的盘子平衡着顶在头上（Beckles 1989：81）。但她们的主要成就是发展了一种以生存策略和女性网络为基础的自力更生的政治。这些实践和与之相关的价值观，被罗莎琳·特伯格·佩恩（Rosalyn Terborg Penn）认定为当代非洲女权主义的基本信条，它们重新定义了离散的非洲社区（第 3—7 页）。它们不仅为新的非洲女性身份创造了基础，也为一个新的社会奠定了基础：新的社会反对资本主义将匮乏和依赖作为生活的结构性条件的企图，致力于重新征用和集中在妇女手中的基本生活资料，包括土地、食物生产，以及知识和合作的代际传递。

上：一个奴隶家庭（局部图）。被奴役的妇女努力继续她们在非洲进行的活动，如销售她们种植的产品。这使她们能够更好地养家糊口，并获得一些自主权（摘自芭芭拉·布什，1990）

下：西印度种植园里的节日聚会。妇女是这种聚会的核心，因为她们是奴隶社区的核心，并坚定捍卫了从非洲带来的文化

资本主义与劳动的性别分工

正如这段关于妇女和原始积累的简史所显示的，资本主义发展的一个主要方向就是构建新的父权秩序，使妇女成为男性劳动力的奴仆。

在此基础上，新的劳动性别分工得以确立。它不仅区分了妇女和男性应该执行的任务，而且区分了他们的经验、生活，以及他们与资本及工人阶级其他部门的关系。因此，与国际劳动分工一样，性别分工首先是一种权力关系，是劳动力内部的分工，同时也大大推动了资本积累。

我必须强调这一点，因为人们往往将资本主义带来的劳动生产率提升仅仅归因于工作任务的专业化。实际上，资产阶级从农业与工业劳动的分化以及工业劳动内部的分化中取得的优势——亚当·斯密对制针的歌颂中赞扬了劳动分工的贡献——与它从妇女的工作和社会地位的降格中取得的优势相比，是微不足道的。

正如我所论证的，男女之间的权力差异以及以自然的劣势为由掩盖妇女的无偿劳动，使资本主义能够极大地扩大"工作日的无酬部分"，并利用（男性的）工资来积累妇女的劳动；在许多情况下，它们还促使将阶级对立转移到男女对立上。因此，原始积累首先是差异、不平等、等级与分化的积累，它使工人不但与彼此疏离，甚至与自己疏离。

正如我们看到的，男性工人往往与这一过程同流合污，因为他们试图通过贬低和管教妇女、儿童以及资产阶级殖民的人口来维持他们与资本相关的权力。男性凭雇佣劳动机会，及其对资本主义积累的公认贡献而得以对女性行使权力。但这是以他们的自我异化、个人与集体权力的"原始负积累"（primitive disaccumulation）为代价的。

在接下来的章节中，我将讨论封建主义向资本主义过渡的三个关键方面以进一步研究这一负积累的过程：将无产阶级的身体作为工作机器；把妇女视为女巫进行迫害；在欧洲和新大陆创造"野蛮人"和"食人者"。

注　释

1. 彼得·布里克尔反对"农民战争"（peasant war）这个概念。因为这场革命的社会构成也包括了许多工匠、矿工和知识分子。农民战争中的意识形态是十分杂糅的，表现在叛军提出的十二项"条款"中以及强大的军事组织上。这十二项"条款"包括：拒绝奴役、减少什一税、废除偷猎法、确认采集木材的权利、减少劳役、减少地租、确认使用公共资源的权利以及废除死亡税（Bickle 1985：195—201）。叛军的非凡军事才能部分源自职业军人参与起义，包括国土雇佣兵（Landsknechte）——著名的瑞士士兵队伍，他们在当时是欧洲最精锐的雇佣兵部队。国土雇佣兵运用他们的军事专长领导农民军，并在不同场合拒绝对叛军采取行动。有一次，他们拒绝的理由是他们也来自农民，而且他们在和平时期依靠农民来维持生计。当他们显然不能被信任时，德意志贵族动员了从更偏远地区抽调的斯瓦比亚联盟军来击破农民的抵抗。关于国土雇佣兵的历史和他们对农民战争的参与，见 Reinhard Baumann, I Lanzichenecchi (1994: 237–256)。

2. 再洗礼派在政治上代表了"中世纪后期社会运动和由宗教改革引发的新的反教会运动"的融合。与中世纪异端分子一样，他们谴责经济上的个人主义和贪婪，并支持基督教的公社主义。农民战争后，他们占领了明斯特。当时动乱和城市叛乱从法兰克福蔓延到科隆和德意志北部的其他城镇。1531 年，手工业者控制了明斯特市，将其更名为新耶路撒冷。他们受到荷兰移民者的再洗礼派的影响，在该市建立了一个基于货物共享的共同政府。正如夏伯嘉所写，新耶路撒冷的记录被销毁了，我们只能从它的敌人口中听到它的故事。因此，我们不应假定事件的发展与叙述一致。根据现有的记录，妇女起初在该市享有高度的自由；例如，"她们可以与不信教的丈夫离婚并缔结新的婚姻"。随着 1534 年改革后的政府决定实行一夫多妻制，情况发生了变化。这在妇女中激起了"积极的反抗"。据推测，她们在镇压中受到监禁甚至处决（Po-Chia Hsia 1988a：58—59）。我们并不清楚为什么她们会做出这样的决定，但鉴于手工业在"向资本主义的过渡"中分裂了妇女，这段插曲值得进一步调查。事实上，我们知道手工业者在一些国家开展了运动，将妇女排除在有偿工作场所之外，同时没有任何迹象表明他们反对过迫害女巫的行径。

3. 关于英格兰实际工资的上升和物价的下降，见 North and Thomas（1973：74）。关于佛罗伦萨的工资，见 Carlo M. Cipolla（1994：206）。关于英格兰产出价值的下降，见 R. H. Britnel（1993：156-171）。关于一些欧洲国家农业生产的停滞，见 B. H. Slicher Van Bath（1963：160-170）。罗德尼·希尔顿认为，这一时期出现了"农村和工业经济的萎缩……可能首先是由统治阶级感受到的……统治者的收入和工商业利润开始下降……城镇叛乱扰乱了工业生产，农村的叛乱加强了农民抵制支付租金。租金和利润因此进一步下降"（Hilton 1985：240—241）。

4. 关于莫里斯·多布和关于资本主义过渡时期的辩论，见 Harvey J. Kaye, *The British Marxist Historians. New York: St. Martin's Press,* (1984), 23-69。

5. 马克思"原始积累"概念的批评者包括萨米尔·阿明（1974）和玛丽亚·米斯（1986）。阿明关注马克思的欧洲中心主义，米斯则强调马克思对妇女的剥削视而不见。扬·穆利耶·布唐（1998）提出了不同的批评意见，他指责马克思的学说给人造成这样的印象，即欧洲统治阶级的目标是将自己从讨厌的劳动力中解放出来。布唐强调，现实情况恰恰相反：掠夺土地的目的是将工人固定在他们的工作岗位上，而不是鼓励流动。资本主义——正如布唐所强调的——主要关注的一直是防止劳动力逃跑（第 16—27 页）。

6. 正如迈克尔·佩罗曼指出的："原始积累"一词实际上是由亚当·斯密创造的，而马克思拒绝了这一用词，因为斯密的用法是去历史化的。"为了强调他与斯密的不同，马克思在《资本论》第一卷最后部分专门探讨原始积累的标题前加上了贬义的'所谓'一词。马克思在本质上否定了斯密的神话般的'从前的'积累，以唤起人们对实际历史经验的关注。"（Perlman 1985：25—26）

7. 关于"原始积累"的历史和逻辑维度之间的关系，及其对当今政治运动的影响，参考 Massimo De Angelis, "Marx and Primitive Accumulation. The Continuous Character of Capital 'Enclosures'", In *The Commoner:* www.commoner.org.uk; Fredy Perlman, *The Continuing Appeal of Nationalism.* Detroit: Black and Red, 1985; 以及 Mitchel Cohen, "Fredy Perlman: Out in Front of a Dozen Dead Oceans"（未发表的手稿，1998）。

8. 关于赐封、米塔和卡缇奎制度的描述，见 André Gunder Frank（1978）45；Steve J. Stern（1982）和 Inga Clendinnen（1987）。正如贡德·弗兰克所描述的："在赐封制度下，印第安人社群的劳动权利被授予给西班牙地主。"但在 1548 年，西班牙人"开始用劳役摊派（在墨西哥称为卡缇奎，在秘鲁称为米塔）取代赐封，它要求印第安人社群的酋长每月向西班牙的分配法官（juez repartidor）提供一定天数的劳动……西班牙官员反过来将这些劳动力供应分配给合格的、有进取心的劳动承包商，由这些承包商支付劳工一定的最低工资"（1978：45）。关于西班牙人如何在墨西哥和秘鲁的各阶段殖民化过程中捆绑劳动力，以及原住民灾难性灭绝对它的影响，参见 Gunder Frank（同上：43—49）。

9. 关于"第二农奴制"的讨论，见 Immanuel Wallerstein（1974）和 Henry Kamen（1971）。这里要强调的是，新被奴役的农民现在是在为国际粮食市场生产。换句话说，尽管强加给他们的劳动关系似乎很落后，但在新政权下他们是发展中的资本主义经济和国际资本主义分工的一个组成部分。

10. 我在这里呼应马克思在《资本论》第一卷中的说法："暴力……本身就是一种经济力量。"（1909：824）但马克思的附带观察远没有那么有说服力。他说："暴力是每一个孕育着新社会的旧社会的助产婆。"（同上）首先，助产婆给世界带来了生命，而不是毁灭。这个比喻还表明，资本主义是从封建世界的怀抱孕育的力量中"进化"出来的——这是马克思本人在讨论原始积累时反驳的假设。把暴力比作助产婆的生成能力，也给资本积累过程蒙上了一层温和的面纱，暗示着必然性、不可避免性，以及最终的进步。

11. 奴隶制在欧洲从未被废除。它在一些地方幸存了下来，其中主要是女性作为家庭奴隶。但到15世纪末，葡萄牙人又开始从非洲进口奴隶。强制推行奴隶制的尝试在英格兰一直持续到16世纪，结果（在实行公共救济后）劳教所和教养院建立了起来。在这点上，英格兰是整个欧洲的先驱。

12. 关于这一点，参见 Samir Amin（1974）。强调欧洲奴隶制在16世纪和17世纪（及以后）的存在也很重要，因为这一事实经常被欧洲历史学家"遗忘"。根据萨尔瓦托雷·博诺的说法，这种自我遗忘是"瓜分非洲"的产物，它被合理化为终止非洲大陆的奴隶制。博诺认为，欧洲的精英们不能承认欧洲这个所谓的民主摇篮雇用了奴隶。

13. Immanuel Wallerstein (1974), 90–95; Peter Kriedte (1978), 69–70.

14. 保罗·西娅（Paolo Thea, 1998）有力地重构了站在农民一边的德意志艺术家的历史。

> 在新教改革期间，一些16世纪的顶级德意志艺术家离开了他们的实验室，加入农民的斗争中……他们起草了一些文

件，这些文件的灵感来自福音派关于贫穷、共同分享物品和重新分配财富的原则。有时……他们会为了支持这一事业而拿起武器。在 1525 年 5 月至 6 月的军事失败后，大量艺术家被施以酷刑。其中还包括一些著名的人物，如关押在斯图加特普福尔茨海姆的约尔格·拉特盖特、被斩首的菲利普·迪特曼和被肢解的蒂尔曼·里门施奈德——后面两人都在维尔茨堡，马蒂亚斯·格吕内瓦尔德被赶出他就职的美因茨官廷。小霍尔拜因也被这些事件困扰着，因此逃离了巴塞尔这个被宗教冲突撕裂的城市。（我的翻译）

此外，瑞士、奥地利和蒂罗尔的艺术家也参加了农民战争，包括像卢卡斯·克拉纳赫（即老克拉纳赫）这样的著名艺术家以及无数不甚知名的画家和版画师（同上：7）。西娅指出，艺术家们对农民事业的深度参与也表现在同时期的 16 世纪德意志艺术重新评价了描绘农民生活的农村主题——跳舞的农民、动物和植物（同上：12—15；73、79、80）。"农村已经变得生动起来……它在起义中获得了值得被表现的个性。"（同上：155）（我的翻译）

15. 正是透过农民战争和再洗礼派，欧洲政府在整个 16 世纪和 17 世纪阐释并镇压了各种形式的社会抗议。伊丽莎白时期的英格兰和法国再洗礼派革命的回声依旧能被听到，它们激发了人们对合法当局的任何挑战的高度警惕和严厉态度。"再洗礼派"成了一个被诅咒的词，一种耻辱和犯罪意图的标志，就像 20 世纪 50 年代美国的"共产主义者"和今天的"恐怖分子"一样。

16. 在一些城邦的腹地，村庄的权力和特权得以维持。在一些邦国，农民"继续拒绝交税和服劳役"；"他们让我大声吆喝，却什么也不给我。"舒森里德的修道院院长在提到自己土地的工人时抱怨道（Blickle 1985：172）。在上斯瓦比亚（Upper Swabia，德意志西南部），尽管农奴制没有被废除，但农民对继承权和婚姻权的一些主要申诉意见随着 1526 年《梅明根条约》（Treaty of Memmingen）的

17世纪早期的德意志版画，表现了对再洗礼派物品公有化信仰的斥责

通过而被采纳。"在莱茵河上游，一些地区也达成了对农民有利的协议。"（同上：172—174）。在瑞士的伯尔尼和苏黎世，农奴制被废除了。在蒂罗尔和萨尔茨堡，"平民"的命运得到了改善（同上：176—179）。但是，"真正的革命之子"是1525年后在上斯瓦比亚建立的领土议会（territorial assembly）。它为直到19世纪仍然存在的自治制度奠定了基础。1525年后出现的新领土议会，"以更弱的形式实现了1525年的一项要求：平民应该与贵族、教士和城镇一起成为领地的一部分"。布里克尔总结道："无论这一事业在哪里取胜，我们都不能说领主的军事征服带来了政治上的胜利，（因为）贵族的统治仍然需要获得平民的同意。直到后来，在绝对国家（absolute state）的形成过程中，贵族才成功地摆脱了这种同意。"（同上：181—182）

17. 法国人类学家克劳德·梅拉苏（Claude Meillassoux）在《少女、饮食和金钱》（*Maidens, Meal and Money*，1981）中谈到资本主义的发展令全世界日益贫困。他认为这种矛盾预示着资本主义未来的危机："最终帝国主义——作为廉价劳动力再生产的手段——正将资本主义引

向一场重大危机，因为即使世界上还有数百万人……他们不直接参与资本主义就业……面对资本主义带来的社会混乱、饥荒和战争，有多少人仍能维系自己的生活、养活自己的孩子？"（1981：140）

18. "哥伦布大交换"造成的人口灾难程度仍然存在争议。不同人对后哥伦布时代第一个世纪南美洲和中美洲人口减少的估计悬殊，但当代学术界几乎一致认为其影响力相当于美洲大屠杀。安德烈·贡德·弗兰克写道："在一个多世纪的时间里，印第安人的人口减少了 90%，在墨西哥、秘鲁和其他一些地区甚至减少了 95%。"（1978：43）同样，诺贝尔·大卫·库克认为："起初，或许有 900 万人居住在现在秘鲁境内。欧洲人入侵安第斯世界后一个世纪，剩下的居民大约是入侵开始时的 1/10。"（Cook 1981：116）

19. 关于现代早期欧洲战争性质的变化，见 Cunningham and Grell（2000），95—102；Kaltner（1998）。坎宁安和格雷尔写道："在 15 世纪 90 年代，一支大型军队由 20 000 人组成，到 16 世纪 50 年代，这个数字翻倍了，而在三十年战争结束时，欧洲主要国家的野战军接近 150 000 人。"（2000：95）

20. 阿尔布雷希特·丢勒的版画并不是表现"四骑士"的唯一作品。其他的还有老克拉纳赫 1522 年和马特乌斯·梅里安 1630 年的作品。无数关于战场的再现描绘了对士兵和平民的屠杀，火光冲天的村庄，一排排悬挂的尸体。战争可能是 16 世纪和 17 世纪绘画的主要主题，它渗入了每一幅作品中，甚至是那些表面上关注神圣主题的作品。

21. 这一结果揭示了宗教改革的两个灵魂：一个是大众的灵魂，一个是精英的灵魂，它们很快就沿着相反的路线分裂。宗教改革的保守派强调工作和财富积累是一种美德，大众派则要求建立按照"上帝之爱"、平等和社区团结来运行的社会。关于宗教改革的阶级维度，参见 Henry Heller（1986）和 Po-Chia Hsia（1988）。

22. Hoskins (1976), 121–123. 在英格兰，宗教改革前的教会拥有该国25%—30% 的不动产。在这些土地中，亨利八世出售了 60%（Hoskins 1976：121—123）。那些从没收中获得最大利益并更热衷于圈占新

马特乌斯·梅里安,《天启四骑士》(*Four Horsemen of the Apocalypse*, 1630)

获得土地的人不是旧贵族,也不是那些依靠公地维持生计的人,而是乡绅和"新贵"(new men),尤其是律师和商人,这些人在农民的想象中代表着贪婪(Cornwall 1977:22—28)。农民容易针对这些"新贵"发泄愤怒。克里特(1983:60)在其书中(表15),简要而精确地统计了英格兰宗教改革所产生的土地大转移中的赢家和输家。它显示,教会丧失的土地中有20%—25%成为乡绅的财产。以下是最相关的条目。

英格兰和威尔士各社会群体的土地分布

	1436 年 [*]	1690 年
大业主	15—20	15—20
乡绅	25	45—50
男爵 / 自由人	20	25—33
教会和王室	25—33	5—10

［* 不包括威尔士］

关于英格兰宗教改革对土地使用权的影响，也可参见克里斯托弗·希尔，他写道：

> 我们不必将修道院理想化为宽容的地主，也不必承认当代的一些指控是真实的，即新的购买者缩短了租约，收取租金并驱逐租户……"你们不知道吗，"约翰·帕尔默对他正在驱逐的一群公簿持有者说，"皇恩浩荡，已经将所有的僧侣、修士和修女的房子都拆掉了，因此现在是我们绅士要拆掉这些穷鬼房子的时候了。"（Hill 1958：41）

23. 见 Midnight Notes（1990）；也见 *The Ecologist*（1993）；以及《平民报》中关于"圈地"和"公地"的持续辩论，特别是第 2 期（2001 年 9 月）和第 3 期（2002 年 1 月）。

24. 起初，"圈地"是指"用树篱、沟渠或其他障碍物将一块土地围起来，使人和动物无法自由通行，树篱是专属所有权和土地占有的标志。因此，圈地废除了集体土地的使用（后者通常伴随着某种程度的公共土地所有权），取而代之的是个人所有权和单独占有"（G. Slater 1968：1—2）。在 15 世纪和 16 世纪，废除集体土地的使用有多种方式。法律途径有：（1）由一个人购买所有的地产及其附属的共同权利；（2）由国王颁发特别许可证来圈地，或由议会通过圈地法案；（3）大法官颁布裁决地主和佃户之间的协议；（4）根据《默顿法》（Statutes of Merton，1235）和《威斯敏斯特法》（Statutes of Westminister，1285）的规定，由领主对废弃土地进行部分圈定。然而罗杰·曼宁指出，这些"法律方法……经常掩盖了武力对待、欺诈和恐吓佃户的情况"（Manning 1998：25）。E. D. 弗里德也写到，大规模驱逐往往是借由"长期骚扰佃户，一旦有机会就诉诸法律驱逐他们"和身体暴力实现的。这在"1450—1485 年的混乱时期（玫瑰战争时期）"尤为明显（Fryde 1996：186）。托马斯·莫尔的《乌托邦》（1516）表现了这些大规模驱逐所产生的痛苦和荒凉。

他谈到羊群已经成为充满野性的巨大的吞噬者，"它们把人都吃光吞尽了"。"羊"——他补充说——"消耗、破坏和吞噬全部田野、房屋和城市。"

25. 在《资本主义的诞生》（2000）中，迈克尔·佩罗曼强调了"习惯权利"（如狩猎）的重要性，指出它们往往具有至关重要的意义，决定了是勉强维生还是彻底贫困（第38页之后）。

26. 哈丁关于"公地悲剧"的文章（1968）是20世纪70年代支持土地私有化的意识形态运动中的支柱之一。根据哈丁的说法，当霍布斯式的利己主义作为人类行为的决定因素时，"悲剧"是不可避免的。在他看来，在一个假想的共同体内，每个牧民都想使自己的收益最大化而不考虑他的行动对其他牧民的影响，因此，"在每个人都追求自己的最大利益时，大家共同走向了毁灭"（In Baden and Noonan, eds., 1998：8—9）。

27. 用"现代化"来替圈地辩护由来已久，但它从新自由主义中获得了新的能量。它的主要倡导者世界银行经常要求非洲、亚洲、拉丁美洲和大洋洲的政府将公有土地私有化，以作为接受贷款的条件（World Bank 1989）。哈里特·布拉德利（Harriett Bradley 1968，最初发表于1918年）对圈地带来的生产力收益进行了经典的辩护。最近的学术文献采取了一种更公平的"成本/收益"法，G.明盖（G. E. Mingay, 1997）和罗伯特·S. 迪普莱西（Robert S. Duplessis, 1997：65—70）的作品就是例子。关于圈地的争论现在已经跨越了学科的界限，文学学者也参与了进来。理查德·伯特（Richard Burt）和约翰·迈克尔·阿切尔（John Michael Archer）于1994年主编的《圈地法案：早期近代英格兰的性、财产和文化》（*Enclosure Acts: Sexuality, Property, and Culture in Early Modern England*）就是一个跨越学科界限的例子。特别是其中詹姆斯·R. 西蒙（James R. Siemon）的文章《地主而非国王：农业变迁和相互勾连》（"Landlord Not King: Agrarian Change and Interarticulation"）和威廉·C. 卡罗尔（William C. Carroll）的文章《乞丐的温床：都铎-

斯图尔特时期的圈地、流浪和暴乱》（" 'The Nursery of Beggary':
Enclosure, Vagrancy, and Sedition in the Tudor-Stuart Period"）。卡
罗尔发现，在都铎时期，圈地阶级的代言人对圈地进行了生动的辩
护并且批判公地。根据这一论述，圈地者鼓励私人企业，这反过来
又提高了农业生产力，而公地则是"小偷、流氓和乞丐的温床和收
容所"（Carroll 1994：37—38）。

28. De Vries (1976), 42–43; Hoskins (1976), 11–12.

29. 公地是大众节日和其他集体活动的场所，如体育、游戏和会议。当
它们被围起来的时候，村庄共同体所特有的社会性便被严重破坏了。
"祝祷游行"（Rogationtide perambulation）便是圈地所终止的仪式
之一。这是每年在田地中进行的游行，旨在祈祷庄稼丰收，但田地
的围栏阻止了这种游行（Underdown 1985：81）。

30. 关于社会凝聚力的崩溃，见其中之一的大卫·昂德当（David Under-
down）1985 年的作品，《狂欢、暴动和叛乱：英格兰的大众政治和
文化，1603—1660》（Revel, Riot and Rebellion: Popular Politics and
Culture in England, 1603–1660），特别是第 3 章，其中还描述了老
贵族为了与新贵族区隔开所做的努力。

31. Kriedte (1983), 55; Briggs (1998), 289–316.

32. 家庭手工业是农村庄园工业的延伸，资本主义商人对其进行了重组，
以便利用圈地后解放出来的大量劳动力。包出制由此诞生 —— 资本
主义商人给农村家庭分发用于纺纱或织布的羊毛或棉花，通常还包
含工作工具，然后取走成品。整个纺织业 —— 资本主义发展第一阶
段最重要的行业 —— 正是以这种方式组织起来的。从这一事实可以
推断出包出制和家庭手工业对英国工业发展的重要性。家庭手工业
对雇主来说有两个主要的优势：规避了"兼并"的风险；降低了劳
动成本，因为以家庭为基础的组织为工人提供了免费的家庭服务，
以及孩子和妻子的协同作业，他们被当作帮手，并获得低廉的"辅
助"工资。

33. 雇佣劳动与奴隶制是如此相像，以至于平等派将雇佣工人排除在投

票权之外。他们认为受雇的劳动者没有充分独立于雇主，因此无法投票。埃德蒙·斯宾塞 1591 年的作品《哈伯德妈妈的故事》（*Mother Hubbard's Tale*）中的"狐狸"角色问道："为什么一个自由人要让自己成为奴隶？"而掘地派的领袖杰拉德·温斯坦利则宣称，如果一个人为了工资而工作，那么无论是生活在自己的敌人手下还是自己的兄弟手下，都没有任何区别（Hill 1975）。

34. Herzog (1989), 45–52. 关于流浪者的文献非常多。关于这一主题的最重要文献包括：A. 贝尔（A. Beier）1974 年的作品与 B. 盖雷梅克 1994 年所著的《贫穷的历史》（*Poverty, A History*）。

35. Fletcher (1973), 64–77; Cornwall (1977), 137–241; Beer (1982), 82–139. 在 16 世纪初，许多圈地暴动都有小绅士参与，他们利用民众对圈地、侵占和帝国的仇恨来解决他们与贵族的恩怨。但在 1549 年之后，"乡绅在圈地纠纷中的领导地位下降了，小农户或工匠和佃农更有可能主动领导农业抗议活动"（Manning 1988：312）。曼宁将圈地暴动的典型受害者描述为"圈外人"（the outsider）。"那些试图通过购买而成为地主阶级的商人特别容易受到圈地暴动的影响。租地农民也是如此。在 75 个星室法庭（Star Chamber，译者注：15 世纪至 17 世纪英格兰最高司法机构）的案件中，有 24 个案子里的新业主和农民是圈地暴动的受害者。一个密切相关的类别包括 6 个缺席的绅士。"（Manning 1988：50）

36. Manning (1988), 96–97,114–116, 281; Mendelson and Crawford (1998).

37. 越来越多的妇女出现在反圈地暴动中，因为她们受一种流行观念的影响，即妇女是"无法无天的"，可以肆无忌惮地铲平篱笆（Mendelson and Crawford 1998：386—387）。但星室法庭不遗余力地打消了人们的这种想法。1605 年，在詹姆斯一世的巫术法颁布 1 年后，它裁定："如果妇女犯了擅入领地、暴动或其他方面的罪行，并且她们和她们的丈夫被提起诉讼，那么他们（丈夫）应支付罚款和赔偿金，即便丈夫对入侵或犯罪行为不知情。"（Manning 1988：98）

38. 关于这一主题，参见其中之一的 Maria Mies (1986)。

39. 到 1600 年，西班牙实际工资的购买力相对于 1511 年已经损失了 30%（Hamilton 1965: 280）。厄尔·J. 汉密尔顿（Earl J. Hamilton） 1965 年的经典作品《美洲的财富与西班牙的价格革命，1501— 1650》（*American Treasure and the Price Revolution in Spain, 1501-1650*），特别研究了美洲金银对价格革命的影响；大卫·哈克 特·费舍尔 1996 年的《价格革命：一部全新的世界史》，研究了从 中世纪到现在的物价上涨——特别是第 2 章（第 66—113 页）；以 及彼得·拉姆齐（Peter Ramsey）1971 年编辑的书《16 世纪英格兰 的价格革命》（*The Price Revolution in Sixteenth Century England*）。

40. Braudel (1966),Vol. 1, 517–524.

41. 正如彼得·克里特（1983）总结的这一时期的经济发展：

> 危机使收入和财产的差异愈发明显。贫穷化与无产阶级化 和财富积累的增长并行不悖……关于剑桥郡奇彭纳姆的研究表 明，（16 世纪末和 17 世纪初）庄稼歉收引发了决定性的转变。 在 1544 年和 1712 年之间，中型农场几乎全部消失了。同时， 90 英亩以上的财产比例从 3% 上升到 14%；没有土地的家庭从 32% 上升到 63%。（Kriedte 1983：54—55）

42. Wallerstein (1974), 83; Le Roy Ladurie (1928–1929). 资本主义企 业家对放贷的兴趣越来越大，这也许正是 15 世纪和 16 世纪欧洲 大多数城市和国家驱逐犹太人的动机。这些城市和国家包括帕尔马 （1488）、米兰（1489）、日内瓦（1490）、西班牙（1492）和奥地 利（1496）。驱逐和集体迫害持续了 1 个世纪。在 1577 年鲁道夫二 世扭转局势之前，犹太人在西欧大部分地区生活都是非法的。放贷 一旦成为一项有利可图的业务，便由之前的为基督徒所不齿到被正 名。正如 1521 年左右在德意志被匿名写作的一段农民与有钱市民 （burgher）之间的对话所示：

农民　我为什么要来找你？为什么呢，我是想看看你平时在做什么。

市民　我应该做什么？我坐在这里数我的钱，你看不出来吗？

农民　告诉我，城里人，谁给了你这么多钱，让你把时间都花在数钱上？

市民　你想知道谁给了我钱？我告诉你。一个农民来敲我的门，要我借给他10或20古尔登。我问他是否有一片好的牧场或一块好的田地。他说："是的，城里人，我有一片好的牧场和一块好的田地，这两块价值100古尔登。"我回答说："太好了！把你的牧场和田地抵押给我。如果你答应每年支付1古尔登的利息，你就可以得到20古尔登的贷款。"农民听到这个好消息很高兴，回答说："我向你保证。"我又说："如果你不能按时支付利息，我将占有你的土地，把它变成我的财产。"这并没有让农民担心，他继续把他的牧场和田地转让给我，作为他的抵押品。我把钱借给他，他准时支付了一两年的利息；然后他歉收了，很快他就拖欠还款。我就没收他的土地，把他赶走，牧场和田地就是我的了。我不仅对农民如此，对工匠也是如此。如果一个商人有一栋好房子，我就借给他一笔钱，过不了多久，房子就属于我了。通过这种方式，我获得了很多财产和财富，这就是为什么我把所有的时间都花在数我的钱上。

农民　我还以为只有犹太人在放高利贷呢！现在看来基督徒也这样了。

市民　高利贷？谁在说高利贷？这里没有人放高利贷。债务人所支付的是利息。（G. Strauss：110—111）

43. 在提到德意志时，彼得·克里特写道：

"最近的研究表明，在16世纪的前30年里，巴伐利亚奥格斯堡的一名建筑工人能够用他的年收入养活他的妻子和两个孩子。从1566年到1575年，以及从1585年到三十年战争爆发，他的工资已经无法支付其家庭的最低生活费用。"（Kriedte 1983：51—52）。欧洲工人阶级因圈地和价格革命而致贫，参见 C. Lis & H. Soly (1979), 72–79。正如他们所写，在英格兰，"1500 年至 1600 年之间，谷物价格上涨了 6 倍，而工资上涨了 3 倍。弗朗西斯·培根把工人和农夫说成不过是'家庭乞丐'，这毫不奇怪"。在同一时期的法国，农夫和雇佣工人的购买力下降了 45%。"在新卡斯蒂利亚……雇佣劳动和贫穷被认为是同义词。"（同上：72—74）

44. 关于 16 世纪卖淫业的发展，见 Nickie Roberts, *Whores in History: Prostitution in Western Society* (1992)。

45. Manning (1988); Fletcher (1973); Cornwall (1977); Beer (1982); Bercé (1990); Lombardini (1983).

46. Kamen (1971), Bercé (1990), 169–179; Underdown (1985). 正如大卫·昂德当指出的：

> 经常可以看到女性（食物）暴动者的突出角色。1608 年的南安普顿，一艘装满粮食的船只准备前往伦敦，公司正为了如何处理它争论不休。一群妇女拒绝等待，她们登上了这艘船并扣押了货物。1622 年，在韦茅斯发生的事件中妇女被认为是可能的暴乱者，而 1631 年在多尔切斯特，一群人（其中一些是救济院的囚犯）拦住了一辆马车。他们误以为里面是小麦；其中一个人抱怨当地的一个商人"把这片土地上最好的水果，如黄油、奶酪、小麦等，都送到了海外"（1985：117）。关于食物暴动中的妇女，也可参见萨拉·门德尔松（Sara Mendelson）和帕特里夏·克劳福德（Patricia Crawford）1998 年的作品。她们写道："妇女在英格兰粮食骚乱中发挥了突出作用。"例如，"1629 年在马尔登，100 多名妇女和儿童登上船只，阻止粮食被运走"。他们由"安·卡特船长（Captain Ann Carter）领导。

后来她因在抗议活动中发挥了领导作用被判处绞刑"。（同上：
385—386）

47. 在 1630 年的饥荒中，意大利贝加莫市的一位医生也有类似的评论：

> 一群半死不活的人在街上、广场上、教堂里、街边的门前
> 向所有来者散发着的憎恨和恐怖，让人无法忍受。此外，他们
> 身上还散发出恶臭以及不断出现死亡的景象……没有经历过的
> 人无法相信。（引自 Carlo M. Cipolla 1993：129）

48. 关于 16 世纪和 17 世纪欧洲的抗议活动，见 Henry Kamen, *The Iron
Century* (1972)，特别是第 10 章，"1550—1660 年间的民众叛乱"
（第 331—385 页）。正如卡门所写："1595—1597 年的危机在整个
欧洲爆发。英格兰、法国、奥地利、芬兰、匈牙利、立陶宛和乌克
兰都受到了影响。在欧洲历史上，可能从来没有如此多的民众叛乱
同时发生。"（第 336 页）1595 年、1620 年和 1647 年，那不勒斯发
生了叛乱（同上：334—335，350，361—363）。在西班牙，1640
年在加泰罗尼亚，1648 年在格林纳达，1652 年在科尔多瓦和塞维
利亚都爆发了暴乱。关于 16 世纪和 17 世纪英格兰的暴动和叛乱，
见 Cornwall(1977); Underdown (1985) and Manning (1988)。关于西
班牙和意大利的叛乱，也见 Braudel (1976,Vol. II)，738–739。

49. 关于欧洲的流浪罪，除贝尔和盖雷梅克外，见 Braudel (1976), Vol.
II, 739–743; Kamen (1972), 390–394。

50. 关于价格革命后财产犯罪的兴起，见 Richard J. Evans(1996), 35;
Kamen (1972), 397–403; Lis and Soly(1984)。利斯和绍伊写道：
"现有的证据表明，在伊丽莎白时代和斯图亚特时代早期的英格兰，
特别是在 1590 年至 1620 年间，总体犯罪率确实明显上升。"（第
218 页）

51. 在英格兰，由于失去空地和公地而终止的社会性和集体再生产的时

刻中有春天举行的为田地祈福的游行——一旦田地被围起来就不能再举行了——以及五月一日围绕五朔节举行的舞蹈（Underdown 1985）。

52. Lis and Soly (1979), 92. 关于公共援助制度参见盖雷梅克的《贫穷的历史》（1994），第 4 章 "慈善改革"（第 142—177 页）。

53. Yann Moulier Boutang, *De L'esclavage au salariat* (1998), 291–293. 布唐称，贫民救济金与其说是回应土地掠夺和价格上涨所产生的苦难，不如说是一项旨在防止工人外逃从而创造当地劳动力市场的措施（1998），我只是部分地同意他的观点。如前所述，布唐过分强调了被剥夺财产的无产阶级的流动程度，因为他没有考虑妇女的不同处境。此外，他还低估了援助作为一项斗争结果的程度，这一斗争不能被简化为劳动的斗争，也包括袭击、大批饥饿的农村人对城镇的入侵（在 16 世纪中期的法国，这是一个持续的特征）和其他形式的攻击。在这种情况下，凯特叛乱的中心诺维奇在其失败后不久就成为济贫改革的中心和典型，并不是巧合。

54. 西班牙人本主义者胡安·路易斯·比韦斯对佛兰德斯和西班牙的贫困救济制度颇有研究，他是公共慈善事业的主要支持者之一。在他 1526 年的《贫穷援助》（*De Subvention Pauperum*）中，他认为 "世俗当局而不是教会应该负责对穷人援助"（Geremek 1994：187）。他还强调，当局应该为身体健康的人找到工作，坚持认为 "应该让那些不务正业、歪门邪道、偷鸡摸狗和游手好闲的人从事最艰苦的工作，而且报酬最差，以便这样的例子可以对其他人起到震慑作用"（同上）。

55. 关于济贫院和教养院兴起的主要著作，是达里奥·梅洛西（Dario Melossi）和马西莫·帕瓦里尼（Massimo Pavarini）1981 年的《监狱与工厂：监狱系统的起源》（*The Prison and the Factory: Origins of the Penitentiary System*）。作者指出，监禁的主要目的是打破穷人的认同感和团结感。另见 Geremek (1994), 206–229。关于英国企业主计划将穷人监禁在堂区，见马克思的《资本论》第一卷（1909：793）。关于法国的情况，见福柯的《疯癫与文明》（1965），特别是第2章："大禁闭"（第38—64页）。

56. 哈克特·费舍尔把17世纪欧洲人口的下降与价格革命的社会影响联系起来（第91—92页），彼得·克里特则提出了一个更复杂的情况，认为人口下降是马尔萨斯因素和社会经济因素的结合。在他看来，这种下降一方面是对16世纪早期人口增长的反应，另一方面是对地主侵占大部分农业收入的反应（第63页）。

迪普莱西（1997）提出了一个有趣的观点，支持了我关于人口下降和鼓励生育的国家政策之间的联系。他写道，17世纪人口危机后的恢复远比黑死病后的恢复要快得多。在1348年的流行病之后，人口花了一个世纪才开始增长，而在17世纪，增长过程在不到半个世纪的时间里就重启了（第143页）。这一估算表明，17世纪欧洲存在的更高的出生率，可能是由于对所有形式的避孕措施的猛烈打击。

57. "生命权力"是福柯在1978年的《性经验史》中使用的概念，用于描述在19世纪欧洲专制的政府形式转变为更加分散的、以"培养生命权力"为中心的政府。"生命权力"表达了在国家层面对个人身体的卫生、性和刑事的控制，以及人口增长和人口流动及其对经济领域的影响的日益关注。根据这一范式，生命权力的兴起与自由主义的兴起并驾齐驱，标志着法制和君主制国家的结束。

58. 我在做这个区分时，考虑到了加拿大社会学家布鲁斯·柯蒂斯（Bruce Curtis）对福柯的"人口"和"生命权力"概念的讨论。柯蒂斯将16世纪和17世纪流行的"众人"概念与19世纪成为现代人口学基础的"人口"概念做了对比。他指出，"众人"是一个有机的、分层次的概念。当重商主义者使用它时，他们关注的是社会主体中创造财富的部分，即实际或潜在的劳动者。后来的"人口"概念是一个原子论的概念。"人口由这么多分布在抽象空间和时间中的无差别的原子组成"——柯蒂斯写道——"有自己的规律和结构。"然而，我认为，这两个概念是连续的，因为在重商主义和自由资本主义时期，人口的概念对劳动力的再生产而言是有作用的。

59. 重商主义的全盛时期是在 17 世纪下半叶，它在经济生活中的主导地位与威廉·配第（1623—1687）和路易十四的财政部部长让·巴蒂斯特·柯尔贝尔的名字有关。然而，17 世纪末的重商主义者只是将 16 世纪以来一直在发展的理论系统化或应用。法国的让·博丹和意大利的乔凡尼·博特罗被认为是原重商主义经济学家。重商主义经济理论的最早系统表述之一，见于托马斯·孟 1622 年的《英格兰得自对外贸易的财富》（*England's Treasure by Forraign Trade*）。

60. 关于立新法反对杀婴的讨论，见其中的 John Riddle (1997), 163–166; Merry Wiesner (1993), 52–53; Mendelson and Crawford (1998)，他们写道："单身妇女比社会上任何其他群体更可能犯下杀婴罪。对 17 世纪初杀婴案的研究表明，在 60 位母亲中，有 53 位是单身，6 位是寡妇。"（第 149 页）统计数据还显示，因杀婴受惩罚甚至比因巫术受惩罚还多。玛格丽特·金（Margaret King）写道，纽伦堡"在 1578 年至 1615 年期间通过该罪行处决了 14 名妇女，但只有一名女巫。鲁昂议会从 16 世纪 80 年代到 1606 年起诉的杀婴案和巫术案几乎一样多，但对杀婴的惩罚更严厉。在受加尔文教影响的日内瓦，杀婴的处决率远远高于巫术的；从 1590 年到 1630 年，11 名被指控的妇女中有 9 名因杀婴而被处决，而 30 名巫术嫌疑人中只有 1 名被处决"（第 10 页）。梅里·威斯纳也证实了这些估算，她写道："例如在日内瓦，1595—1712 年期间，31 名被指控杀婴的妇女中有 25 名被处决，而 122 名被指控使用巫术的妇女中有 19 名被处决。"（1993：52）在欧洲，妇女因杀婴而被处决的情况一直持续到 18 世纪。

61. 关于这一主题，罗伯特·弗莱彻（Robert Fletcher）在 1896 年发表了一篇有趣的文章——《女巫药典》（"The Witches Pharmacopeia"）。

62. 这里指的是一首 1971 年的意大利女权歌曲《国家堕胎》（"Aborto di Stato"）。

63. Margaret L. King, *Women of the Renaissance*(1991), 78. 关于德意志妓院的关闭，见 Merry Wiesner, *Working Women in Renaissance*

Germany(1986), 194–209。

64. 关于妇女被逐出手工业的地点和年份的广泛记录，见 David Herlihy, *Women, Family and Society in Medieval Europe: Historical Essays.* Providence: Berghahan, 1978–1991。另见 Merry Wiesner (1986), 174–185。

65. Martha Howell (1986), Chapter 8, 174–183. 豪威尔写道：

> 例如，这一时期的喜剧和讽刺剧经常把市场上的妇女和
> 女生意人描绘成泼妇，不仅嘲笑或责骂她们在市场生产中的角
> 色，甚至经常指控她们有性侵行为。（第 182 页）

66. 在对霍布斯和洛克提出的 17 世纪社会契约理论的彻底批判中，卡罗尔·帕特曼（1988）认为，"社会契约"是建立在一个更基本的"性契约"之上的，它承认男人有权占有女人的身体和劳动。

67. 露丝·马佐·卡拉斯（Ruth Mazo Karras，1996）写道："'普通妇女'是指所有男人都可以使用的女人；它与'普通人'不同，'普通人'表示出身卑微的人，可以是贬义或褒义的，'普通妇女'则没有传达任何不友善行为或阶级团结的意义。"（第 138 页）

68. 关于"过渡"时期的家庭，见 Lawrence Stone (1977); André Burguière and François Lebrun, "Priests, Prince, and Family", in Burguière. et al., *A History of the Family: The Impact of Modernity* (1996). Volume Two, 95ff.。

69. 关于 17 世纪父权主义的特点，特别是社会契约理论中的父权概念，请再次参见 Pateman (1988); Zilla Eisenstein, *The Radical Future of Liberal Feminism* (1981); Margaret R. Sommerville, *Sex and Subjection: Attitudes To Women In Early Modern Society* (1995)。

萨默维尔讨论了契约理论给英格兰对妇女的法律和哲学态度所带来的变化。她认为契约主义者和父权主义者一样支持妇女从属于男人，只是以不同的理由为其辩护。他们至少在形式上奉行"自然

平等"和"主权在民"的原则。只不过他们依照这些原则为男性至上主义辩护时，援引了妇女的"自然劣根性"（natural inferiority）理论。根据这一理论，妇女意识到自己的内在弱点和必须依赖男人后，会同意丈夫占有她们的财产和投票权。

70. 见 Underdown (1985a), "The Taming of the Scold: The Enforcement of Patriarchal Authority in Early Modern England" in Anthony Fletcher and John Stevenson (1985), 116–136; Mendelson and Crawford (1998), 69–71。

71. 关于 16 世纪和 17 世纪欧洲妇女权利的丧失，见其中之一的梅里·威斯纳（1993），她写道：

> 罗马法的传播在很大程度上对近代早期妇女的民事法律地位产生了负面影响。这既是因为法学家选择从罗马法中采纳对妇女的看法，也是因为罗马法使得现有法律的执行更严格了。（第 33 页）

72. 除了戏剧和小册子，还有这一时期的法庭记录，昂德当的结论是："在 1560 年至 1640 年之间……这些记录披露了统治者对妇女 —— 父权制的一种明显威胁 —— 给予的密切关注。妇女骂街和与邻居争吵，单身妇女拒绝服役，妻子支配或殴打丈夫：所有这些控告似乎都比之前或之后的时期更经常出现。人们不会没有注意到，这一时期的巫术指控也达到了顶峰。"（1985a：119）

73. 詹姆斯·布劳特（James Blaut, 1992a）指出，在 1492 年之后的几十年内，"增长和变化的速度急剧加快，欧洲进入了一个快速发展的时期"。他写道：

> 16 世纪的殖民企业以多种方式生产资本。一是金银开采；二是种植园农业，主要是在巴西；三是与亚洲的香料、布匹和其他方面的贸易；四是欧洲人从美洲的各种生产和商业企业中

获得的利润……五是奴隶制。来自这些地方的积累是巨大的。
（第 38 页）

74. 伊莱恩·福曼·克兰（Elaine Forman Crane，1990）引用的百慕大的案例就很典型。克兰写道百慕大的一些白人妇女是奴隶主，这些奴隶通常也是妇女。正是靠她们的劳动，白人女奴隶主才能够保持一定程度的经济自主权（第 231—258 页）。

75. 琼·纳什（June Nash，1980）写道："1549 年发生了一个重大变化。种族出身以及法律认可的婚姻关系成为界定继承权的一个因素。新的法律规定，任何穆拉托人（黑人男子和印第安妇女的后代）、梅斯蒂索人、非婚生子女都不允许在赐封地拥有印第安人……梅斯蒂索人和私生子几乎成了同义词。"（第 140 页）

76. 科约塔是半梅斯蒂索和半印第安的女性。Ruth Behar (1987), 45.

77. 汞矿是最致命的。比如万卡维利卡的汞矿，成千上万的工人在可怕的痛苦中因缓慢中毒而死亡。正如诺贝尔·大卫·库克所写的：

> 万卡维利卡矿区的工人面临着直接的和长期的危险。塌方、洪水和因井道打滑而导致的坠落，每天都威胁着工人的生命。中级的健康危害来自不良的饮食习惯、不通风的地下室，以及矿井内部和安第斯山脉稀薄大气之间的巨大温差……长期待在矿井里的工人可能遭受了最悲惨的苦难。工具击碎矿石时，灰尘和细小的颗粒被释放到空气中。印第安人吸入了这些灰尘，其中含有 4 种危险物质：汞蒸气、砷、亚砷酸酐和朱砂。长期接触这些……便会导致死亡。这种病被称为"矿山病"（mal de la mina），晚期是无法治愈的。在不太严重的情况下，牙龈会溃烂并被慢慢腐蚀掉……（第 205—206 页）

78. 芭芭拉·布什（1990）指出，如果奴隶妇女想堕胎，她们肯定知道如何做，因为她们有从非洲带来的知识（第 141 页）。

维萨里的《人体的构造》（*De Humani Corporis Fabrica*，帕多瓦，1543）的扉页。这再完美不过地展示了男性、上层阶级、父权制秩序通过新的解剖学剧场取得了胜利。作者告诉我们，"由于害怕被绞死，（她）宣布自己怀孕了"，但在发现她没有怀孕后，她被吊死了。后面的女性形象（也许是一个妓女或助产士）低下了头，她可能在这一淫秽的场景及其隐含的暴力面前感到羞愧

第 3 章

伟大的凯列班

与反叛者的身体斗争

生命只是肢体的一种运动……"心脏"无非就是"发条";"神经"只是一些"游丝",而"关节"不过是一些齿轮,使整体得以活动。[1]

—— 霍布斯,《利维坦》,1650 年

然而,我将成为一个更高尚的生物。就当我的自然需求使我堕落为野兽的时候,我的精神将升华翱翔,飞向天使的怀抱。

—— 科顿·马瑟的日记,1680—1708 年

……请可怜我吧……我的朋友很穷,我的母亲病得很重,我将在下周三早上死去,所以我希望你能好心给我的朋友一小笔钱买口棺材和裹尸布,把我的尸体从吊死的树上带走……别害怕……我希望你能考虑到我可怜的身体,如果这是你自己的身体,你会愿意让它从外科医生那里获救的。

—— 理查德·托宾的信,他于 1739 年在伦敦被处死

---

[1] 译文参考黎思复、黎廷弼译,商务印书馆,2017 年。——编者注

15 世纪的木刻版画，"魔鬼对垂死之人的攻击是一个贯穿全部（中世纪）流行传统的主题"［摘自阿方索·M. 迪诺拉（Alfonso M. di Nola），1987］

资本主义发展的先决条件之一是米歇尔·福柯所定义的"对身体的规训"过程。在我看来，这个过程中间国家和教会试图将个体的力量转化为劳动力。本章将考察这一过程在当时的哲学辩论中是如何被认知和表达（mediated）的，以及它对社会产生了哪些至关重要的介入。

正是在 16 世纪，在西欧那些受新教改革和重商资产阶级的崛起影响最大的区域，我们看到各个领域（包括舞台、讲坛、政治和哲学的想象里）都出现了一种关于人的新概念。这个概念最理想的表现是莎士比亚《暴风雨》中的普洛斯彼罗。他结合了爱丽儿天堂般的灵性和凯列班残暴的物质性，但显露出对于达到这种灵性与物质性平衡的焦虑，这种平衡打破了"人"因其在存在之链中的独特地位而感到的任何骄傲。[1]在击败凯列班的过程中，普洛斯彼罗必须承认"这个坏东西是属于我的"，从而提醒他的观众，我们人类既有天使又有野兽的某些特质确实是有问题的。

在17世纪，普洛斯彼罗潜意识中的预感被形式化为理性与身体激情之间的冲突。它将经典的犹太教-基督教主题重新概念化，产生了一种新的人类学范式。其结果使人联想到中世纪天使与魔鬼为争夺离世灵魂的占有权而进行的小冲突。但现在，冲突在人的体内上演，人被重构为一个战场，在那里相反的元素为争夺统治权而对抗。一面是"理性的力量"：俭省、审慎、责任感、自我控制。另一面是"身体的低级本能"：淫荡、懒惰、系统性地浪费自己的生命能量。这场战斗在许多战线上进行，因为理性必须对来自肉体的攻击保持警惕，制止"肉体的智慧"（路德语）腐化心灵的力量。在极端的情况下，人就成了一个所有人反对所有人的地带：

> 假如在我的身体里，看不到勒班陀大战，看不到激情对抗理性、理性对抗信仰、信仰对抗魔鬼，而我的良心对抗所有的一切，那我就一无所是了。
>
> （Thomas Browne 1928: 76）

在这一过程中，隐喻领域发生了变化，同时对个人心理的哲学表征借用了国家身体政治中的形象。这些形象共同揭露了一个包含"统治者"和"反叛的主体"、"诸众"和"暴动"、"锁链"和"专制的命令"，乃至（托马斯·布朗笔下的）刽子手的景观（同上：72）。[2] 正如我们将要看到的，哲学家将理性和身体之间的冲突描述为"高级事物"和"低级事物"之间的激烈对抗。这不能仅仅归咎于巴洛克时期对于比喻的偏爱，尽管这种偏爱后来被"更阳刚的"语言取代。[3] 在 17 世纪关于人的话语里，那些想象中发生在个人微观世界中的战斗，可以说是以当时的现实为基础的。它是更广泛的社会改革进程中的一个面向，凭借此进程，在"理性时代"，崛起中的资产阶级试图依据发展资本主义经济的需要，对从属阶级进行改造。

正是在试图形塑一种新类型的个人的过程中，资产阶级参与了对身体的战争，这场战争成了它的历史标志。如马克斯·韦伯所说，身体的改革是资产阶级伦理的核心，因为资本主义把占有作为"生命的最终目的"，而不是把它作为满足我们需求的手段；因此，它要求我们放弃一切即时的生活享受（Weber 1958：53）。资本主义还试图克服我们的"天性状态"，方式是打破自然的障碍，将工作日延长到超出前工业时期设定的光照、季节周期和身体的界限。

马克思也认为，身体的异化是资本主义劳动关系中的一个显著特征。资本主义通过将劳动力转化为商品，使工人的活动屈从于一个他们无法控制、无法认同的外部秩序。这样，劳动过程变成了一个自我疏离的场域：工人"只有在劳动之外才感到自在，而在劳动中则感到不自在，他在不劳动时觉得舒畅，而在劳动时就觉得不舒畅"（Marx 1961：72）。此外，随着资本主义经济的发展，工人成为"他自身"劳动力的"自由所有者"（虽然只是形式上的），（与奴隶不同）他可以在限定的时间内将劳动力交由买方支配。这意味着"他必须总是把自己的劳动力（他的精力、能力）当作自己的财产，从而当作自己的商品"

（Marx 1906，Vol.Ⅰ：186）。[4] 这也导致了一种人与身体的分离感，身体被物化和简化成了一个人们无法立即认同的对象。

工人自由地异化自己的劳动，或直面自己那将作为资本交付给价高买家的身体——此类形象指的是已经被资本主义工作规训塑造的工人阶级。但只有在 19 世纪下半叶，我们才能瞥见那种温文尔雅、谨慎、负责任，以拥有一块手表为荣的工人（Thompson 1964）。他们能够把资本主义生产方式所强加的条件看成"不证自明的自然规律"（Marx 1909，Vol.Ⅰ：809）——这是资本主义乌托邦的化身，也是马克思的参照物。

在原始积累时期，情况则完全不同。那时新兴资产阶级发现，"劳动力的解放"即从公有土地上征用农民，并不足以迫使被掠夺的无产者接受雇佣劳动。弥尔顿笔下的亚当在被逐出伊甸园后，欢天喜地地开始了献身于工作的生活。[5] 与亚当相反，被没收财产的农民和工匠并没有心平气和地同意为了工资而打工。他们更多是成了乞丐、流浪汉或罪犯。培养一群听话的劳动者是一个漫长的过程。在 16 世纪和 17 世纪，人们对雇佣劳动的憎恨是如此强烈，以至于许多无产者宁愿冒着上绞刑架的危险，也不愿意接受新的劳动条件（Hill 1975：219—239）。[6]

这是第一次资本主义危机。在资本主义制度发展的第一阶段里，这次危机比威胁到资本主义制度基础的所有商业危机都严重得多。[7] 众所周知，面对危机，资产阶级的反应是建立真正恐怖的统治制度。就像之前的统治阶级把农奴束缚在土地上那样，为了把工人捆绑在强加给他们的工作上，资产阶级对流浪汉施行"血腥法律"，加强刑罚（特别是惩罚侵犯财产罪），加大处决力度。仅在英格兰，亨利八世在位的 38 年间，就有 7.2 万人被他吊死；而且这种屠杀一直持续到 16 世纪末。在 16 世

卖破烂的女人和流浪汉。被掠夺的农民和工匠并没有心平气和地同意打工。他们更多是成了乞丐、流浪汉或罪犯。制图者：路易-利奥波德·波伊（Louis-Léopold Boilly，1761—1845）

纪 70 年代，每年有 300 名至 400 名"'流氓'死在了某地的绞刑架"上（Hoskins 1977：9）。仅在德文郡，1598 年一年就有 74 人被绞死（同上）。

但统治阶级的暴力并不限于镇压违法者。它还希望彻底地改造人，从而在无产阶级中根除任何不利于实施更严格工作纪律的行为。这个维度的打击在社会立法中显而易见。在 16 世纪中叶，英格兰和法国引入了这些立法。游戏，特别是依靠运气的游戏被禁止了。这些游戏除了毫无用处之外，还破坏了个人的责任感和"工作伦理"。酒馆和公共浴场通通被关闭，裸体被纳入刑罚，许多其他"非生产性的"性行为和社交形式也受到惩罚。喝酒、说脏话、下诅咒全部被禁止。[8]

正是在这个庞大的社会工程的过程中，一个关于身体的新概念和针对身体的新策略开始形成。它的新颖之处在于，身体被攻击为万恶之源，然而人们却以同时代研究天体运动的同等热情来研究它。

为什么身体在国家政治和知识论述中如此重要？人们可能会说，这种对身体的迷恋反映了统治阶级对无产阶级的恐惧。[9]这正是资产阶级或贵族感到的恐惧，他们在街上或在旅行中不管走到哪里都会被威胁的人群包围，向他们乞讨或打劫。这也是那些国家的管理者所感受到的恐惧，其统治的巩固一直受制于同时也取决于骚乱和社会动荡的威胁。

然而，这只是冰山一角。我们不能忘记乞丐和暴乱的无产阶级。他们迫使富人乘坐马车来躲避他们的攻击，或者睡觉时在枕头下放两把手枪。这些乞丐和无产阶级作为同一种社会主体，日益被认为是所有财富的来源。对于他们，重商主义者即资本主义社会的第一批经济学家，同样不厌其烦地重复（虽然不是没有考虑过）"越多越好"，并经常为这么多的尸体被浪费在绞刑架上而感到惋惜。[10]

许多年后，劳动价值的概念才进入经济思想的殿堂。而工作（"工业"）相比于土地或任何其他"自然财富"，更多被当作积累的主要来源。这是在技术发展水平低下的背景下，人成为最重要的生产资源的时候，人们清楚认识到的事实。正如托马斯·孟（伦敦商人之子，重商主义立场的代言人）所说：

> ……我们知道，我们自己的天然物品并没有像我们的
> 工业那样创造那么多价值……因为矿井里的铁与它被挖掘、
> 试验、运输、购买、出售、铸成军械、火枪……锻成锚、
> 螺栓、钉子和类似的工具，用于船舶、房屋、大车、四轮
> 马车、犁和其他耕作工具并由此产生的好处相比，并没有
> 什么价值。
>
> （Abbott 1946：2）

即使是莎士比亚笔下的普洛斯彼罗也坚持这一重要的经济
事实。在米兰达表现出对凯列班的极度厌恶后，他发表了关于
劳动价值的小演讲：

> 虽然这样说，我们也缺不了他：他给我们生火，给我
> 们捡柴，也为我们做有用的工作。
>
> （《暴风雨》，第一幕，第二场）

于是，身体成了社会政策的焦点。因为它不但是对抗工作
的野兽，而且是劳动力的容器，是生产资料，是主要的工作机
器。这就是为什么我们发现，在国家对它采取的策略中有很多
暴力，但也有很多利益；对身体运动和属性的研究变成那个时
代大多数理论思辨的出发点——无论是像笛卡尔那样旨在断言
灵魂的不朽，还是像霍布斯那样研究社会治理能力的前提。

事实上，新机械哲学的核心关注点之一是身体力学（the
mechanics of the body）；其构成要素——从血液循环到语言的
动态，从感官的影响到自主和不自主的运动——皆被拆开并按
其所有组成部分和可能性进行分类。笛卡尔的《论人》（*Treatise*

of Man，出版于 1664 年）[11] 是一本真正的解剖学手册，尽管它的解剖学既是心理学意义上的，也是身体意义上的。笛卡尔研究的一个基本目的，是在纯粹的精神领域和纯粹的身体领域之间建立一个本体论的划分。每一种方式、态度和感官都被这样定义下来；它们的界限被标明，它们的可能性被彻底地评估。于是，人们觉得"人性之书"被首次打开。或者更有可能的是，一块新的土地已经被发现，征服者们正着手规划它的道路，清点它的自然资源，评估它的优势和劣势。

在这一点上，霍布斯和笛卡尔是他们那个时代的代表，他们细致地探索肉体和心理现实的细节。这在清教徒对**倾向**和个

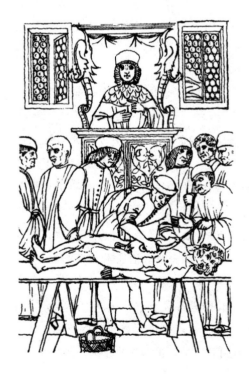

帕多瓦大学的解剖课。解剖剧场向公众展示了一具被剥去神秘面纱、被亵渎的尸体。摘自《医学汇编》（De Fasciculo de Medicina），威尼斯，1494 年

人**天赋**的分析中再次出现，[12] 于此便开启了资产阶级心理学，从工作潜力和对规训贡献多少的角度明确研究（就本部分的主题而言）人类的所有能力。**解剖学**作为一门科学学科的发展也标志着对身体的新的好奇心，以及（用 17 世纪一位医生的话说）"从前打开身体的礼仪和习俗如今发生了变化"。此前在中世纪，它长期是地下的知识（Wightman 1972：90—92；Galzigna 1978）。

尽管身体作为主角出现在哲学和医学的舞台上，但这些研究的一个显著特点是对身体的贬低。解剖"剧场"[13] 向公众展示了一个被剥去神秘面纱、被亵渎的身体，它只在原则上被认为是灵魂的场所，但实际上被当作一个独立的现实（Galzigna 1978：163—164）。[14] 在解剖学家的眼里，身体是一个工厂，正如维萨里给他划时代的"解剖工业"著作起的标题:《人体的构造》（1543）。机械哲学通过将身体类比为**机器**来描述它，并常常强调其**惯性**。身体被认为是蛮横的物质，完全脱离了任何理性的品质：它不知道、不想要、没有感觉。身体是一个纯粹的"器官集合"，如笛卡尔在 1637 年的《谈谈方法》中所声称的（1973，vol. I，152）。马勒伯朗士呼应了笛卡尔的观点。他在《形而上学与宗教对话录》（*Dialogues on Metaphysics and on Religion*，1688）中提出了一个关键问题:"身体能思考吗?"他立即回答说:"不能，毫无疑问，因为这种延伸的所有修饰只包括某些距离关系；很明显，这种关系不是感知、推理、快乐、欲望、感觉，简而言之即思想。"（Popkin 1966：280）对霍布斯来说，身体也是一个机械运动的集合体，它缺乏自主能力，在外部因果关系的基础上运作，在吸引和嫌恶的游戏中，一切都像在自动机械中被调节（*Leviathan* Part I，Chapter VI）。

　　然而，就机械哲学而言，福柯对 17 世纪和 18 世纪的社会规训的看法是正确的（Foucault 1977：137）。在这里，我们也发现了不同于中世纪禁欲主义的观点，后者认为身体的堕落具有纯粹的消极功能，即寻求确立世俗快乐的短暂性和虚幻性，以及最终需要放弃身体本身。

　　在机械哲学中，我们看到了一种新的资产阶级精神。它计算、分类、区分和贬低身体，只是为了使其能力合理化，其目的不仅仅是加强其服从性，而且是使其社会效用最大化（同上：137—138）。机械论者并没有放弃身体，而是试图以使其运作可理解和可控制的方式将其概念化。因此，笛卡尔自豪（而非同情）地坚持认为，"这台机器"（他在《论人》中一直称身体为机器）只是一个自动装置，它的死亡并不比工具的损坏更值得哀悼。[15]

　　当然，霍布斯和笛卡尔都没有过多讨论经济问题，要说从他们的哲学中读出英格兰或荷兰商人的日常关心之事，那将是荒谬的。然而，我们必须看到他们对人性的思考为新兴资本主义的工作科学提供了重要贡献。将身体视为机械物质，没有任何内在的目的性——自然魔法和当时流行的迷信赋予它的"神秘美德"——是为了使人理解身体是可以从属于一个劳动过程的，这个过程愈发依赖统一和可预测的行为形式。

　　一旦身体的装置被解构，本身被简化为一种工具，它就可以被打开，人们便可无限地操纵其力量和可能性。人们可以研究想象力的弱点和极限，习惯的美德，恐惧的用途，如何规避或中和某些激情，以及如何更合理地利用它们。在这个意义上，机械哲学有助于加强统治阶级对自然界的控制，而这是控制人性的第一步，也是最不可缺少的一步。正如沦为"大机器"的

自然界可以被征服，（用培根的话说）"穿透她所有的秘密"，同样地，被清空了神秘力量的**身体**也可以"陷入一个服从系统"，据此它的行为可以被计算、组织、技术性地思考并具有了权力关系（Foucault 1977：26）。

笛卡尔认为身体和自然是等同的，因为两者都由相同的粒子构成，并服从于由上帝意志设定的统一物理法则。因此，笛卡尔式的身体不仅被矮化，还被剥夺了任何魔法般的品质；在笛卡尔于人类的本质和偶然条件之间建立的本体论鸿沟中，身体与人分离，实际上被非人化了。笛卡尔在他的《沉思集》（1641）中一直坚持"我不是这副躯体"。事实上在他的哲学中，身体内部加入了一个时钟似的物质的连续体，不受约束的意志现在可以将其思考为受它支配的对象。

正如我们将看到的，对于肉身存在笛卡尔和霍布斯体现了两种不同的研究。笛卡尔将身体还原为机械性的物质，使得自我管理的机制得以发展，使身体成为意志的主体。相反，在霍布斯那里，身体的机械化证明了个人对国家权力的完全服从。然而，这两种结果都是重新定义了身体的属性，使身体至少在理想状态下适合资本主义工作纪律所要求的规律性和自动性。[16] 我强调"理想状态"，是因为在笛卡尔和霍布斯撰写文章的年代，统治阶级不得不面对一种与他们的预设大不相同的肉身存在（corporeality）。

事实上，"黑铁时代"的社会文献中存在着大量不服从的身体。我们很难将这些身体与笛卡尔和霍布斯作品中时钟般的身体形象相调和。然而，尽管这两位哲学家似乎远离了阶级斗争的日常，但正是在他们的思考中，我们首次发现身体逐步被概念化为工作机器——是原始积累的主要任务之一。例如，当霍布斯宣称"心脏（是）一个发条……而关节是许多齿轮"时，我们从他的话中看到了一种资产阶级精神。据此，不仅工作是**身体存在的条件和动机**，而且人们感到有必要将所有身体的力量转化为工作的力量。

我们可以依此线索理解，为什么16世纪和17世纪的哲学和宗教思考中有这么多是真正的**人体活体解剖**，后者被用来决定哪些属性可以存续，哪些必须消亡。这是一种**社会炼金术**，不是把廉价金属变成金子，而是把身体的力量转变成工作的力量。资本主义在土地和工作之间引入的同一种关系，也开始操控身体和劳动之间的关系。当劳动开始被视为一种能够无限发展的动力时，身体却被看作惰性的无生命的物质，只有意志才能移动。这种情况类似于牛顿的物理学在质量和运动之间设定的情景，即除非被施加一种力，否则物体便不会活动。身体必须像土地一样被开垦以及先被打碎，它才能放弃隐藏的财富。因为虽然身体是**劳动力存在的条件**，但它也是劳动力的极限，是抵御其消耗的主要因素。因此，仅仅认定身体**本身**没有价值是不够的。身体必须消亡，这样劳动力才能长存。

中世纪世界盛行的将身体作为魔力容器的观念，在现实中已被摧毁。因为在新哲学的背景下，我们发现国家采取了大量积极措施，将被哲学家归类为"非理性的"的事物视为犯罪。这种国家干预是机械哲学的必要"潜台词"。"知识"只有在能够强制执行其规定时才能成为"权力"。这意味着，如果国家没有破坏大量的前资本主义信仰、实践和社会主体，机械的身体、身体-机器（the body-machine）就不可能成为社会行为的典范，因为它们的存在与机械哲学要将肉身行为规范化的承诺相矛盾。这就是为什么在"理性时代"——怀疑论和方法上的怀疑的时代——的高峰期，我们看到对身体发起的猛烈攻击，这种攻击得到了许多新学说拥护者的支持。

我们必须这样理解对巫术和对魔法世界观的攻击。尽管教会做了很多努力，但巫术和魔法在中世纪的百姓中继续盛行。魔法的基础是一种万物有灵的自然观。它不承认物质和精神之

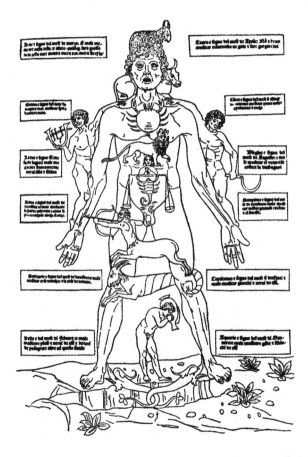

身体是魔力容器的观念，主要源自一种将个体的微观世界和天体运作的宏观世界对应起来的信仰，正如 16 世纪的这幅"黄道带人"（zodiacal man）的图所示

间有任何分离，因此把宇宙想象成一个**活的有机体**，由神秘的力量填充，其中每个元素都与其他元素有"交感"关系。在这种观点中，自然被视为一个由符号和标志组成的宇宙，标记着许多必须被破译的隐性关系（Foucault 1970：26—27）。每个元素——草药、植物、金属，以及最重要的人体——都隐藏着它特有的品质和力量。因此，各种实践都是为了占用自然界的秘密，使其力量适应人类的意愿。从看手相到占卜，从使用符咒到交感治疗，魔法打开了巨大的可能性。许多人用魔法在打牌中获胜，演奏未知的乐器，成为隐形人，赢得某人的爱，在战争中免于伤害，哄孩子睡觉（Thomas 1971；Wilson 2000）。

　　资本主义将工作合理化的一个必要条件便是消除这些实践。因为魔法似乎是一种非法的权力形式，是一种**不劳而获**的工具，

克里斯托弗·马洛的《浮士德博士的悲剧》（1604）第一版的封面插图，描绘了魔法师从其法阵的保护空间中变出魔鬼的情景

也就是实际上拒绝工作。弗朗西斯·培根曾感叹"魔法会扼杀勤劳"，他承认没有什么比假定一个人可以用一些奇技淫巧而不是自己的汗水来取得收获更让他反感的了（Bacon 1870：381）。

此外，魔法是建立在对空间和时间的定性构想之上的，它排除了对劳动过程的规范化。现代企业家如果要把规律性的工作模式强加给无产阶级，怎么可能相信有幸运和不幸的日子，即有的日子可以旅行，有的日子不应该离开家，有的日子可以结婚，有的日子应该小心避开所有的正事？与资本主义工作纪律同样不相容的是这样一种宇宙观，即把特殊的力量归于个人：眼神催眠，隐身，灵魂出窍，下咒困住他人的意志。

深究这些力量是真实还是幻象是不会有结果的。可以说，所有的前资本主义社会都对其深信不疑，而在近代，我们看到人们重新评价了那些在之前被谴责为巫术的实践。这里不得不提到，人们对心理玄学（parapsychology）和生物反馈（biofeedback）实践的兴趣越来越大，它们甚至被用于主流医学。今天，魔法信仰的复兴是可能的，因为它不再是一种社会威胁。至少在工业化国家，身体的机械化成了个人十分重要的组成部分。这给了信仰神秘力量一些生存空间，因为它并不会危及社会行为的规律性。占星术也被允许回归，因为可以肯定的是，即使是星象图最忠实的消费者也会在上班前不自觉地看手表。

然而，对于 17 世纪的统治阶级来说，这并不是一个选择。在资本主义发展的最初和实验阶段，他们还没有实现必要的社会控制来消除魔法的实践，也不能在功能上将魔法吸纳进社会生活的肌理。在他们看来，人们声称拥有或渴望拥有的魔力是否真实并不重要，因为魔法信仰的存在本身就是社会不服从的一个根源。

例如，人们普遍相信有可能借助魔法符咒找到隐藏的宝藏（Thomas 1971：234—237）。这无疑阻碍了一个严格且自发接受的工作纪律的建立。同样具有威胁性的是下层阶级对**预言**的利用，特别是在英国内战期间（就像中世纪一样），预言被用来制订斗争计划（Elton 1972：142ff.）。预言并不只是表达一种宿命论式的顺从。从历史上看，它们是"穷人"将他们的欲望外化的一种手段，使他们的计划具有合法性，激励他们采取行动。霍布斯认识到了这一点，他警告说："没有什么东西……能像预知他们行动的后果那样，如此有效地指导人们思考；预言很多时候是预知事件发生的主要原因。"（Hobbes，"Behemot"*Works* Ⅵ：399）

但是，不管魔法带来了怎样的危险，资产阶级必须与它的力量做斗争。因为魔法破坏了个人责任的原则，把社会行动的决定因素放在星象上，使其不在资产阶级的掌控之中。因此，16世纪和17世纪哲学思辨的特点是将空间和时间理性化，**概率计算**取代了预言。从资本主义的观点来看，概率计算的优势在于，在这里只有在假设系统是有规律的和不变的情况下，才能预测未来；也就是说，只有假定未来像过去一样，没有重大变化和革命会打乱个人决策的坐标的情况下，才能预测未来。同样，资产阶级也必须与"有可能同时在两个地方"的假设做斗争，因为**身体在空间和时间上的固定，即个人的时空识别**，是工作过程的规律性的基本条件。[17]

魔法与资本主义的工作纪律和社会控制的要求不相容，这也是国家对其发起恐怖运动的原因之一——这种恐怖得到了许多目前被认为是科学理性主义创始人的人毫无保留的赞扬：让·博丹、马兰·梅森、机械哲学家和皇家学会成员理查德·波义耳以及牛顿的老师伊萨克·巴罗。[18] 甚至唯物主义者霍布斯也同意此点，尽管他一直保持距离。"至于女巫，"他写道，"我不认为她们的巫术有什么真正的力量；但她们受到的惩罚是合理的，因为她们错误地认为自己可以行这种恶作剧，如果不加制止的话，她们还会有意为之。"（*Leviathan* 1963：67）他还说，如果这些迷信被消除，"男人就会比她们更适合于公民服从"（同上）。霍布斯很明智。女巫和其他施展魔法者死于其上的刑柱与酷刑被执行的房间，构成了一个实验室，用以积累大量社会规训和获取大量关于身体的知识。这里消除了那些阻碍个人和社会身体转变为一套可预测和可控制的机械装置的非理性因素。也正是在这里诞生了酷刑的科学用途，因为血和酷刑是"培育动物"的必要条件。这种动物能够进行有规律、同质和统一的行为，并在新规则的记忆中留下不可磨灭的印记（Nietzsche 1965：189—190）。

在这个情境下，一个重要的元素是宣布堕胎和避孕为魔法犯罪（maleficium），将女性的身体——沦为劳动力再生产机器的**子宫**——交到国家和职业医生的手中。我将在后面关于猎巫的章节中回到这一点，在那里我主张，对女巫的迫害是现代社会中国家干预无产阶级身体的高潮。

在这里我们要强调的是，尽管国家使用了暴力，但在整个17世纪和18世纪，面对连处决都无法吓倒的强烈抵抗，对无产阶级的惩戒是缓慢进行的。彼得·莱恩博在《反对外科医生的泰伯恩暴动》（"The Tyburn Riots Against the Surgeons"）中分析了这种抵抗的一个典型例子。莱恩博报告说，在18世纪早期的伦敦，执行死刑时，死刑犯的朋友和亲属进行了一场战斗，以防止外科医生的助手夺取尸体用于解剖学研究（Linebaugh

拷问室。1809 年，爱德华·马奈在约瑟夫·拉瓦勒（Joseph Lavallee）的《意大利、西班牙和葡萄牙的宗教审讯史》（*Histoires des Inquisitions Religieuses d'Italie, d'Espagne et de Portugal*）中的版画作品

1975）。这场斗争非常激烈，因为人们对被解剖的恐惧不亚于对死亡的恐惧。解剖消除了死刑犯在绞刑执行不力后苏醒的可能，后者在 18 世纪的英国是一种常见观点（同上：102 — 104）。当时人们中间相传着一种关于身体的神奇概念，认为身体在死后会继续活着，并通过死亡而获得新的力量。人们相信，死者拥有"复活"的能力，并对生者进行最后的报复。人们还认为，尸体具有治疗的功效，因此大批病人聚集在绞刑架周围，期待着从死者的肢体上获得与触摸国王一样的神奇效果（同上：109 — 110）。

　　解剖因此作为进一步的耻辱出现，是第二种更大的死亡，死刑犯在最后的日子里要确保他们的身体不会落入外科医生的手中。这场意味深长地发生在绞刑架下的战斗，既表明了保证世界科学合理化的暴力，也表明了两种相反的身体概念的冲突，以及对身体的两种相反投资。一方面，我们有一个身体的概念，认为它即使在死后也被赋予了力量；尸体不会引起排斥，也不会被当作腐烂的或不可还原的异物。另一方面，身体即使在活着的时候也被看作是死的，因为它被认为是一种机械装置，可以像任何机器一样被拆开。彼得·莱恩博写道："在绞刑架上，站在泰伯恩路和埃奇韦尔路的交会处，我们发现伦敦穷人的历史和英国科学的历史相交。"这不是巧合；解剖学的进步取决于外科医生在泰伯恩抢夺绞刑犯尸体的能力，这也不是巧合。[19] 科学合理化的进程与国家试图对不情愿的劳动力实行控制密切相关。

　　作为对身体的新态度的决定因素，这种尝试甚至比技术的发展更重要。正如大卫·迪克森所言，新的科学世界观与生产的日益机械化相联系，只能作为一种隐喻成立（Dickson 1979：24）。当然，让笛卡尔和他的同时代人非常感兴趣的钟表和自动化设备（如液压移动的雕像），为新科学和机械哲学对身体运动的猜测提供了模型。同样，从 17 世纪开始，解剖学式的比喻从制造商的车间提取出来：手臂被视为杠杆，心脏被视为泵，肺被视为风箱，眼睛被视为镜片，拳头被视为锤子（Mumford 1962：32）。但这些机械隐喻反映的不是技术本身的影响，而是**机器正在成为社会行为的模型**这一事实。

　　即使在天文学领域，对社会控制的强烈需求也是显而易见的。一个典型的例子是埃德蒙·哈雷（英国皇家学会秘书），1682 年出现了后来以他名字命名的彗星，与此同时，他在英国各地组织了俱乐部，以证明自然现象的可预测性，并消除人们普遍认为彗星预示着社会动荡的看法。科学理性化的道路与社会机体（social body）的规训相交，这在社会科学中更为明显。

这幅16世纪的德意志版画作品是新的身体机械观的典型例子。在这幅作品中，农民仅仅被表现为一种生产工具，他的身体完全由农具组成

事实上，我们可以看到，它们的发展是以社会行为的同质化，以及所有人都要遵循的原型个体（a prototypical individual）的构建为前提的。用马克思的话说，这是一个"抽象的个人"，它以统一的方式构建，并作为一个社会平均数被彻底地去个性化。因此，它全部的能力只能从最标准化的方面被理解。这种新个

体的构建是威廉·配第后来称之为（用霍布斯的话说）**政治算术**的发展基础 —— 这是一门新的科学，以**数字**、**权重**和**度量**来研究社会行为的各种形式。配第的研究随着**统计学**和**人口学**的发展而实现（Wilson 1966；Cullen 1975），它们在社会机体上进行的操作与解剖学在个人躯体上进行的操作相同。因为它们解剖人口并研究其运动 —— 从出生率到死亡率，从世代到职业结构 —— 在最大规模和最有规律的方面。同样，从个人在资本主义过渡时期所经历的抽象化过程来看，我们可以看到，"人体机器"的发展是巨大的技术飞跃，是原始积累时期生产力发展的重要一步。**换句话说，我们可以看到，人体 —— 而非蒸汽机甚至时钟 —— 是资本主义开发的第一台机器。**

　　但是，如果身体是一台机器，那么会立即碰到一个问题：如何让它工作？从机械哲学的理论中衍生出两种不同的身体管理模式。一方面，我们有笛卡尔的模式，从一个纯粹的机械身体的假设出发，假设有可能发展出自律、自我管理和自我调节的个人机制，从而能形成自愿的工作关系和基于民意的政府。另一方面，霍布斯模式认为身体之外的理性是不可能的，因此他将控制的功能外部化，将其置于国家的绝对权威之下。

　　从身体机械化开始的自我管理理论的发展是笛卡尔哲学的重点。笛卡尔（让我们记住）不是在君主专制主义的法国，而是在资产阶级的荷兰完成了他的理论思想。他的精神与荷兰是如此契合，以至于他选择在那里定居。笛卡尔的学说有双重目标：否认人类行为可能受到外部因素（如星星或天体智能）的影响，并将灵魂从任何身体的限制中解放出来，从而使它能够对身体行使无限的主权。

　　笛卡尔认为，他可以通过证明动物行为的机械性来完成这

约翰·凯斯（J. Case），《解剖学汇编》（*Compendium Anatomicum*，1696）。与"机械人"（mechanical man）相对应的是"植物人"（vegetable man）的形象，其中血管被视为从人体中生长出来的细枝

两项任务。他在《论世界》（*Le Monde*，1633）中称，没有什么比相信动物同我们一样有灵魂更错漏百出的了。因此，为了准备他的《论人》，他花了好几个月的时间来研究动物器官的解剖学；每天早上他都会去屠夫那里观察野兽的四肢。[20] 他甚至进行了许多活体解剖，可能是因为他相信畜生"缺乏理性"，所以自己解剖的动物不会感到任何疼痛（Rosenfield 1968：8）。[21]

对笛卡尔来说，揭示动物的兽性是至关重要的。因为他相信，在这里他可以找到有关控制人类行为力量的位置、本质和范围的答案。他相信，在被解剖的动物身上，他可以找到证据，证明身体只能够进行机械的、非自愿的行动；因此，它不是人的组成部分；于是，人的本质存在于纯粹的非物质的能力之中。人的身体对笛卡尔来说也是一个自动装置，但使"人"与野兽区别开以及赋予"他"对周围世界主宰权的是心灵。

笛卡尔设想的人被放在一个没有灵魂的世界和身体机器中，就像普洛斯彼罗一样可以折断自己的魔杖，不仅对自己的行为负责，而且似乎成为所有权力的中心。在脱离身体后，理性的自我失去了与肉身存在和自然的联结。然而，它的独处是君王式的：在笛卡尔关于人的模型中，思维的头脑和身体机器之间没有平等的二元论，只有主／仆关系，因为意志的主要任务是主宰身体和自然世界。那么，在笛卡尔的人的模型中，我们看到了同一时期在国家层面管控功能的集中化：当国家的任务变为统治社会机体，心灵在新的人格中成了最高统治者。

笛卡尔承认，心灵对身体的霸权地位不易实现，因为理性必须面对其内部矛盾。因此，在《灵魂的激情》（1650）中，他向我们介绍并几乎完全以军事术语来描述灵魂的低级和高级能力之间不断斗争的景象。他呼吁我们要勇敢，拿起合适的武器来抵抗激情的攻击。我们必须准备好遭遇暂时的挫败，因为我们的意志可能并不总是能够改变或阻止其激情。然而，意志可以将注意力转移到其他事物上来中和它们，或者它可以限制它们作用于身体而产生运动。换句话说，它可以防止**激情**转化为**行动**（Descartes 1973，I：354—355）。

随着身心之间等级关系的建立，笛卡尔为发展中的资本主义经济所需要的工作纪律发展了理论前提。心灵对身体的优越性意味着意志可以（原则上）控制身体的需求、反应和反射；它可以对身体的重要功能施加有规律的秩序，并迫使身体按照外部规范工作，而不考虑自己的欲望。

最重要的是，意志的至高无上使权力机制得以内部化。因此，身体的机械化对应着理性的发展，它扮演着法官、审问者、管理者、行政人员的角色。我们在这里找到了资产阶级主体性的起源，即自我管理、自主权、法律、责任，以及它的记忆和身份的必然结果。在这里，我们也找到了米歇尔·福柯在批判权力的法律-演绎模型（juridico-discursive model of Power）时描述的“微观权力”增殖的源头（Foucault，1977）。然而，笛卡尔的模型表明，权力只有在重新集中于人的范围内，才能在社会机体中去中心化和弥散，从而重构为一个微观国家。换句话说，在其弥散的过程中，权力并没有失去它的方向，即它的内容和它的目标，而只是在促进它们的过程中获得了自我（the Self）的合作。

在这种情况下，我们可以参考布赖恩·伊斯利提出的论点。根据这一论点，笛卡尔二元论为灵魂不朽以及击败充满了颠覆性的自然魔法中隐含的无神论的可能性进行了基督教式辩护，这是其为资产阶级提供的主要好处（Easlea 1980：132ff.）。为了支持这一观点，伊斯利主张捍卫宗教是笛卡尔主义的核心主题，特别是在其英文版本中，它从未忘记"没有灵魂，就没有上帝；没有主教，就没有国王"（同上：202）。伊斯利的论点很有吸引力；然而该论点坚持认为笛卡尔思想中存在"保守的"因素，这使得伊斯利无法回答自己提出的一个问题：为什么笛卡尔主义在欧洲的影响力如此之大，甚至在牛顿物理学消除了人们对缺少神秘力量的自然世界的信仰之后，甚至在宗教宽容出现之后，笛卡尔主义仍然塑造了主流的世界观？我认为，笛卡尔主义在中上层阶级的流行，与笛卡尔哲学所倡导的**自我管理**计划直接相关。就其社会意义而言，这一方案对笛卡尔同时代的精英，与对笛卡尔二元论所合法化的人与自然之间的支配关系一样重要。

在资本主义社会经济体系中，自我管理（自我治理、自我发展）的发展成为一项基本要求。在这种体系中，自我所有权被认为是基本的社会关系，规训不再纯粹依赖外部的强制力。笛卡尔哲学的社会意义部分在于它从知识层面将自我管理合理化了。这样一来，笛卡尔的自我管理理论**既击败也挽回**了自然魔法的积极面向。因为它用一种更有利可图的力量——一种不需要放弃灵魂的力量——取代了魔法师（建立在对星象影响及与其关联的微妙操纵上的）不可预测的力量。只有通过管理和支配自己的身体，并延伸到管理和支配其他同伴的身体才能产生该力量。那么，我们就不能像伊斯利那样（重复莱布尼兹的批评）说，笛卡尔主义未能将其信条转化为一套实用的规章制度。也就是说，他们认为它未能向哲学家——还有更重要的商人和制造商——证明他们如何在试图控制世界的物质时获益（同上：151）。

即便笛卡尔主义未能对它的规范进行技术转化，它仍然就"人类技术"的发展提供了宝贵的信息。它对自我控制机制的洞察有助于构建一个新的人的模型，其中个人将同时作为主人和奴隶发挥作用。正是因为它很好地解释了资本主义工作纪律的要求，到 17 世纪末笛卡尔的学说已经传遍了整个欧洲，甚至在生机论生物学出现以及机械主义范式逐渐被淘汰后依然幸存了下来。

当我们比较笛卡尔与他的英国对手霍布斯对人的描述时，笛卡尔胜利的原因就清晰显现出来了。霍布斯的生物一元论否定了非物质心智或灵魂的假设 —— 笛卡尔有关人的概念的基础，以及连带否定了笛卡尔关于人的意志可以从肉体和本能的决定论中解放出来的假设。[22] 在霍布斯看来，人类的行为集合了所有遵循精确自然法则的反射行为，并迫使个人不断地争夺权力和对他人的统治（*Leviathan*：141ff.）。因此，就有了（在假设的自然状态下）所有人反对所有人的战争，以及通过恐惧和惩罚来维持一个绝对权力从而确保个人在社会中生存下去的必要性。

> 因为各种自然法本身［诸如正义、公道、谦谨、慈爱，以及（总起来说）已所欲，施于人］，如果没有对某种权力的恐惧使人们遵从，便会跟那些驱使我们走向偏私、自傲、复仇等的自然激情互相冲突。（同上：173）

众所周知，霍布斯的政治学说在他的同时代人中成了可耻之事，他们认为它是十分危险和极具颠覆性的。尽管霍布斯强烈呼吁，但他从未被皇家学会接纳（Bowie 1952：163）。

和霍布斯相对，当时流行的是笛卡尔模型，因为它表达了一种已经很活跃的趋势，即通过将霍布斯模式中完全由国家掌握的管控功能交给个人的意志，使社会规训机制民主化。正如许多批评霍布斯的人所言，公共规训的基础必须植根于人的内心，因为在缺乏内部立法的情况下，人们不可避免地会被引向革命（引自 Bowle 1951：97—98）。"在霍布斯那里，"亨利·摩尔抱怨说，"没有自由的意志，也就没有良心或理性的悔恨，而只剩取悦那个拿着最长的剑的人。"（引自 Easlea 1980：159）亚历山大·罗斯说得更加明确。他认为"是良心的束缚限制了人们的反叛，没有任何外在的法律或力量比它更强大……没有任何法官比诛心更严厉，没有任何严刑拷打比它更残酷"（引自 Bowle 1952：167）。

　　同时代人对霍布斯无神论和唯物主义的批判，显然不单单出于对宗教的关切。人们拒绝接受他将个人视为仅由其欲望和厌恶所驱动的机器的观点，并不是因为它消除了按照上帝形象制造人类的概念，而是因为它消除了社会控制不完全依靠国家铁腕统治的可能性。我认为，这里是霍布斯哲学与笛卡尔主义的主要区别。然而，我们若坚持强调笛卡尔哲学中的封建因素，特别是它对上帝存在的辩护以及随之而来的对国家权力的辩护，就无法看到这一点。如果我们确实把封建的笛卡尔放在首位，我们就会错过这样一个事实：霍布斯抹除宗教因素（相信非实体物质的存在）实际上回应了**笛卡尔的自我管理模式中隐含的民主化**，而霍布斯无疑是不信任这种模式的。正如英国内战期间的清教运动所表明，自我管理很容易变成一个颠覆性的主张。清教徒呼吁将个人行为的管理权交给个体的良心，并将良心作为真理的最终评判者。教徒的呼吁已经激化为对既定权威的无政府主义式的拒绝。[23] 掘地派和喧嚣派团体的例子，以及以"良

心之光"的名义反对国家立法和私有财产的大量俗家传教士，
一定让霍布斯相信对"理性"的呼吁是一种危险的双刃武器。[24]

笛卡尔"有神论"和霍布斯"唯物论"之间的冲突最终将
在它们的相互同化中解决，正如资本主义历史上一直发生的那
样，控制机制的去中心化（分散于每个个体）只有在国家权力
集中化的情况下才会真正实现。用英国内战期间辩论的术语来
形容这个解决方案："既不是掘地派，也不是绝对主义"，而是
两者的精心策划的混合物。据此，控制的民主化将落在这样一
个国家的肩上：它犹如牛顿的上帝，随时准备对那些在自我决
定的道路上走太远的灵魂重新施加秩序。约瑟夫·格兰维尔清楚
地说出了问题的关键，他是皇家学会的一名笛卡尔主义者，在
与霍布斯的论战中，他认为关键问题是心灵对身体的控制。然
而，这并不仅仅意味着统治阶级（卓越的思想）对身体-无产阶
级（body-proletariat）的控制，同样重要的是在人的内部发展自
我控制的能力。

正如福柯所证明的，身体的机械化不仅涉及压制欲望、情
感或即将被根除的行为形式，它还涉及个人新能力的发展。这
些能力将作为身体本身的他者出现，并成为改造身体的媒介。
换句话说，这种与身体疏离的产物就是个体**身份**的发展，它恰
恰被认为是身体的"他者"，并与身体长期对立。

这**另一个自我**的出现，以及心灵和身体之间历史性冲突的
确立，代表了资本主义社会中个人的诞生。它将成为资本主义
工作纪律所塑造的个人的一个典型特征，即把自己的身体作为
一个外部的现实来评估、发展和遏制，以便从它那里获得预期
的结果。

正如我们所指出的，在"下层阶级"中，自我管理作为一种

自我规训而发展，这在很长一段时间内仍是一种理论。我们可以从以下事实判断人们对"平民"自我规训的期望有多低：直到 18 世纪，英国有 160 项罪行可被判处死刑（Linebaugh 1992），每年都有成千上万的"平民"被运往殖民地或被判处监禁。此外，民众诉诸理性是在表达反建制的诉求，因为民众层面的自我管理意味着拒绝既定权威，而非意味着将社会统治内部化。

事实上，直到 17 世纪，自我管理仍然是资产阶级的特权。正如伊斯利所言，当哲学家把"人"说成是一种理性的存在时，他们只提到了由白人、上层社会的成年男性组成的少数精英阶层。笛卡尔的英国追随者亨利·鲍尔写道："大部分人就像是笛卡尔笔下的自动机器人，因为他们没有任何的理性能力，被称为人只是一种比喻。"（Easlea 1980：140）[25] 在他们眼中，无产阶级因恐惧而变得多疑，他们认为无产阶级是"巨大的野兽"，是"多头怪"，野性十足，声势浩大，任意妄为（Hill 1975：181ff.；Linebaugh and Rediker 2000）。在个人层面上也是如此，习语将大众认定为纯粹的本能生物。因此，在伊丽莎白时代的文学中，乞丐总是"好色"的。而"结实""粗鲁""头脑发热""目无法纪"这些词不断出现在所有关于下层社会的讨论中。

在这个过程中，身体不仅失去了所有自然主义的内涵，而且开始出现一种新的**身体功能**，即身体成为一个纯粹关系性的术语，它不再象征任何具体的现实，而是用来辨别阻碍理性统治的任何障碍。这意味着，当无产阶级成为一具"身体"时，身体也成了"无产阶级"，特别是弱小的、非理性的女性（如哈姆雷特所说的"我们中的女人"）或"狂野"的非洲人。他们单纯是被其功能上的缺陷，即作为理性的"他者"来定义的并被当作从内部颠覆的行动者。

然而，反对这头"巨兽"的斗争并不仅仅是针对"低等人"的。统治阶级在与他们自己的"自然状态"的斗争中，也将其内部化了。正如我们看到的，资产阶级与普洛斯彼罗一样也不得不承认"这坏东西是我的"，也就是说，凯列班是自己的一部分（Brown 1988；Tyllard 1961：34—35）。这种意识弥漫在 16 世纪和 17 世纪的文学创作中。"巨兽"这一用语透露了很多内情。即使是那些不追随笛卡尔的人，也把身体看作必须不断加以控制的野兽。它的本能被比作需要"治理"的"臣民"，感官被看作理性灵魂的监狱。

> 啊，谁能从地牢里拯救
> 这饱受奴役的灵魂？

安德鲁·马维尔在《灵魂与肉体的对话》（"A Dialogue between the Soul and the Body"）中问道。

> 骨头的栓子在手脚上都成了枷锁。
> 这里一只眼瞎了，那里耳朵被打聋了。
> 灵魂被神经、动脉、静脉的链子吊了起来。
>
> （引自 Hill 1964b：345）

欲望和理性之间的冲突是伊丽莎白时代文学的一个关键主题（Tillyard 1961：75），而在清教徒中开始流行一种关于"反基督者"（Antichrist）存在于每个人心中的观念。同时，关于教育和"人的本质"的辩论在"中间派"中围绕着身体/心灵的冲突展开，并提出了关于人类是否为自愿的行动者这一关键问题。

但与身体的新关系的定义并没有单纯停留在意识形态层面。日常生活中开始出现的许多实践表明这一领域发生了深刻的变革：使用餐具；逐渐对裸体感到羞耻；"礼仪"出现了，试图规范人们如何笑、如何走、如何打喷嚏、在餐桌上应该如何表现，以及在何种程度上可以唱歌、开玩笑、玩乐（Elias 1978：129ff.）。当个人与身体越来越不相干时，身体成了不断被观察的对象，仿佛它是一个敌人。身体开始激发恐惧和厌恶。乔纳森·爱德华兹说："人的身体充满污秽。"他的态度体现了典型的清教徒经验，在清教徒那里，征服身体是一种日常实践（Greven 1977：67）。那些直接反映"人"身上"动物性"的身体机能尤其令人厌恶。科顿·马瑟在他的日记中承认，有一天他对着墙小便时，看到一只狗也这样做，他感到非常羞耻：

> 我想，"人类之子在这个凡间国家里是多么卑鄙和刻薄的东西。我们的本能需求是多么有失身份，使我们在某种程度上与狗同一个水平"……因此，我决定把它作为我的常规操作，每当我要满足这种或那种本能需要时，就以此为契机，在心中产生一些神圣、高尚、至高无上的思想。（同上）

当时医学界最热衷**分析排泄物** —— 从中可以得出对个人心理倾向（恶习、美德）的多种推论（Hunt 1970：143—146）—— 也可以追溯到这种将身体作为污秽和有潜在危险的容器的观念上。显然，这种对人类排泄物的痴迷部分反映了中产阶级开始对身体的非生产性方面感到厌恶 —— 在城市的环境中，这种厌恶不可避免地加剧了。因为排泄物除了作为纯粹的废物出现，还构成了后勤问题。但在这种迷恋中，我们也可以读出资产阶级需要调节和清洁身体机器，使其远离任何可能干扰其活动的因素，并在劳动支出中创造"死时间"（dead time）。排泄物被如此分析和贬低，因为它们是"恶气"的象征，人们认为它们居住在身体里，人的每种不正常倾向都是因为它们。对清教徒来说，它们成为人性腐败的显著标志，是一种必须打击、征服和驱除的原罪。因此，人们对儿童或"被附身者"使用净化剂、催吐剂和灌肠剂以驱除他们身上的恶魔（Thorndike 1958：553ff.）。

这种在最隐秘的角落征服身体的执着尝试让我们看到一种激情。在这些年里，这种激情同样反映在资产阶级试图征服——或是"殖民化"——它眼中外来的、危险的、没有生产力的无产阶级上。因为无产者是当时伟大的凯列班，是威廉·配第建议交给国家的"未加工和未消化的物质"，而国家出于谨慎，"必须改善它，管理它，使它得到充分利用"（Furniss 1957：17ff.）。

如凯列班一般，无产阶级化身为潜藏在社会机体中的"恶气"，首先便是闲散者和醉酒者这些讨厌鬼。在它的主人眼里，它的生命是纯粹的懒惰，但同时也是不受控的激情和无节制的幻想，随时会在暴乱的骚动中爆发。最重要的是，它不守纪律，缺乏生产力，不加节制，贪图眼前的身体满足；它的乌托邦不是劳动生活，而是安乐乡（Burke 1978；Graus 1987）[26]，那里用糖盖房子，河水里流淌着牛奶，不仅可以不劳而获，而且吃喝都有钱拿：

酣睡一个小时而不被惊醒就可以赚 6 法郎；

酒喝得好就能得到一把手枪；

这个国家是快乐的；

做爱每天可赚 10 法郎。（ Burke：190 ）

把整日梦想着生活是漫长狂欢的懒汉变成一个不知疲倦的工人，看起来一定是项绝望的事业。这实际上意味着"颠覆世界"，但完全是以资本主义的方式。在那里，对命令的怠惰将被转化为欲望和自主意志的缺乏；在那里，**情欲**（vis erotica）**将变成工作**（vis lavorativa）；在那里，需求只会被体验为匮乏、禁欲和永久的贫困。

因此，这场针对身体的战争是资本主义发展早期阶段的特征，并且以不同的形式一直持续到今天。所以，身体的机械化既是新的自然哲学进行专题研究的对象，也是国家组织中首批实验的焦点。如果我们从猎巫转向机械哲学的思辨，并看到清教徒对个人才能的细致研究，我们就会发现，有一条线将社会立法、宗教改革和世界的科学理性化等看似不同的道路串了起来。这就是尝试将人性理性化，人的力量必须被重新引导并服从于发展和产生劳动力。

如我们所见，在这个过程中，身体越来越政治化；它被去自然化了（denaturalized），并被重新定义为"他者"和社会规训的外部边界。因此，身体在 17 世纪的诞生也标志着它的结束。因为身体的概念将不再定义一个具体的有机现实，而是成为阶级关系的政治符号，成为这些关系在人类剥削的版图上产生的不断变化、不断重新划定的边界的标志物。

注　释

1. 普洛斯彼罗是一个"新人类"。从教化的意义上说，莎士比亚将他的不幸归结为对魔法书过度感兴趣。最后他放弃了魔法书回归故土，在他的土著王国里积极生活。在那里他将不再从魔法中汲取力量，而是从他统治的臣民中获得权力。其实早在他流亡岛屿时，他的行动已经预示着一个新的世界秩序：权力不是通过法杖获得，而是通过在遥远的殖民地奴役众多的凯列班获得。普洛斯彼罗对凯列班剥削式的管理预示着未来种植园主的角色 —— 他们将不遗余力地折磨臣服者以强迫其工作。

2. 托马斯·布朗写道："每个人都是自己最大的敌人，就像是自己的刽子手。"帕斯卡尔也在《思想录》中宣称："人的理智与感情之间的内战。假如只有理智而没有感情，……假如只有感情而没有理智，……但是既有这一个而又有另一个，既要与其中的一个和平相处就不能不与另一个进行战争，所以他就不能没有战争了；因而他就永远是分裂的，并且是自己在反对着自己。"（412：130）[编者注：译文版本为何兆武译，天津人民出版社，2014 年。]关于伊丽莎白文学中感情与理智的冲突，以及人的"微观世界"与"身体政治"之间的"对应关系"，参见 Tillyard (1961: 75–79; 94–99)。

3. 语言改革是 16 世纪和 17 世纪从培根到洛克的哲学中的一个重要主题，也是约瑟夫·格兰维尔的主要关注点。他在《教条主义的虚幻》（*Vanity of Dogmatizing*, 1665）中坚持笛卡尔主义的世界观，并倡导一种适用于描述清晰明确实体的语言（Glanvil 1970: xxvi–xxx）。正如 S. 梅德卡夫（S. Medcalf）在他关于格兰维尔著作的导言中总结的那样，一种适用于描述世界之墙的语言与数学具有广泛的相似性。这种语言拥有极具概括性和明确性的词语；能够依据宇宙的逻辑结构呈现出它的图景；能够精确区分心灵与物质、主观与客观，并且"避免将隐喻作为一种认识和描述（事物）的方式，因为隐喻假定宇宙并不是由互不相同的实体组成的，所以无法用绝对清晰的术语来完全描述……"（同上：xxx）。

4. 马克思在讨论"劳动力的解放"时并没有区分男工和女工。然而，描述这一过程时采取男性视角是有原因的。女性虽然从公地中"解放"出来了，但并没有踏上前往雇佣劳动市场的道路。

5. "我必须劳动才能得食。这有什么不好呢？懒惰原是更坏的事；我的劳动可以养活我。"——亚当面对夏娃即将离开时的恐惧回应道［《失乐园》，第 1054—1056 节，第 579 页。编者注：译文版本为朱维之译，人民文学出版社，2019 年］。

6. 正如克里斯托弗·希尔所指出，在 15 世纪之前，雇佣劳动可以作为一种被征服的自由出现。人们仍然可以使用公地，拥有自己的土地，因此他们并不完全依赖于工资。但是到了 16 世纪，那些为工资而打工的人已经被剥夺了财产；而且，雇主声称工资只是补助，并将工资维持在最低水平。因此，打工赚钱就意味着跌落到社会的最底层。人们为了逃离这种命运而拼命挣扎（Hill 1975：220—222）。到了 17 世纪，雇佣劳动仍被认为是奴隶制的一种形式，以至于平等派把雇佣劳动者排除在选举权之外。他们认为雇佣劳动者不够独立，不能自由选择他们的代表（Macpherson 1962：107—159）。

7. 1622 年，托马斯·孟应詹姆斯一世的要求，调查了那场席卷该国的经济危机的原因。他在报告的最后将国家的问题归咎于英格兰工人的懒惰。他特别提到"普遍的道德败坏：人们吹奏管乐、饮酒、开宴会、搞派系斗争，在无所事事和贪图享乐中浪费时间"。在他看来，这让英格兰在与勤劳的荷兰人的商业竞争中处于不利地位。（Hill 1975：125）

8. (Wright 1960: 80–83; Thomas 1971; Van Ussel 1971: 25–92; Riley 1973: 19ff.; Underdown 1985: 7–72).

9. 下层阶级（用当时的话说是"底层"和"卑鄙之流"）在统治阶级中引发的恐惧可以通过《英格兰社会画报》（1903）讲述的这个故事来衡量。1580 年，弗朗西斯·希区柯克（Francis Hitchcock）在一本名为《给英格兰的新年礼物》（"New Year's Gift to England"）

的小册子中建议将国内的穷人征召入伍，他认为："比较穷的人……
容易参与叛乱或者加入侵略者的行列入侵这个高贵的岛屿……他们
会成为向导，将士兵或战争人员引到富人身边。因为他们可以用手
指着'在那里''在那边'和'他有钱'，导致许多富人因自身的财
富而遇难……"然而，希区柯克的提议被否决了；有人反对说，如
果英格兰穷人被征召入伍，他们就会去偷船或做海盗（《英格兰社
会画报》1903：85—86）。

10. 伊莱·F. 赫克歇尔写道："在他最重要的理论著作《赋税论》（*Taxes
and Contributions*，1662）中，（威廉·配第爵士）建议用义务劳动
代替所有的惩罚，'这将增加劳动力和公共财富'。""为什么（他
问）无偿付能力的盗贼该被罚为奴而不是判死刑？因为这样作为奴
隶，他们就能义务承担身体所能承受的大量廉价劳动。于是全体国
民里相当于增加了两个人，而非失去了一个人。"（Heckscher 1962，
II：297）在法国，柯尔培尔劝说法院将尽可能多的罪犯送上大木
船，以便"维持国家所需的这支队伍"（同上：298—299）。

11. 《论人》在笛卡尔去世12年后出版，书名为《笛卡尔的人》（*L'Hom-
me de René Descartes*，1664）。此书开启了笛卡尔的"成熟期"。
在书里，笛卡尔将伽利略的物理学应用于对身体属性的研究，试图
将所有生理功能解释为运动中的物质。"我希望你们考虑"（笛卡
尔在《论人》的结尾写道），"……我认为属于这台机器的所有功
能……都是自然而然……从器官的配置中产生的——恰恰就如时
钟或其他自动装置的活动是源自其配重和齿轮的排列。"（《论人》：
113）

12. 清教徒的信条认为上帝给了"人"特殊的天赋以符合其特定的使命；
因此，人们需要进行细致的自我检查，确认我们被设计好的使命。
（Morgan 1966：72—73；Weber 1958：47ff.）

13. 正如乔凡娜·费拉里表明，16世纪欧洲的解剖学研究引入的主要创
新之一是"解剖剧场"，在那里解剖被组织为一种公共仪式，由类
似于管理戏剧表演的规定约束：

> 在意大利和国外，公共解剖课在现代已经发展成为仪式化的典礼，在专门为其准备的地方举行。如果我们考虑到它们的某些特征，就会发现其与戏剧表演的相似性：将课程分为不同的阶段……设立付费入场券和表演音乐来娱乐观众，引入规则来规范参与者的行为以及关注"制作"。W. S. 赫克歇尔甚至认为，许多一般的戏剧技巧最初是以公共解剖课的表演为目的而设计的。（Ferrari 1987：82—83）

14. 根据马里奥·加尔济格纳（Mario Galzigna）的说法，16 世纪由解剖学操作的认识论革命是机械论范式的诞生地。解剖学式的切割（coupure）打破了微观世界和宏观世界之间的联系，并将身体作为一个独立的现实和一个生产场所，用维萨里的话说：一个工厂（fabrica）。

15. 在《灵魂的激情》（第六条）中，笛卡尔还将"活人与死人的身体之区别"降到最低。

> ……让我们断定，活人与死人的身体之区别就如同下面这种区别：一方是运转良好的钟表或别的自动机（automaton）（亦即自己能动的机器），上足了发条且自身中就包含着被设计好的动力原则……另一方则是同样的钟表或机器，但是已经损坏了，其运行动力不再起作用了。（Descartes 1973, Vol. I，同上）[编者注：译文版本为李琍译，徐卫翔校，华东师范大学出版社，2020 年。]

16. 在这种情况下，特别重要的是攻击"想象"（vis imaginativa）。在 16 世纪和 17 世纪的自然魔法中，它被认为是一种强大的力量。魔法师可以影响周围的世界，"不仅为自己的躯体，也为他人的躯体带来健康或疾病"（Easlea 1980：94ff.）。霍布斯在《利维坦》中用了一章来证明想象只是一种"衰退的感觉"。它与记忆无异，只会因我们感知的对象被移除而逐渐削弱（第一部分，第二章）；对想象力的批判也见于托马斯·布朗爵士的《医生的宗教》（*Religio Medi-ci*，1642）。

17. 霍布斯写道："这样说来，任何人要想象一个事物时就必须想象它是存在于某一个地方……不能想象任何事物会全部在某一个地方，而同时又全部在另一个地方；也不能设想两个或更多的事物一次并同时存在于同一个地方。"（*Leviathan*：72）

18. 托马斯·布朗爵士是猎巫的支持者。他是一名医生，据说是"科学自由"的早期捍卫者。在同时代的人眼中，他的作品"具有危险的怀疑主义色彩"（Gosse 1905：25）。托马斯·布朗亲自促成了两名被指控为"女巫"的妇女的死亡。若非他的干预，这两名妇女本可以免于绞刑，因为对她们的指控是非常荒谬的（Gosse 1905：147—149）。关于这次审判的详细分析，见 Gilbert Geis and Ivan Bunn (1997)。

19. 在 16 世纪的欧洲，每一个解剖学蓬勃发展的国家，当局都会通过法规允许将死刑犯的尸体用于解剖学研究。在英格兰，"1565 年，伊丽莎白一世授予他们解剖重刑犯尸体的权利，医学院就这样进入了解剖学领域"（O'Malley 1964）。关于 16 世纪和 17 世纪博洛尼亚当局和解剖学家之间的合作，见费拉里（第 59、60、64、87—88 页）。她指出，不仅是那些被处决的人，而且那些死在医院里的"最低劣"的人也被留给解剖学家。在一个案子里，为了满足学者的要求，无期徒刑被改判为死刑。

20. 据笛卡尔的第一位传记作者阿德里安·贝勒先生（Monsieur Adrien Baillet）说，1629 年在准备他的《论人》时，笛卡尔在阿姆斯特丹每天都去参观该镇的屠宰场，并解剖动物的各个部位：

　　……他开始通过研究解剖学来实施他的计划。在阿姆斯特丹的整个冬天他都在致力于解剖学。他向梅森神父证明，他对这一学科知识充满渴望，几乎每天都要去一个屠夫那里目睹屠宰过程；他还安排人把他想解剖的动物器官带到他的住处，以便在更空闲的时候解剖。此后，他经常在其他地方做同样的事情，他认为这种做法本身是无害的，而且可以产生相当有用的结果，从个人层面没有什么可耻的或配不上他的地位。因此，他嘲弄那些充满恶意和嫉妒的人……这些人说他是罪犯，并指责他"穿过村庄去看杀猪"。（他）并没有忽略维萨里和其他最有经验的作者关于解剖学的著作，并且还通过亲自解剖不同种类的动物，以更可靠的方式自学。（Descartes 1972：xiii—xiv）

在 1633 年写给梅森的信中，他写道："我现在主要解剖各种动物的四肢，以解释什么是想象、记忆……"（Cousin Vol. IV：255）在 1 月 20 日的信中，他还详细地提到了活体解剖的实验。"在打开活体兔子的胸部后……这样可以很容易看到主动脉的心脏部分……为了继续解剖这只活的动物，我把它心脏的一部分（我们称之为'尖'）给弄出来了。"（同上，第七卷：350）最后，在 1640 年 6 月，笛卡尔回答了梅森的问题，即如果动物没有灵魂，为什么它们会感到疼痛？笛卡尔向他保证，它们不会感到疼痛；因为疼痛只有在具备理解力的情况下才存在，而这在畜生身上是没有的。（Rosenfield 1968：8）

这一论证成功使笛卡尔同时代的许多具有科学头脑的人对活体解剖给动物带来的痛苦不再敏感。尼古拉斯·方丹（Nicholas Fontaine）这样描述皇家港弥漫着的一种相信动物自动机论（automatism）的氛围："几乎没有一个人不说到自动机……他们对于打狗全然无动于衷，还取笑那些怜悯动物并感同身受的人。他们说，动物是钟表；它们被打时发出的叫声只是被触动的小弹簧发出的声音，但整个身体是没有知觉的。他们把可怜动物的四个爪子钉在木板上，活体解剖它们，看血液循环，这被当作一个很好的谈资。"（Rosenfield 1968：54）

21. 笛卡尔关于动物的机械本质学说标志着中世纪以及一直到 16 世纪盛行的动物观念被完全颠覆了，这种观念将动物视为有智慧、有责任感的生命，有特别发达的想象力，甚至有说话的能力。正如爱德华·韦斯特马克以及最近的埃斯特·科恩表明，过去在欧洲的一些国家，动物被审判，甚至有时因其所犯的罪行而被公开处决。它们会被委派律师，整个过程——审判、判决、行刑——都是走正式的法律程序。例如，1565年，阿尔勒的市民要求将蚱蜢驱逐出他们的城市，而在另一个案件中，侵扰堂区的蠕虫被逐出教会。最后一次对动物的审判是在1845年的法国。在法庭上，动物可以作为免罚宣誓的证人。一个因谋杀罪被判刑的人带着他的猫和公鸡出现在法庭上，并在它们面前发誓他是无辜的，这个人就被释放了。（Westermarck 1924：254ff.；Cohen 1986）

22. 有人认为，与笛卡尔的说法相比，霍布斯的机械论观点实际上给了身体更多的权力和活力。霍布斯反对笛卡尔的二元本体论，特别是反对将心灵视为非物质、无形体的实体（an immaterial, incorporeal substance）。他把身体和心灵看作一元的连续体，在物理和生理原理的基础上解释心理活动。然而，与笛卡尔一样，他也贬斥了人类有机体的影响力，因为他否认自我运动，并将身体的变化降级为作用-反作用机制。例如，对霍布斯来说，感官知觉便是作用-反作用的产物，是由于感受器抵抗外部对象的原子冲动而产生的；想象是一种衰退的感觉，理性也不过是一台计算机。与笛卡尔一样，霍布斯将身体的运作理解为一种机械性的因果关系，受制于同样管制无生命体世界的普遍法则。

23. 正如霍布斯在《贝希摩斯》中所感叹的那样：

> 在《圣经》被翻译成英语之后，能读懂英语的每一个人（是的，每一个毛头小子和乡下姑娘）都认为，当他们以每天读几章的方式读完一两遍《圣经》时，他们就可以与全能的上帝对话，能够理解上帝所说的。由于新教教会的影响，人们抛弃了对主教和牧师的崇敬和服从，每一个人都成为宗教的裁判，成为他自己的《圣经》阐释者。（第190页）[编者注：译文版

本为李石译，北京大学出版社，2019 年。下同。]

他还说，"许多以往通常在工作日离开自己堂区和市镇的人，纷纷丢下自己的职责"，去听俗家传教士布道。（第 194 页）

24. 杰拉德·温斯坦利的《新正义法》是个典型的例子，其中最臭名昭著的掘地派问道：

> 理性之光是否为一些人创造了土地，让他们把袋子和谷仓塞得满满的，而另一些人便要为贫困所迫？难道是理性之光制定了法律，如果一个人没有那么多土地来还给债主，那么债主就可以把这个人监禁起来，让他饿死在监狱里？难道是理性之光制定了法律，让一部分人绞死另一部分人，只因为他们不愿意跟随自己的步伐？（Winstanley 1941：197）

25. 我们很想说，这种对"下层阶级"人性的怀疑，可能解释了为什么在笛卡尔机械论的第一批批评者中很少有人反对笛卡尔对人体的机械论观点。正如 L. C. 罗森菲尔德（L. C. Rosenfield）指出的："这是整个争论的奇怪之处。在最初阶段，没有一个热心捍卫动物灵魂的人保护人体免受机械论的玷污。"（Rosenfield 1968: 25）

26. F. 格劳斯（F. Graus, 1967）指出，"'安乐乡'（Cockaigne）这个名字最早出现在 13 世纪［词源 Cucaniensis 大概源自库肯（Kucken）］，而且似乎是在滑稽模仿秀中使用的"，因为它最初出现的背景是讽刺爱德华二世时期的英格兰修道院（Graus 1967：9）。格劳斯讨论了中世纪的"仙境"（Wonderland）和现代的乌托邦概念之间的区别。他认为：

> 在现代，理想世界能被建造，意味着乌托邦里一定居住着摆脱了自身缺点的理想人物。乌托邦的居民以他们的正义和智慧为标志……另一方面，中世纪的乌托邦愿景以人的现状为出

彼得·勃鲁盖尔（Pieter Bruegel），《安乐乡之地》（*Land of Cockaigne*，1567）

卢卡斯·克拉纳赫，
《青春之泉》

发点，寻求当下欲望的满足。（同上：6）

例如，安乐乡不愁吃穿。那里没有人想着去合理地"养活自己"，而只会想着大吃大喝，就像平日里渴望做的那样。

> 在这个安乐乡……还有青春之泉，男人和女人从一边走进去，在另一边出来后就变成英俊的青年和女孩。然后，人们就如同在"许愿台"前的态度一般诉说着安乐乡的故事。这很好地反映了人们对理想生活的简单看法。（Graus 1967：7—8）

换句话说，安乐乡的理想并没有体现任何理性的计划或"进步"的概念，而是更加"具体"，"非常依赖村子的环境"，并且"描绘了一种在现代都不知道如何进一步发展的完美状态"（同上）。

扬·卢肯（Jan Luyken）。1571年在阿姆斯特丹，安妮·亨德里克斯（Anne Hendricks）因巫术而被处决

第 4 章

欧洲的大猎巫

一头不完美的野兽，没有信仰，没有恐惧，没有常性。

—— 17 世纪法国关于女性的谚语

下半身却是淫荡的妖怪；
腰带以上是属于天神的，
腰带以下全是属于魔鬼的：
那儿是地狱，那儿是黑暗，那儿是火坑，
吐着熊熊的烈焰，发出熏人的恶臭，把一切烧成了灰。

—— 莎士比亚，《李尔王》

你们是真正的鬣狗，用你们的皮肉诱惑我们，当愚昧
使我们进入你们的视野时，你们就跳到我们身上。你们是
智慧的叛徒，是勤奋的障碍……是美德的绊脚石，是驱使
我们走向所有恶习、不虔诚和毁灭的尖头棒。你们是傻瓜
的天堂，是智者的瘟疫，是大自然的大错误。

—— 沃尔特·查尔顿，《以弗所的妇人》，1659 年

引 言

猎巫很少出现在无产阶级的历史中。直到今天，它仍然是欧洲历史上被研究得最少的现象之一[1]，或者可以扩展到世界史上——如果我们考虑到传教士和征服者把崇拜魔鬼的指控带到"新世界"，作为征服当地居民的工具。

在欧洲，受害者大多是农妇，这可能是历史学家过去不关心这类群体灭绝的原因。这种漠不关心近乎同谋，因为将女巫从历史的书页中删除有助于淡化她们在火刑柱上被消灭的事实，暗示这是一个意义不大的现象，甚至只是一个民间传说。

即使是那些研究猎巫的人（在过去几乎全是男性），也往往是 16 世纪恶魔学家的优秀继承人。在对消灭女巫表示遗憾的同时，他们中的许多人坚持把女巫描绘成受幻觉折磨的可怜的傻瓜，这样对她们的迫害就可以被解释为"社会疗法"的过程，有助于增强邻里之间的凝聚力（Midelfort 1972：3）。或者，可以用医学术语将其描述为"恐慌""狂热""流行病"，所有这些描述都为猎巫者开脱，使其罪行去政治化。

激发了"猎巫"学术研究的厌女的例子不断涌现。正如玛丽·戴利早在 1978 年指出的那样，关于这个话题的许多文献都是从"一个女人发起行动的观点"写出来的，通过把她们描绘成社会的失败者（"不光彩"或在爱情中受挫的女人），甚至是喜欢用性幻想来挑逗男性审讯者的变态者，来诋毁这场迫害的受害者。戴利引用了 F. G. 亚历山大（F. G. Alexander）和 S. T. 塞勒斯尼克（S. T. Selesnick）《精神病学史》（*The History of Psychiatry*）中的例子，在那里我们读到：

　　……被指控的女巫经常落入迫害者的手中。一个女巫通过在公开法庭上承认她的性幻想来减轻她的罪恶感；同时，她在男性指控者面前详细陈述所有的细节来获得一些情欲上的满足。这些情绪严重紊乱的妇女特别容易被暗示自己身上藏有恶魔和魔鬼，并会承认与邪灵同居。她们就像今天受报纸头条影响的不安之人，把自己幻想成受追捧的杀人犯。(Daly 1978：213)

　　这种指责受害者的倾向也有例外，在第一代和第二代猎巫学者中都有。在后者中，我们应该记得艾伦·麦克法兰（1970）、E. W. 蒙特（E. W. Monter，1969，1976，1977）和阿尔弗雷德·索曼（Alfred Soman，1992）。但只有在女权运动之后，由于女权主义者对女巫的认同，猎巫才从层层的掩盖中显现出来，而女巫也很快被当作女性反抗的象征（Bovenschen 1978：83ff.）。[2]女权主义者们很快就认识到，如果不是因为对权力结构提出挑战，成千上万的妇女就不会被屠杀和遭受最残酷的折磨。他们还意识到，这样一场至少持续了两个世纪的针对妇女的战争，是欧洲妇女历史上的一个转折点，是妇女随着资本主义的到来而遭受的社会地位降格过程中的"原罪"，因此，如果要理解在今天仍然作为制度实践和男女关系的特点的厌女症，我们就必须不断地回到这一现象。

　　相比之下，马克思主义历史学家即使在研究"向资本主义的过渡"时，也将猎巫行动抛之脑后（除了极少数的例外），似乎它与阶级斗争的历史毫不相干。然而，屠杀的规模之大应该引起人们的怀疑，因为在不到两个世纪的时间里，成千上万的妇女被烧死、绞死和受到折磨。[3]看起来同样重要的是，猎巫事件与新世界的殖民化和人口灭绝、英国的圈地运动、奴隶贸易的开始、针对流浪者和乞丐的"血腥法律"的颁布同时发生，并且在封建主义结束和资本主义"腾飞"之间的那段时期达到了高潮。资本主义腾飞时，欧洲的农民阶级达到了其力量的顶峰，但也最终遭受了其历史性的挫败。然而，到目前为止，原始积累的这一面向确实仍然是一个秘密。[4]

焚烧女巫的时代和国家行动

人们没有认识到，猎巫行动是资本主义社会发展和现代无产阶级形成过程中最重要的事件之一。因为对妇女发动的恐怖运动是任何其他迫害都无法比拟的，它削弱了欧洲农民对来自乡绅和国家的攻击的抵抗，而此时农民群体已经在土地私有化、增税和国家控制社会生活各方面的综合影响下瓦解了。猎巫加深了男女之间的对立，教导男人害怕妇女的力量，并摧毁了一个由与资本主义工作规训不相容的实践、信仰和社会主体组成的世界，从而重新定义了社会再生产的主要要素。在这个意义上，就像当代攻击"流行文化"，以及在工作场所和教养院"大禁闭"贫民和流浪者一样，猎巫是原始积累和向资本主义"过渡"的一个基本面向。

稍后，我们将看到猎巫消除了欧洲统治阶级的哪些恐惧，以及它对欧洲妇女的地位产生了哪些影响。在这里我想强调的是，与启蒙运动所宣传的观点相反，猎巫并不是垂死的封建世界的最后火花。众所周知，"迷信"的中世纪并没有迫害任何女巫；"巫术"这一概念直到中世纪晚期才形成，而且在"黑暗时代"从未出现过大规模的审判和处决,尽管魔法渗透到日常生活中,并且自罗马帝国晚期以来,统治阶级一直担心奴隶用它来进行反抗。[5]

在 7 世纪和 8 世纪,新日耳曼王国的法典中引入了魔法犯罪,就像先前罗马法典一样。这是阿拉伯人征服的时代,自由的前景显然令欧洲的奴隶心潮澎湃,激励他们拿起武器反对他们的主人。[6] 因此,这一法律创新可能是对精英恐惧"萨拉森人"——据说是魔法专家——到来做出的反应(Chejne 198:115—132)。但此时在魔法犯罪的名义下,只有对人和物造成损害的魔法行为才会受到惩罚,教会则会批评那些相信魔法的人。[7]

到 15 世纪中期,情况发生了变化。正是在这个人民起义、流行病和封建危机初现的时代,我们有了第一批女巫审判(在法国南部、德意志、瑞士、意大利),对巫魔会的首次描述[8],以及巫术学说的发展。巫术被宣布为一种异端,是对上帝、自然和国家犯下的最高罪行(Monter 1976:11—17)。在 1435 年至 1487 年间,关于巫术的论著就有 28 部(Monter 1976:19),并在哥伦布航行前夕随着 1486 年臭名昭著的《女巫之锤》(*Malleus Maleficarum*)的出版而达到了顶峰。随后,英诺森八世就该问题颁布了新的教宗诏书《最高的希望》(*Summis Desiderantes*,1484),这表明教会认为巫术是新的威胁。然而,文艺复兴时期,特别是意大利的知识氛围仍然是怀疑任何与超自然有关的事物。意大利知识分子,从卢多维科·阿里奥斯托(Ludovico Ariosto)到乔尔丹诺·布鲁诺和尼科罗·马基雅维利都以讽刺的眼光看待有关恶魔行径的教士故事。与这些教士故事相比,他们(尤其是布鲁诺)强调黄金和金钱的邪恶力量。"不是魔法而是金钱"(Non incanti ma contanti)是布鲁诺一部喜剧中一个人物的座右铭，它概括了当时知识精英和贵族圈子的观点（Parinetto 1998：29—99）。

16世纪中叶以后，在西班牙侵略者征服美洲人口的那几十年里，被当作女巫审判的妇女人数不断增加，迫害的主动权也从宗教裁判所转移到了世俗法庭（Monter 1976：26）。猎巫在1580年至1630年间达到了顶峰，这一时期的封建关系已经让位于商业资本主义典型的经济和政治体制。正是在这个漫长的"黑铁时代"里，那些经常相互交战的国家以近乎默契的方式成倍增加了火刑，国家开始谴责女巫的存在并主动迫害她们。

正是《加洛林纳刑法典》，即天主教信徒查理五世于1532年颁布的帝国法典，规定行巫术者应被处以死刑。在新教英格兰，1542年、1563年和1604年通过的三项议会法案使迫害合法化，最后一项法案规定，即使巫术没有对人和物造成任何损害，也要判处死刑。1550年后，苏格兰、瑞士、法国和西属尼德兰也通过了法律和条例判定巫术为死罪，并煽动民众告发疑似女巫者。这些法律在随后的几年里被重新颁布，以扩大可被处决的人的数量，并再次将巫术本身而非其可能引起的损害作为主要罪行。

迫害的机制证实，猎巫不是一个自发的过程，"不是一场来自下层的统治和行政阶级必须对此做出反应的运动"（Larner 1983：1）。正如克里斯蒂娜·拉纳在苏格兰的案例中所表明的那样，猎巫需要大量的官方组织和管理。[9] 在邻居指责邻居或整个社区被"恐慌"攫取之前，国家会稳定地向人们灌输与女巫有关的观念。当局公开表示对女巫的弥漫感到焦虑，并从一个村庄走到另一个村庄教人们辨认女巫。在某些情况下，他们还携带了写有疑似女巫者姓名的名单，威胁要惩罚那些藏匿女巫或援助她们的人（Larner 1983：2）。

在苏格兰，随着 1603 年阿伯丁宗教会议（Synod of Aberdeen）的召开，长老会牧师被命令在宣誓后询问他们的教民，是否怀疑有人是女巫。教堂里放置了箱子，以便告密者保持匿名；然后当一名妇女受到怀疑后，牧师在讲坛上劝说信徒指证她，并禁止任何人向她提供帮助（Black 1971：13）。其他国家同样征求公众对女巫的告发。在德意志，这是路德教会在德意志贵族同意下任命的"巡查员"的任务（Strauss 1975：54）。在意大利北部，牧师和当局为人们的怀疑火上浇油，确保这些怀疑最终演变成告发。此外，他们还确保被告者被完全隔离，强迫她们在衣服上挂上标志，以便人们远离她们（Mazzali 1988：112）。

猎巫也是欧洲第一次利用多媒介手段进行宣传，让民众精神紧张。印刷业的首要任务之一就是用小册子来宣传最著名的审判及其残暴行为的细节，以提醒公众警惕女巫所带来的危害（Mandrou 1968：136）。艺术家被招募来完成这项任务，其中包括德意志人汉斯·巴尔东，正是他给女巫画出了最引人咒骂的画像。但是，对迫害贡献最大的是法学家、法官和恶魔学家，这些不同的角色往往体现在同一个人身上。他们将论述系统化，回答批评者的问题，并完善了法律机器。到 16 世纪末，这台机器为审判提供了一个标准化的几乎是官僚化的样式，解释了为什么不同国家的供词是如此相似。在他们的工作中，法律工作者可以依靠与当时最著名知识分子的合作，包括那些至今仍被赞誉为现代理性主义之父的哲学家和科学家。其中包括英国政治理论家霍布斯——尽管对巫术的真实性持怀疑态度，他还是赞同将迫害作为社会控制的一种手段。法国著名法学家和政治

《女巫的巫魔会》（*Witches Sabbath*）。这是德意志艺术家汉斯·巴尔东从 1510
年开始制作的一系列版画中的第一幅，也是最有名的一幅。他在谴责的幌子
下以淫秽的方式利用了女性的身体

理论家让·博丹是女巫的劲敌，他对女巫的憎恨和对杀戮的呼吁都很执着。历史学家特雷弗-罗珀称他为 16 世纪的亚里士多德和孟德斯鸠。博丹被认为是首篇关于通货膨胀的论文的作者。他参加了许多审判，写了一卷《证明》（*Demomania*，1580）。在其中他坚持认为女巫应该被活活烧死，而不是在被扔进火焰之前被"仁慈地"勒死，以及她们应该被烧灼，让她们的肉在死前腐烂，并且她们的孩子也该被烧死。

博丹并不是个例。在这个"天才的世纪"（培根、开普勒、伽利略、莎士比亚、帕斯卡尔、笛卡尔），一个见证了哥白尼革命的胜利、现代科学的诞生以及哲学和科学理性主义的发展的世纪，巫术成了欧洲知识精英最喜欢的辩论主题之一。法官、律师、政治家、哲学家、科学家、神学家都开始关注这个"问题"。他们撰写许多小册子和恶魔学论文，一致认为巫术是最邪恶的罪行，并呼吁对其进行惩罚。[10]

毫无疑问，猎巫是一项重要的**政治**行动（political initiative）。强调这一点并不是要贬低教会在这场迫害中所扮演的角色。罗马天主教会为猎巫提供了形而上学和意识形态的脚手架，并煽动迫害女巫，就像它从前煽动迫害异端分子一样。如果没有宗教裁判所，没有那么多教皇诏书敦促世俗当局寻找和惩罚"女巫"，最重要的是，如果没有几个世纪以来教会对妇女的厌女运动，猎巫是不可能的。但是，与人们的刻板印象相反，猎巫不仅仅是教皇的狂热或罗马宗教裁判所的阴谋的产物。在其高峰期，世俗法庭进行了大部分审判，而在宗教裁判所起作用的地区（意大利和西班牙），被处决的人数仍然相对较少。新教改革削弱了天主教会的权力，之后宗教裁判所甚至开始克制当局对女巫的热情，同时加强了对犹太人的迫害（Milano 1963：287—

289）。[11] 此外，宗教裁判所始终依赖与国家的合作来执行死刑，因为神职人员希望免于落入流血的窘境。在宗教改革地区，教会和国家之间的合作更加密切，在那里国家成为教会（如英格兰）或者教会成为国家（如日内瓦和苏格兰，后者程度较轻）。在这里权力的一个分支得以立法和执行，宗教意识形态公开显示其政治内涵。

天主教国家和新教国家在其他各方面都处于战争状态，却联合起来共同迫害女巫，这一事实进一步证明了猎巫的政治性。因此，毫不夸张地说，**猎巫是欧洲新民族国家的政治中首个团结一致的领域，是宗教改革带来分裂之后欧洲统一的第一个例子。**因为猎巫跨越了所有国界，从法国和意大利蔓延到德意志、瑞士、英格兰、苏格兰和瑞典。

是怎样的恐惧煽动了如此一致的种族灭绝政策？为什么会发动这么多的暴力？以及为什么暴力的主要目标是妇女？

魔鬼信仰和生产方式的变化

我必须立即指出，直到今天这些问题都还没有确定的答案。解释这些问题的主要障碍是，那些对女巫的指控是如此怪异和不可思议，以至于任何动机或罪行都无法与之匹配。[12] 两个多世纪以来，在多个欧洲国家，**数十万妇女被审判、折磨、活活烧死或绞死。**她们被指控将身体和灵魂出卖给魔鬼，并通过魔法手段谋杀了几十个孩子，吸他们的血，用他们的肉制作药水，造成邻居死亡，破坏牛和庄稼，引发风暴，并做了许多其他可憎之事。我们该如何解释这个事实？（然而即使在今天，一些历史学家还让我们相信，在当时信仰结构的背景下猎巫是相当合理的！）

另一个问题是，我们并不知道受害者的观点。她们的声音只剩下审问者风格的供词，这些供词通常是在酷刑下获得的，无论我们如何倾听从记录的供词缝隙中透露的传统民间传说[如卡洛·金茨堡（1991）所做的那样]，我们都无法确定其真实性。此外，我们不能把消灭女巫的行为简单地解释为贪婪的结果。因为处置和没收的大多是极度贫困的妇女的物品，它们的回报无法与美洲的财富相比。[13]

正是出于这些原因，一些历史学家如布莱恩·莱瓦克避免提出任何解释性理论，而只满足于确定猎巫的先决条件：例如中世纪晚期发生的法律程序从私人到公共指控系统的转变，国家权力的集中化，宗教改革和反宗教改革对社会生活的影响（Levack 1987）。

然而，我们没有必要采信这种不可知论，也不必判定猎巫者是否真的相信他们对受害者的指控，抑或他们只是玩世不恭地将其作为社会打压的手段。如果我们考虑到猎巫发生的历史背景、被告的性别和阶级以及迫害的影响，那么我们必须得出结论，欧洲的猎巫是对妇女抵抗资本主义关系蔓延的攻击，攻击妇女凭借其性能力和对生殖的控制及其治愈疾病的能力而获得的权力。

猎巫也有助于构建新的父权制秩序，在这种秩序下，妇女的身体、劳动、性权力和生殖权力被置于国家的控制之下，并被转化为经济资源。这意味着猎巫者对惩罚任何具体的违法行为不怎么感兴趣，他们感兴趣的是消除普遍的女性行为方式，他们再也无法容忍这些行为且必须让民众憎恶它们。审判中的指控经常提到几十年前发生的事件；巫术被定为特殊犯罪（crimen exceptum），即一项依靠特殊手段（包括酷刑）进行调查的罪行，甚至在无法证明巫术损害了人和物的情况下，女巫也要受到惩罚。所有这些因素都表明，猎巫的目标（正如其他在激烈的社会变革和冲突时期的政治镇压一样）不是社会公认的罪行，而是必须用恐怖和定罪将先前被接纳的实践、个人组成的群体从社会中铲除出去。在这个意义上，巫术指控的功能类似于"叛国罪"（high treason，耐人寻味的是叛国罪在同一时期被引入英格兰法典），以及我们这个时代对"恐怖主义"的指控。指控的模糊性——无法证明的事实，同时又能引发最大限度的恐怖——意味着它可以被用来惩罚任何形式的抗议，甚至令人们怀疑日常生活中最普通的方面。

我们可以在迈克尔·陶西格的经典著作中首次看到对欧洲猎巫意义的类似见解。他在《南美洲的恶魔和商品拜物教》（1980）中认为，魔鬼信仰产生于一种生产方式取代另一种生产方式的历史时期。在这些时期，不仅生活的物质条件发生了根本性的变化，而且社会秩序的形而上学基础也发生了变化——例如，人们如何理解价值是怎样产生的，什么产生了生命和生长，什么是"自然的"，什么与既定的习俗和社会关系相悖，等等（Taussig 1980：17ff.）。陶西格通过研究哥伦比亚农业工人和玻利维亚锡矿工的信仰发展了他的理论。当时在这两个国家，人们眼中正在扎根的货币关系与现存古老的自给自足的生产形式相比，似乎是致命甚至邪恶的。因此，在陶西格研究的案例中，穷人怀疑富人是在崇拜魔鬼。不过，他将魔鬼和商品形式联系起来提醒了我们，猎巫的背景还包括了农村资本主义的扩张。其中涉及习惯权利的废除，以及现代欧洲的第一波通货膨胀浪潮。这些现象不仅助长了贫困、饥饿和社会混乱（Le Roy Ladurie 1974：208），还将权力转移到一个新的"现代化推动者"的阶层手中。他们对前资本主义欧洲典型的集体生活形式充满恐惧和排斥。正是在这个原始资产阶级（proto-capitalist class）的倡议下，猎巫行动开始了。它既是"一个平台，在这个平台上……人们可以追求广泛的大众信仰和实践"（Normand and Roberts 2000：65），也是一个武器，凭借它可以击溃抵抗社会和经济重组的力量。

　　在英格兰，大多数女巫审判都发生在埃塞克斯，这很能说明问题。到 16 世纪，那里的大部分土地已经被圈起来，[14] 而在不列颠群岛地区，土地私有化既没有发生也没有提上日程，我们在那里也没有发现猎巫的记录。在这种情况下，最突出的例子是爱尔兰和苏格兰西部高地，那里找不到迫害的痕迹。这可能是因为这两个地区仍然盛行集体土地所有权制度和亲属关系，所以共同体割裂和与国家共谋这两个猎巫的先决条件也就被排除了。因此，在英国化和私有化的苏格兰低地，自给自足的经济在长老会改革的影响下正在消失，猎巫产生了至少 4 000 名受害者，相当于女性人口的 1/100，而在高地和爱尔兰，妇女在烧死女巫的时代是安全的。

　　农村资本主义的蔓延及其所有后果（土地掠夺、社会疏远的加深、集体关系的瓦解）是猎巫背景的一个决定性因素。以下事实可以证明这一点：大多数被指控的人是贫穷的农妇——佃农（cottar）、雇佣劳动者，而指控她们的人是社会中富有的、有声望的成员。这些人往往是她们的雇主或地主，也就是说是地方权力结构的一部分，而且往往与中央政府有着密切的联系。只是随着迫害的深入和对女巫的恐惧［以及对被指控为巫术或"颠覆结社"（subversive association）的恐惧］在民众中的扎根，邻近的人也开始指控女巫。在英格兰，女巫通常是接受公共援助的老妇人，或者是靠挨家挨户讨一点食物、一壶酒或牛奶来生存的妇女；如果是已婚妇女，她们的丈夫就是日结工，但更多时候她们是独自生活的寡妇。她们的贫穷在认罪时尤为凸显。正是在她们需要的时候，魔鬼出现在她们面前向她们保证，从现在起她们"永远不再匮乏"，尽管魔鬼在这种场合给的钱很快就会变成灰烬，这个细节也许与当时普遍的超级通货膨胀的经历有关（Larner 1983：95；Mandrou 1968：77）。至于女巫的邪恶罪行，看起来不过是在村庄层面上演的阶级斗争："邪恶之眼"——乞丐的请求被拒绝后施加的诅咒、拖欠租金、要求公共援助（Macfarlane 1970：97；Thomas 1971：565；Kittredge 1929：163）。阶级斗争以多种方式促成了英格兰女巫的产生。对玛格丽特·哈克特的指控表明了这一点，她是一个65岁的老寡妇，1585年于泰伯恩刑场被绞死：

> 她未经允许就在邻居家的田里摘了一篮子豌豆。在邻居要求其归还时，她愤怒地把它们扔了下去；从那时起，田里就不再长梨子了。后来威廉·古德温的奴仆拒绝给她酵母，于是古德温的酿酒台就干涸了。一个看守抓到她偷窃主人地里的木头，把她打了一顿，那个人就发疯了。一个邻居拒绝给她一匹马，他的马都死了。另一个人买鞋付的钱比她的要价低，那个人后来就死了。一位绅士让他的奴仆拒绝给她酪乳；此后他们就无法制作黄油或奶酪了。（Thomas 1971：556）

在切姆斯福德、温莎和奥西斯，那些"提交"给法庭的妇女案件中，我们发现了同样的模式。沃特豪斯修女于 1566 年在切姆斯福德被绞死，她是一个"非常穷的女人"。在人们的描述中，她为了蛋糕或黄油乞讨，并与许多邻居"闹翻"了（Rosen 1969：76—82）。1579 年在温莎被处决的伊丽莎·斯蒂尔、德韦尔修女、玛格丽特修女和达顿修女也是贫穷的寡妇；玛格丽特修女住在救济院。她们像她们所谓的领袖塞德修女一样到处乞讨，估计被拒绝后也会进行报复（同上：83—91）。切姆斯福德的女巫伊丽莎白·弗朗西斯诅咒了一个邻居，因为邻居拒绝给她一些老酵母，后来邻居的头便剧痛起来。邻居拒绝给斯汤顿修女提供酵母，她可疑地喃喃自语着走了，而邻居孩子的病愈发来势汹汹了（同上：96）。厄休拉·坎普于 1582 年在奥西斯被绞

英格兰女巫的经典形象：年老体衰，被她的动物和密友包围，但仍保持着挑衅的姿态。摘自《玛格丽特和菲利普·弗劳尔斯巫术的奇妙发现》（*The Wonderful Discoveries of the Witchcrafts of Margaret and Phillip Flowers*，1619）

死，她在要一些奶酪而被拒绝之后让一个公爵瘸了腿；而阿格尼丝·莱瑟代尔的孩子拒绝给她漂洗砂，她也让这个孩子的屁股肿了。爱丽丝·纽曼在专门向穷人收税的收税员约翰逊拒绝给她12 便士后，将其折磨至死；她还惩罚了一个拒绝给她一块肉的男管家（同上：119）。我们在苏格兰也发现了类似的模式。在那里，被告也是贫穷的佃农，她们仍然坚守着自己的一块土地，但勉强生存。而且她们经常引发邻居的敌意，因为她们把牛赶到邻居的地上吃草，或者没有支付租金（Larner 1983）。

猎巫与阶级反叛

从这些案例中我们可以看出，猎巫是在特定的社会环境中发展起来的。在这个环境中，"过得好一些的人"一直生活在对"下等人"的恐惧中。当然，我们可以预想底层人会怀有邪恶的想法，因为在这个时期他们正失去一切。

这种恐惧以攻击大众魔法的形式表现出来并不令人惊讶。对抗魔法的战斗一直伴随着资本主义的发展延续至今。魔法的前提是相信世界是有生命的，是不可预测的，而且万物都有一种力量："水、树木、物质、文字……"（Wilson 2000；xvii）。因此，每一个事件都被解释为一种神秘力量的表达，这些力量必须被破译并为人所用。一位德意志牧师于 1594 年对一个村庄进行了牧民访问，随后在发出的信中可能略带夸张地描述了这在日常生活中意味着什么：

　　　　咒语的使用非常广泛，以至于这里没有一个男人或女人在开始或做任何事情时……不首先求助于一些征兆、咒语、魔法或异教手段。例如，分娩时，抱起或放下孩子时……在把牲畜带到田里时……他们丢失了一件物品或没有找到它时……晚上关上窗户时，有人生病或牛有奇怪的行为时，他们立即跑到占卜师那里询问谁抢了他们的东西，谁给他们下了咒，或向占卜师求得一个护身符。这些人的日常经验表明，人们滥用迷信……这里的每个人都以文字、名字和韵文的形式参与迷信活动。他们使用着上帝、神圣三位一体、圣母玛利亚、十二使徒的名字……这些词既公开又秘密地被说出来；它们被写在纸片上，被吞下，被做成护身符随身携带。他们还做出奇怪的手势和动作，发出奇怪的声音。然后他们用草药、树根和某种树的树枝来练习魔法；而所有这些实践都有自己特定的日期和地点。（Strauss 1975：21）

正如斯蒂芬·威尔逊在《魔法的宇宙》（*The Magical Universe*，2000）中指出的那样，实行这些仪式的人大多是为生存而挣扎的穷人，他们总是试图避免灾难，因此希望"安抚、劝说甚至操纵这些控制力量……以远离伤害和邪恶，并获得包括生育、福祉、健康和生命在内的好处"（第 xviii 页）。但在新的资产阶级眼里，这种无政府主义的、分子式的关于世界权力扩散的概念是十分可恶的。为了控制自然，资本主义的工作组织必须拒绝魔法实践中隐含的不可预测性，拒绝与自然元素建立秘密关系的可能性，也拒绝相信存在只有特定个人才能获得的，因此不容易被普及和利用的力量。魔法也是工作过程合理化的一个障碍，是对建立个人责任原则的一个威胁。最重要的是，魔法似乎是一种拒绝工作的形式，不服从命令的形式，一种基层抵抗权力的手段。世界必须"祛魅"，才能被支配。

到了 16 世纪，对魔法的攻击已经深入人心，而妇女是最有可能的攻击目标。即使不是专业的巫师／法师，她们也会被要求在动物生病时为其做标记，为邻居治病，帮助他们找到丢失或被盗的物品，给他们提供护身符或爱情药水，帮助他们预测未来。尽管猎巫的目标是各种各样的女性实践，但妇女首先是以这种身份——作为巫师、治疗师、咒语和占卜的施行者——受到迫害的。[15] 因为她们声称拥有魔法的力量，从而削弱了当局和国家的权力，让穷人相信其有能力操纵自然和社会环境，并可能颠覆既定秩序。

另外，如果不是发生在剧烈的社会危机和斗争的背景下，那么妇女世代实践的魔法或许就不会被放大成恶魔般的阴谋。亨利·卡门注意到社会经济危机与猎巫是同时发生的。他指出："正是在价格大涨的时期（16 世纪末至 17 世纪上半叶）（才）出现了最多的指控和迫害。"（Kamen 1972：249）[16]

更重要的是，迫害的加剧与城市和农村起义的爆发同步。这些是反对土地私有化的"农民战争"，包括英格兰反对"圈地"的起义（1549 年、1607 年、1628 年、1631 年），当时数百名男子、妇女和儿童拿着干草叉和铁锹，开始破坏围绕公地建立的栅栏。在法国，1593—1595 年的克洛塔起义反对什一税、过度征税和面包价格上涨，这一现象导致欧洲大部分地区出现大规模饥荒。

在这些起义中，往往是妇女发起和领导了行动。一个典型的例子是 1645 年发生在蒙彼利埃的起义，它由妇女发起，她们试图保护自己的孩子免受饥饿。1652 年发生在科尔多瓦的起义也是由妇女发起的。此外，正是妇女（在起义被镇压后，许多男子遭到监禁或被屠杀）仍在持续进行抵抗，尽管是以一种更隐蔽的方式。这可能也是德意志西南部发生的情况，在那里，农民战争结束后的 20 年里发生了一场猎巫运动。埃里克·米德尔福特在写这个问题时，排除了这两种现象之间存在的联系（Midelfort 1972：68）。然而，他并没有问这其中是否存在家庭或社区关系，就如勒华拉杜里在塞文山脉发现的那种。[17] 在 1476 年至 1525 年期间，成千上万的农民不断起兵反抗封建势力并惨遭失败。不到 20 年后，在同一地区和村庄大量妇女被送上火刑架。然而，我们完全可以想象，德意志贵族实施的凶残镇压，以及成百上千的农民被钉在十字架上、斩首、活活烧死，沉淀了难以平息的仇恨和秘密的复仇计划。尤其是在老年妇女中间，她们看到并铭记在心，并有可能以各种方式向当地的精英表达敌意。

对女巫的迫害在这种环境下发展起来。这是用其他手段进行的阶级战争。在这种情况下，我们必须看到对起义的恐惧与检察官坚信有女巫的巫魔会（Witches Sabbat or Synagogue）[18] 之间存在着联系。在这一著名的夜间聚会上，成千上万的人聚集在一起，她们往往是从遥远的地方赶来。我们无法确定当局是否通过唤起人们对巫魔会的恐惧来打击实际的组织形式。但毫无疑问，法官对这些魔鬼聚会的迷恋不仅呼应了当时对犹太人的迫害，还让我们听到了农民在夜间，在僻静的山上和森林里举行秘密会议来策划叛乱的回响。[19] 意大利历史学家路易莎·穆拉罗在其关于 16 世纪初意大利阿尔卑斯山区女巫审判的研究《游戏中的女士》（*La Signora del Gioco*，1977）中写到了这个问题：

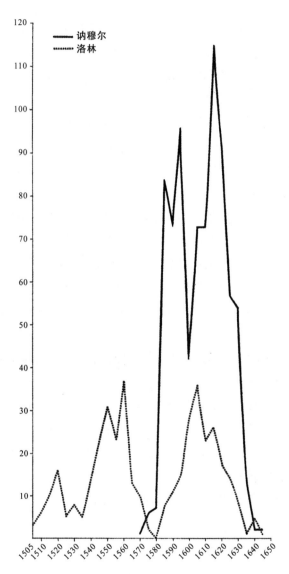

这张图显示了 1505 年至 1650 年期间女巫审判的动态，具体指向的是法国的讷穆尔和洛林地区，但它也代表了欧洲其他国家的迫害情况。在任何地方，关键的几十年都是从 16 世纪 50 年代到 17 世纪 30 年代，当时食物的价格不断上涨（来自亨利·卡门，1972）

在费耶美山谷的审判中，一名被告主动告诉法官，一天晚上，当她和她的婆婆在山上时，她看到远处有一团大火。"快跑，快跑，"她的婆婆喊道，"这是游戏女士的火。"在意大利北部的许多方言中，"游戏"（gioco）是巫魔会最古老的名称（在费耶美山谷的审判中还提到一个指导游戏的女性形象）……在同一地区，1525 年发生了一场大规模的农民起义。他们要求取消什一税和贡品，自由狩猎，减少修道院，为穷人提供旅馆，每个村庄有权选举自己的牧师……他们烧毁了城堡、修道院和神职人员的房子。但他们被打败了，遭到了屠杀。而那些幸存下来的人多年来一直被当局报复追杀。

穆拉罗总结道：

> 游戏女士的火光在远处渐渐消失，前面则是起义的火光和镇压的火堆……但对我们来说，正在准备的农民起义和神秘的夜间集会的传说之间似乎有着某种联系……我们只能假设，农民在晚上秘密地围着火堆聚会，取暖并相互交流……而那些知情者通过诉诸古老的传说来守护这些禁忌聚会的秘密……如果女巫有秘密，这可能就是其中之一。（Muraro 1977：46—47）

在对巫魔会的描述中，阶级反抗和性越轨是核心内容。巫魔会被描绘成一场畸形的性狂欢和颠覆性的政治集会，以讲述参与者所犯罪行以及魔鬼指示女巫反抗她们的主人而告终。同样重要的是，女巫和魔鬼之间的契约被称为宣誓结盟

（conjuratio），就像奴隶和工人在斗争中经常签订的契约一样（Dockes 1982：222；Tigar and Levy 1977：136）。在检察官的眼中，魔鬼代表着对爱情、权力和财富的承诺，为了它，一个人愿意出卖她或他的灵魂，也就是说，愿意违反一切自然法则和社会法律。

食人族的威胁作为巫魔会形态的核心主题，据亨利·卡门说，这也让人想起了起义的形态，因为反叛的工人有时会通过威胁吃人来表示他们蔑视那些出卖血汗的人。[20] 卡门提到了1580 年冬天发生在法国多菲内省罗芒镇的事情。当时起义反抗什一税的农民宣称"3 天后将出售基督徒的肉"，然后在狂欢节期间，"反叛者的领袖穿着熊皮，吃着假装是基督徒肉的佳肴"（Kamen 1972：334；Le Roy Ladurie 1981：189，216）。同样在那不勒斯，1585 年的一次抗议面包价格过高的暴动中，叛军肢解了负责涨价的地方官的尸体，并将他的肉块拿来出售（Kamen 1972：335）。卡门指出，吃人肉象征着对社会价值的彻底颠覆，这与女巫作为道德堕落的化身是一致的。而许多被归结为巫术的仪式也暗示了这一点：倒着庆祝的弥撒，逆时针的舞蹈（Clark 1980；Kamen 1972）。事实上，女巫是"颠倒世界"的生动象征，与颠覆社会秩序的千禧年愿望联系在一起，是中世纪文学中反复出现的形象。

卢西亚诺·帕里内托也从不同的角度强调了女巫巫魔会的颠覆性与乌托邦维度，他在《女巫与权力》（*Streghe e Potere*，1998）中坚持认为有必要对这个集会进行现代解释，从发展中的资本主义劳动规训的角度来解读其反叛性的特征。帕里内托指出，巫魔会的夜间维度是对当代资本主义工作时间规律性的侵犯，也是对私有财产和性正统（sexual orthodoxy）的挑战。

因为夜间的阴影模糊了两性之间以及"我的和你的"之间的区别。帕里内托还认为，**逃亡、旅行**是指控女巫的一个重要因素，应该被解释为对移民和流动工人流动性的攻击，这一新的现象反映在对流浪者的恐惧上，当局在这一时期忧心于此。帕里内托的结论是，从其历史的特殊性来看，夜间巫魔会似乎是妖魔化了反叛主人和打破性角色所体现的乌托邦，它还代表了与新的资本主义劳动规训相悖的对空间和时间的利用。

在这个意义上，猎巫和早期对异端的迫害之间存在着连续性，后者也在强加宗教正统性的幌子下惩罚特定形式的社会颠覆行为。值得注意的是，猎巫行动首先在对异端迫害最激烈的地区（法国南部、汝拉、意大利北部）发展。早期在瑞士的一些地区，女巫被称为"异端分子"或"瓦勒度分子"（Monter 1976：22；Russell 1972：34ff.）。[21] 此外，异端分子也被作为真正宗教的叛徒烧死，他们被指控犯有属于巫术十诫中的罪行：鸡奸、杀婴、崇拜动物。在某种程度上，这些都是教会一直以来对敌对宗教提出的仪式性指控。但正如我们所看到的，性革命一直是异端运动的重要组成部分，从清洁派到亚当派。尤其是清洁派，他们挑战了教会对妇女的贬低性观点，主张拒绝婚姻甚至拒绝生育——他们认为这是一种针对灵魂的圈套。他们还接受了摩尼教，根据一些历史学家的说法，这也是中世纪晚期教会对世界上存在的魔鬼越来越关注和裁判官将巫术视为反教会的原因。因此，至少在猎巫的第一阶段，异端和巫术之间的连续性是不容置疑的。但是，猎巫发生在一个不同的历史背景下，这个背景已经发生了巨大的变化。首先是黑死病——欧洲历史上的一个分水岭——造成的创伤和混乱，后来在 15 世纪和 16 世纪，资本主义对经济和社会生活的重组带来了阶级关系

约翰内斯·廷克托里斯（Johannes Tinctoris），《驳斥瓦勒度异端者》（*Tractatus contra sectum Valdensium*）中所代表的瓦勒度派异端分子。猎巫首先在对异端者迫害最激烈的地区发展起来。早期在瑞士的一些地区，女巫经常被称为"瓦勒度分子"

的深刻变化。因此不可避免的是，即使表面上有连续性的一些元素（例如夜间的淫乱宴会），它们扮演的角色也与在先前教会反对异端的斗争中扮演的角色不同。

猎杀女巫、猎杀妇女与劳动力的积累

异端和巫术之间最重要的区别是，巫术被认为是一种女性犯罪。在迫害的高峰期即 1550 年至 1650 年期间，情况尤其如此。在早期阶段，男性在被告中的比例高达 40%，后来继续被起诉的人数变少，他们大多是流浪者、乞丐、流动工人以及吉卜赛人和下层牧师。此外，到了 16 世纪，魔鬼崇拜的指控已经成为政治和宗教斗争中的一个共同主题；没有哪个主教或政治家没在最激烈的时刻被指控为巫师。新教徒指责天主教徒（特别是教皇）为魔鬼服务；路德本人也被指控会魔法，苏格兰的约翰·诺克斯、法国的让·博丹以及许多其他人也是如此。犹太人也被习惯性地指控崇拜魔鬼，后者经常被描绘成有角有爪的样子。但醒目的事实是，在 16 世纪和 17 世纪的欧洲因巫术罪被审判和处决的人中 80% 以上是妇女。事实上，在这一时期，除了杀婴罪之外（这一点耐人寻味），以巫术之名被迫害的妇女比以任何其他罪行被迫害的都要多。

恶魔学家也强调巫师是女性，他们为上帝使男人免于这样的祸害而感到高兴。正如西格丽德·布劳纳（1995）指出的，用来为这种现象辩护的论据发生了变化。《女巫之锤》的作者们解释说女人更容易实施巫术，因为她们"贪得无厌"。马丁·路德和人文主义作家则强调妇女的道德和精神弱点是这种变态行为的根源。但所有人都把妇女单独拎出来作为邪恶的存在。

对异端分子的迫害与对女巫的迫害还有一个区别：在后者那里，对性变态和杀婴的指控起着核心作用，同时还伴随着对避孕措施实质上的妖魔化。

避孕、堕胎和巫术之间的联系首次出现在英诺森八世（1484）的诏书中，该诏书抱怨说：

> 通过符咒、祷告和其他下了诅咒的迷信行为与可怕的咒语、罪恶和罪行，（女巫）摧毁了妇女的后代……她们阻碍男人生殖，阻碍女人受孕；因此，丈夫与妻子或妻子与丈夫都不能进行性行为。（Kors and Peters 1972：107—108）

从那时起，生殖犯罪在审判中占据了突出地位。到了17世纪，女巫被指控阴谋破坏人类和动物的生殖能力，促成堕胎，并属于一个致力于杀害儿童或将其献给魔鬼的杀婴派。在大众的想象中，女巫也开始与好色的老妇人联系在一起，后者对新生命充满敌意，吃婴儿的肉，或用儿童的身体来制作魔药——这种刻板印象后来被儿童书籍普及。

为什么从异端到巫术的轨迹会发生这样的变化？换句话说，为什么在一个世纪的时间里，异端分子变成了女人？为什么宗教和社会的越轨行为被重新聚焦为主要是生殖犯罪？

20世纪20年代，英国人类学家玛格丽特·默里在《欧洲西部的女巫教》（*The Witch-Cult in Western Europe*，1921）中提出了一种解释，这种解释最近被生态女权主义者和"威卡教"（Wicca）的实践者重新提及。默里认为，威卡教是一种古老的母性宗教，当异端被击败后，宗教裁判所开始恐惧对教义的背离，受此刺激将注意力转向了它。换句话说，被恶魔学家当作女巫起诉的妇女（在这一理论下）是古代生育崇拜的实践者，目的是祈求生育和繁殖顺利——这些崇拜在地中海地区已经存在了数千年，但教会将其视为异教徒仪式以及对教会权力的挑战，并对此加以反对。[22] 助产士出现在被指控的名单里，女性在中世纪扮演着社区治疗师的角色，以及直到 16 世纪生育都被认为是女性的"秘密"，所有这些因素都被引用来支持这一观点。但这一假设不能解释猎巫发生的时间，也不能告诉我们为什么这些生育崇拜在当局眼中变得如此可恶，以至于要消灭践行古老宗教的妇女。

　　一种不同的解释认为，生殖犯罪在女巫审判中的突出地位是婴儿的高死亡率所致，由于贫困和营养不良的增加，这在 16 世纪和 17 世纪很常见。人们认为，这么多儿童死亡、猝死、出生后不久就夭折或容易患各种疾病，都要归咎于女巫。但这种解释也不够深入。它没有说明为何被指控为女巫的妇女同时被指控阻止人受孕，也没有将猎巫置于 16 世纪经济和制度政策的背景下。因此，它忽略了攻击女巫与欧洲统计学家和经济学家开始关注生殖及人口规模问题之间的重要联系，当时对劳动力规模问题的讨论就是在这种情况下进行的。正如我们前面所见，劳动力问题在 17 世纪变得特别紧迫，当时欧洲的人口又开始下降，唤起了人口骤降的恐慌。这类似于征服美洲后几十年美洲殖民地的情况。在这种背景下，似乎有理由认为，猎巫至少在某种程度上试图将节育定为犯罪，并将女性的身体即子宫置于人口增长与劳动能力的生产和积累的服务中。

　　这只是一个假设；可以肯定的是，猎巫行动是由一个关注人口下降问题的政治阶层推动的，并由坚信数量庞大的人口是国家的财富这一观念所激发。16 世纪和 17 世纪是重商主义的全盛时期，并见证了有关出生、死亡和婚姻的人口记录、人口普查的开始，以及人口学本身被正式划为第一门"国家科学"。这一事实清楚地证明了控制人口流动在煽动猎巫行动的政治圈子里获得的战略重要性（Cullen 1975：6ff.）。[23]

我们还知道，许多女巫是助产士或"神婆"（wise women），传统上她们是妇女生殖知识和生殖控制的保存者（Midelfort 1972：172）。《女巫之锤》用一整章的篇幅介绍她们，并认为她们比其他女人都要糟糕，因为这些女人帮助母亲摧毁了子宫的果实。作者们控告说，由于男人被排除在妇女分娩的房间之外，

女巫煮小孩。摘自弗朗切斯科·马里亚·瓜佐（Francesco Maria Guazzo）的《巫术手册》（*Compendium Maleficarum*），1608 年

这种杀婴的阴谋变得更加容易了。[24] 作者们观察到几乎每个棚屋里都住着一位产婆，他们建议不要让妇女从事这一职业，除非此人首先证明自己是一名"好的天主教徒"。这一建议并非无人听取。正如我们所看到的，助产士要么被招募来监视妇女，例如检查她们是否隐瞒怀孕或非婚生子女，要么被边缘化。在法国和英格兰，从 16 世纪末开始很少有妇女被允许从事产科工作。而在此之前，这项活动一直是她们不可侵犯的秘密。然后到了 17 世纪初，第一批男性助产士开始出现。在一个世纪内，产科几乎完全处于国家控制之下。根据爱丽丝·克拉克的说法：

> 女性在职业中被男性取代的持续过程是一个例子，说明由于社会拒绝给予其充分专业培训的机会，她们如何被排除在专业工作的所有分支之外。（Clark 1968：265）

但是，将助产士在社会层面的衰落解释为女性的去职业化并没有把握到这一现象的重要性。事实上有令人信服的证据表明，助产士被边缘化既是因为她们不被信任，也是因为将她们排除在职业之外削弱了妇女对生育的控制。[25]

正如圈地运动剥夺了农民的公共土地，猎巫也剥夺了妇女的身体，从而将她们从阻碍她们作为生产劳动力机器的障碍中"解放"出来。因为在妇女身体周围竖起障碍的威胁要比公地围栏的更加可怕。

事实上，我们可以想象，当妇女看到自己的邻居、朋友和亲戚被烧死在火刑柱上，当她们意识到自己任何的避孕举措都可能被视为恶魔堕落的产物，这会对她们有怎样的影响。[26] 去了解那些作为女巫被围猎的妇女和她们社区中的其他妇女是如

这幅出自小汉斯·霍尔拜因（Hans Holbein the Younger）的《死亡之舞》（"The Dance of Death"）的画作很好地捕捉到了婴儿死亡的戏剧性。这一系列的 41 幅图样于 1538 年在法国首次印刷

女巫把孩子献给魔鬼。1591 年，关于阿格尼丝·桑普森（Agnes Sampson）审判的小册子中的木刻版画

何看待这场针对她们的可怕攻击的、她们有怎样的感受和结论，"从内部"审视这场迫害［正如安妮·L. 巴斯托所写的《猎巫热潮》（*Witchcraze*，1994）一样］，可以使我们避免猜测迫害者的意图，而专注于猎巫对妇女社会地位的影响。从这个角度来看，毫无疑问，猎巫通过把妇女控制生育的方法说成邪恶的工具而摧毁了它们，并让国家对女性身体的控制制度化——这是女性从属于劳动力再生产的前提。

但是，女巫不仅是助产士、避孕的妇女，或通过从邻居那里偷一些木头或黄油来维持生计的乞丐。她也是放荡不羁的淫乱女性——妓女或通奸者，以及一般说来在婚姻和生育的束缚之外发生性行为的妇女。因此，在巫术审判中，"风评不佳"（ill repute）是有罪的证据。女巫也是反叛的妇女，她顶嘴、吵架、爆粗，在酷刑下也不哭喊。这里的"反叛"不一定指妇女可能参与的任何具体的颠覆性活动。相反，它描述的是在反封建权力的斗争中形成的**女性人格**（female personality）。特别是在农民当中，当时的妇女一直处于异端运动的前沿，经常以女性协会的形式组织起来，对男性权威和教会构成越来越大的挑战。对女巫的描述让我们想起了中世纪道德剧和故事诗中的女性形象：随时准备发起行动，和男人一样好斗、好色，穿着男性的衣服，或者手持鞭子，骄傲地骑在丈夫的背上。

当然，在被起诉的人中，有一些妇女被怀疑犯有具体罪行。一个人被指控毒死了她的丈夫，另一个人被指控杀害了她的雇主，还有一个人被指控迫使她的女儿卖淫（Le Roy Ladurie 1974：203—204）。但**被审判的**不仅是离经叛道的妇女，**而且是妇女本身，特别是下层妇女**，那些引起巨大恐惧以至于教育和惩罚的关系在她们的案件中颠倒了的妇女。"我们必须，"让·博丹宣称，"惩罚许多人，从而在人群中散布恐怖。"的确，在一些村庄里，很少有人能幸免于难。

此外，被告遭受的酷刑所表现出的性虐待揭示了一种历史上绝无仅有的厌女症，而且不能以任何具体的罪行为依据来解释。根据标准程序，被告被剥光衣服并被完全剃光毛发（有人认为魔鬼藏在她们的头发中）；然后她们被长针刺遍全身，包括阴道，这是在寻找魔鬼可能给他们的造物打上的标记（就像英格兰的主人对逃跑的奴隶所做的那样）。妇女经常被强奸；所以还要调查她们是不是处女 —— 一个纯洁的象征；如果她们不承认，就会受到更残酷的折磨：她们的四肢被撕裂；她们被绑在铁椅子上，椅子下点着火；她们的骨头被压碎。当她们被吊死或烧死时，人们会格外仔细从而不会忽视那些从她们的结局中得到的教训。处决是一个重要的公共事件，社区的所有成员都必须参加，包括女巫的孩子，特别是她们的女儿。在某些情况下，她们会在木桩前被鞭笞，在那里她们可以看到母亲被活活烧死。

因此，猎巫是一场针对妇女的战争；它是一个贬低妇女、将她们妖魔化并摧毁其社会权力的联合进攻。同时，正是在刑讯室和女巫死去的木桩上，资产阶级的女性和家庭生活的理想型才得以形成。

在英格兰根西岛的市场上，3 名妇女被活活烧死。匿名版画，16 世纪

在这种情况下，猎巫行动也放大了当时的社会趋势。事实上，针对猎巫的行动与同一时期为规范家庭生活、性别和财产关系而出台的新法律所禁止的做法之间存在着明确无误的连续性。在整个西欧，随着猎巫的进行，法律通过了对通奸者的死刑处罚（在英格兰和苏格兰，鸡奸与叛国罪一样被处以火刑）。同时，卖淫和非婚生子女也被宣布为非法，杀婴则被定为死罪。[27]同时，女性的友谊成了被怀疑的对象，布道坛将其谴责为颠覆夫妻之间的联盟，这同女巫检察官妖魔化女性之间的关系是如出一辙的。他们强迫她们互相指责为犯罪的同谋。"八卦"一词在中世纪本是"朋友"的意思，而也正是在这一时期，八卦的含义改变了并获得了一个贬义的内涵。这进一步标志着妇女的权力和共同联系被破坏的程度。

同样在意识形态的层面上，恶魔学家塑造的女性堕落形象与当代关于"性别本质"的辩论所构建的女性形象之间存在着密切的对应关系。[28]这些辩论将一个身心虚弱、生理上容易受到恶之影响的刻板女性视为典范，实际上是为男性对女性的控制和新的父权制秩序提供了正当的理由。

猎巫和男性至上主义：驯服妇女

猎杀女巫的性政治是透过女巫和魔鬼之间的关系而展现的，这是 16 世纪和 17 世纪的审判所带来的新事物之一。与圣徒的中世纪传记或文艺复兴时期的魔法师书籍中的魔鬼形象相比，大猎巫标志着魔鬼形象的改变。在前者那里，魔鬼被描绘成一个邪恶的存在，但他的力量很小——泼洒圣水和几句圣言通常就足以打败他的阴谋。他的形象是一个不成功的坏人，不仅没有让人感到恐惧，反而被认为具有一些美德。中世纪的魔鬼是一位逻辑学家，有能力处理法律事务，有时表现为在法庭前为自己的案件辩护（Seligman 1948：151—158）[29]。他也是一位熟练的工人，可以挖矿或建造城墙，尽管收取报酬的时候经常被骗。另外，文艺复兴时期对魔鬼和女巫之间关系的看法，总是把魔鬼描绘成被召唤的下属，不管愿不愿意，就像一个奴仆一样，让他按照主人的意愿来执行任务。

猎巫颠覆了魔鬼和女巫之间的权力关系。现在妇女是奴仆，是奴隶，是肉体和灵魂的**女淫妖**，魔鬼则同时是她的所有者和主人、皮条客和丈夫。例如，是魔鬼"接近那个预定的女巫。她很少把他召唤出来"（Larner 1983：148）。在向她透露自己的身份后，他要求她成为他的奴仆，然后接下来的事情将是一个主/奴、夫/妻关系的典型例子。他在她身上盖上他的印记，与她发生性关系，在某些情况下，他甚至改变了她的名字（Larner 1983：148）。此外，在对妇女婚姻命运的明确预示中，猎巫行动引入了**一个单一的魔鬼**，以取代中世纪和文艺复兴时期的众多魔鬼，**而且是一个阳刚的魔鬼**，与女性形象［狄安娜、赫拉、"游戏女士"（la Signora del zogo）］形成对比，后者的崇拜在中世纪的地中海和日耳曼地区的妇女中传播。

从以下事实可以看出，猎巫人是多么专注于肯定男性至上主义：即便在反抗人类和神的法律时，妇女也必须被描绘成对男人服从，而她们反抗的高潮——与魔鬼的著名契约——必须被描绘成变态的婚姻契约。婚姻的类比被发挥到如此地步，以至于女巫承认她们"不敢违抗魔鬼"，或者更奇怪的是她们在与魔鬼的交合中找不到任何快感——这与猎杀女巫的意识形态相矛盾，后者认为巫术是由妇女贪得无厌的情欲引出的。

　　猎巫不仅使男性至上的观念神圣化，还唆使男人害怕女人，甚至把她们看成男性的破坏者。《女巫之锤》的作者们宣扬说，女人看起来很可爱，摸起来却很脏；她们吸引男人，只是为了损害他们；她们向男人大献殷勤，但给予的快乐比死亡更痛苦，因为她们的恶习害男人失去了灵魂 —— 也许还有他们的性器官（Kors and Peters 1972：114—115）。人们推测女巫可以冻结男人的生殖能力或让他们的阴茎按照她的意愿伸缩，从而阉割男人或令他们阳痿。[30] 有些女巫偷了男性的阴茎，把它们大量地藏在鸟巢或箱子里，直到受到胁迫才把它们还给主人。[31]

恶魔带走了一个为他服务的女人的灵魂。木刻版画来自奥劳斯·马格努斯（Olaus Magnus），《北方民族简史》（*Historia de gentibus septentrionalibus*，罗马，1555）

但这些阉割男人或使男人阳痿的女巫是谁呢？可能是每一个女人。在猎巫的高峰期，一个只有几千人的村庄或小镇上，有几十个妇女在几年甚至几周的时间里被烧死。没有一个男人感到安全，并能肯定自己没有和女巫住在一起。许多人一定吓坏了，当他们听说晚上有些妇女离开婚床前往巫魔会，并在丈夫身边放一根棍子来愚弄熟睡的丈夫时；或是听说女人有能力让男人的阴茎消失时，就像《女巫之锤》中提到的在一棵树上藏了几十条阴茎的女巫。

这种宣传成功将女性与男性分割开来，以下事实表明了这一点：尽管个别儿子、丈夫或父亲试图从火刑柱上拯救自己的女性亲属，但我们没有看到任何男性组织反对迫害的记录，除了一个例外。这个例外就是巴斯克地区的渔民。法国审判官皮埃尔·朗克尔在那里进行了大规模审判，并导致可能多达 600 名妇女被烧死。马克·库兰斯基报告说，参与每年鳕鱼季捕捞的渔民一直缺席。但是，

> 当圣让德吕兹鳕鱼船队［（巴斯克地区）最大的船队］的人听到他们的妻子、母亲和女儿（被）剥光、刺伤，许多人已经被处决的传闻时，1609 年的捕鱼提前两个月结束。渔民回来了，他们手里拿着棍子，解放了一队正被带到焚烧点的女巫。这一次民众的反抗就足以阻止审判的进行……（Kurlansky 2001：102）

巴斯克渔民干预了对其女性亲属的迫害是一个特例。没有其他团体或组织站出来为女巫辩护。我们知道，一些男人以谴责妇女为业，任命自己为"女巫发现者"，从一个村庄走到另一

妇女在给自己的身体涂抹药膏后，骑着扫帚飞往巫魔会。16世纪的法国印刷品，出自托马斯·埃拉斯都（Thomas Erastus）的《关于女巫力量的对话》（*Dialogues Touchant le Pouvoir des Sorcières*，1570）

个村庄，威胁不给钱就揭发妇女是女巫。其他男人则利用围绕着妇女的怀疑气氛，以便摆脱不想要的妻子和情人，或减弱被他们强奸或勾引的妇女的报复。毋庸置疑，男人没有对妇女遭受的暴行采取行动往往是因为害怕被牵连到指控中。因该罪名而受审的男人大多是被怀疑或被定罪的女巫的亲属。但毫无疑问的是，多年的宣传和恐怖在男人中深埋了心理上与妇女疏远的种子，这不仅打破了阶级团结，也破坏了他们自己的集体力量。我们可以同意马文·哈里斯的说法，

　　猎巫……分散和打破了所有潜在的抗议能量。（它）使每

个人都感到无能为力，并依附于主导的社会群体，它还为他们提供了一个地方去发泄不满的情绪。这样一来，穷人比其他任何社会群体都更加无法对抗教会权威和世俗秩序，也无法在财富的再分配和社会地位的平等化中提出自己的要求。（Harris 1974：239—240）

就像今天，通过压制妇女，统治阶级更有效地压制了整个无产阶级。他们唆使那些被掠夺、被贫困化和被定罪的男人把自己个人的不幸归咎于阉割男人的女巫，并把妇女赢得的对抗当局的权力视为妇女会用来对付他们的权力。在这种情况下，男性对女性所有根深蒂固的恐惧（主要是因为教会的厌女宣传）都被调动起来。妇女不仅被指责为使男人阳痿；甚至她们的性欲也被变成了恐惧的对象，是一种危险的恶魔般的力量。因为男人被教导说，女巫可以奴役他们，将他们锁在她的意志之下（Kors and Peters 1972：130—132）。

在女巫审判中经常出现的一项指控是，女巫从事堕落的性行为，其核心是与魔鬼交媾和参与可能在巫魔会发生的群交。但是，女巫也被指控让男人产生了过度的性欲。因此，对于那些陷入不正当关系的男人来说，声称自己被施了魔法是很容易的事。或者，有的家族不认可某个女性，希望终止他们的儿子与该女子的关系，便会指控此女子为女巫。《女巫之锤》写道：

> （女巫）有……七种方法来影响……性行为和子宫受孕。第一，使男人的思想倾向于过度的激情；第二，阻碍他们的生殖力；第三，除掉适应该行为的成员；第四，通过她们的法术将男人变成野兽；第五，破坏妇女的生殖力；

第六，引发堕胎；第七，将孩子献给魔鬼……（1971：47）

女巫同时被指控使男人阳痿和激起他们过度的性欲，这只是表面上的矛盾。在与猎巫同时发展的新父权法典中，身体上的阳痿是道德上阳痿的对应物；它是男性面对女性时权威受到侵蚀的生理表现。因为"在功能上"，一个被阉割的男人和一个为爱所困的男人没有区别。恶魔学家对这两种状态都持怀疑态度。他们深信，如果女人用她们的**魅力**和爱情过滤器便能行使如此大的权力，使人成为他们欲望的**淫棍**，那么就不可能实现同时代资产阶级智慧所要求的家庭类型——以国家为模型，丈夫是国王，妻子服从于他的意志，全心全意地无私管理家庭（Schochet 1975）。

性爱的激情不仅破坏了男性对女性的权威——正如蒙田所感叹的那样，除了性行为，男人可以在一切方面保持他的伪装（Easlea 1980：243）——它还破坏了男人的自治能力，使他失去了宝贵的头脑，而笛卡尔哲学正是在头脑中找到了理性的来源。因此，一个性活跃的女人是一种公共危害，是对社会秩序的威胁，因为她颠覆了男人的责任感以及他的工作能力和自制力。要避免妇女在道德上——或更重要的是在经济上——毁掉男人，就必须痛斥女性的性欲。这是通过酷刑、火刑以及对女巫进行细致的审讯来实现的，这也是性驱魔（sexual exorcism）和心理强奸的混合体。[32]

对妇女来说，16世纪和17世纪确实开启了一个性压抑的时代。审查和禁令确实开始定义她们与性的关系。考虑到福柯的批判，我们也必须坚持认为，最能说明"权力"在现代的开端如何使人们不得不谈论性的，**并非**天主教的牧歌或者忏悔

恶魔引诱一个女人与他达成协议，摘自乌尔里希·莫利托（Ulrich Molitor），《德拉米斯》（De Lamies，1489）

（Foucault 1978：116）。福柯在这个时代发现的关于性的"话语爆炸"（discursive explosion），在猎巫的刑场上表现得最为淋漓尽致。但它与福柯想象中的妇女和告解神父之间流淌着的相互挑逗毫无共同之处。审问者（的提问）远超任何一个乡村牧师。他们强迫女巫说出自己性冒险的每一个细节，毫不顾忌她们往往是老妇人，以及她们的性**经历**要追溯到几十年前。他们以一种近乎仪式的方式，强迫所谓的女巫解释她们在年轻时是如何被魔鬼带走的，她们在被插入时的感受，以及她们所怀有的不洁想法。但是，这种关于性的奇特论述所展开的舞台是刑讯室。这些问题在**吊坠刑**（strappado）的间隙抛向已经被痛苦逼疯的妇女。我们不用费力想象就可以认为，受尽折磨的妇女被迫说出的乱交的话语是激起了她们的快感还是通过语言的升华重新定位（re-oriented）了她们的欲望。在猎巫的情形下——福柯在他的《性经验史》（Vol. I，1978）中出人意料地忽略了这一点——"无休止的性话语"并非替代了镇压、审查、否认，而恰恰是为这些服务的。当然，我们可以说猎巫的语言将妇女"制造"成一个不同的物种，一个自成一体（suis generis）的存在，在本质上更具肉欲和败坏。我们也可以说，"女性变态者"的产生是将女性的**情欲**转化为**工作**（female vis erotica into vis lavorativa）的第一步，**也就是说，是将女性的性活动转化为工作的第一步**。但我们应该理解这个过程的破坏性，这也显示了福柯提出的那种一般"性史"的局限性，它从一个没有内部差异、性别中立的主体的角度来对待性，并将性视为一种对男人和女人来说也许拥有同样后果的活动。

猎巫与资本主义对性的理性化

猎巫行动并没有为妇女带来新的性能力或升华的快感。相反，它是走向"干净床单上的洁净性行为"以及将女性性活动转变为工作和为男性服务与生育的漫长征程中的第一步。这一过程的核心是将所有非生产性的、非生殖性的女性性行为视为反社会的、近乎恶魔般的行为，并予以禁止。

老巫婆骑着扫帚飞行的神话很好地体现了非生产性的性行为开始引发的排斥，就像她所骑的动物（山羊、母马、狗）一样，扫帚是一个延伸的阴茎投射，象征着无节制的欲望。这一意象揭示了一种新的性规训，它剥夺了不再有生育能力的"老而丑"的妇女性生活的权利。在创造这种刻板印象的过程中，恶魔学家顺应了他们那个时代的道德感，正如两位同时代的杰出的女巫猎手所说的那样：

> 还有什么比看到一个老色鬼更可憎的？还有什么比这更荒唐的呢？然而，这种情况在女人身上比在男人身上更常见……虽然她是个老姬，是个老太婆，既看不见也听不见，只是一具行尸走肉，她还是会叫唤，一定要得到一匹种马。（Burton 1977: 56）

> 然而，看到那些几乎无法承受岁月之重和看起来像死尸复活的老女人，就更有趣了。她们仍到处说"生活很好"，仍然在发情，在寻找伴侣……她们永远在脸上涂脂抹粉，用镊子夹住阴毛，露出下垂、枯萎的乳房，试图用她们颤抖的抱怨声唤起失败的欲望，同时她们喝酒，在女孩中间跳舞，潦草涂写她们的情书。（Erasmus 1941：42）

这与乔叟的世界相去甚远，在那里，巴斯的妻子在埋葬了五个丈夫之后，仍然可以公开宣布："欢迎第六个……说真的，我才不稀罕什么节操；每当丈夫撇下我，离开这世界，他的班很快就有基督徒来接。"[1]（Chaucer 1977：277）在乔叟的世界里，老妇人的性活力肯定了生命对死亡的抵御；而在猎杀女巫的图腾中，老年排除了妇女性生活的可能性，污染了它，把性

---

[1]　译文参考黄杲炘译，上海译文出版社，2013 年。——编者注

活动变成死亡的工具，而不是再生的手段。

在女巫审判中，无论年龄大小（但不包括阶级），女性的性行为和兽性之间始终存在着密切关联。与山羊神（魔鬼的代表之一）的交配、臭名昭著的尾巴下的吻，以及指控女巫饲养各种动物——"小魔鬼"或"妖精"——它们帮助她们犯罪并与她们保持特别的亲密关系都表明了这一点。这些动物是猫、狗、野兔、青蛙，女巫照顾它们，并很可能用特殊的乳头给它们哺乳。

其他动物也在女巫的生活中扮演着魔鬼工具的角色：山羊和（夜）母马带她飞到巫魔会，蟾蜍为她提供毒药，供其调制。动物在女巫世界中的存在，让人不得不推测它们也将被审判。[33]

女巫和她的"妖精"之间的亲密关系也许是指欧洲农民性生活中的"野蛮"实践，在猎巫结束后的很长一段时间里，这种实践仍然是一种可以判处死刑的犯罪。在一个开始崇拜理性并将人与肉体分离的时代，动物也受到了极大的贬低——沦为单纯的畜生、最终的"他者"——人类最恶劣本能的永久象征。因此，没有什么罪行会比与野兽交配更令人恐惧，这是对人性的本体论基础的真正攻击。因为此时人性越来越多地与最不物质的方面相联系。但是，女巫生活中存在着过多的动物表明，妇女处于男人和动物之间的一个（不稳定的）十字路口。不但女性的性行为与动物的类似，而且女性气质本身也与动物性相类似。为了将这种等同关系确定下来，人们经常指责女巫改变自己的形态，变形为动物。而最常被引用的常见动物是蟾蜍，它是阴道的象征，并且综合了性、兽性、女性气质和邪恶。

猎巫行动谴责女性的性行为是一切邪恶的根源，但猎巫也是广泛重塑性生活的主要途径：它遵循新的资本主义工作规训，

女巫和审判官之间的争论。汉斯·布克迈尔（Hans Burgkmair），1514 年前。
许多因巫术而被指控和受审的妇女都是又老又穷的。她们往往依靠公共慈善
机构来维持生计。巫术——我们得知——是无权者的武器。但老年妇女也是
社区中最有可能抵抗由资本主义关系蔓延而造成的共同体联系破裂的人。她
们是体现社区知识和记忆的人。猎巫行动颠覆了老妇人的形象：她们传统上
被认为是聪明的女人，现在却成了不育和敌视生命的象征

将任何威胁到生育、家庭内部财产传承或占用工作时间和精力的性活动都定为犯罪。

女巫审判提供了一份被禁止的"非生产性"性行为的指示性清单：同性恋、年轻人和老年人之间的性行为[34]、不同阶层的人之间的性行为、肛交、后入式（据说会导致不育关系）、裸体和舞蹈。同样被禁止的还有在中世纪盛行的公开集体性活动，比如16世纪仍然在欧洲各地庆祝的源于异教的春天节日。在这种情况下，我们不妨比较一下 P. 思达布斯在《剖析陋习》（*Anatomy of Abuses*，1583）中对英格兰五朔节庆祝活动的描述和有关巫魔会的标准描述。后者指责女巫总是在这些集会上跳舞，在管乐和长笛声中上蹿下跳，并沉溺于许多集体性活动和寻欢作乐之中。

> 到了五月……每个堂区、城镇和村庄的人都聚在一起，无论男女老少……他们跑到灌木丛与树林、山丘与山脉，在那里度过整个夜晚，进行愉快的消遣，早上他们带着白桦树弓和树枝回家……他们带回来的最主要的珍宝是五朔节花柱，他们怀着极大的敬意把它带回家……然后他们就开始宴会和筵席，在花柱周围跳跃起舞，就像异教徒给神明献礼时那样……（Partridge：Ⅲ）

我们可以类比有关巫魔会的描述和苏格兰长老会当局对朝圣（到圣井和其他圣地）的描述。天主教会鼓励朝圣，长老会却反对朝圣，认为这是魔鬼的聚会和淫乱的场合。在整个这一时期，任何潜在的越轨集会——农民集会、叛军营地、节日和舞蹈——都被当局描述为事实上的巫魔会，这成为一种普遍的趋势。[35]

　　同样值得注意的是，在意大利北部的一些地区，参加巫魔会被称为"去跳舞"或"去玩游戏"（al zogo），特别是当我们考虑到教会和国家正在发起反对这种消遣的运动（Muraro 1977：109ff.；Hill 1964：183ff.）。正如金茨堡所指出的："一旦我们把（巫魔会的）神话和梦幻般的外衣去掉，我们就会发现这就是人们在跳舞和搞性乱聚会。"（Ginzburg 1966：189）而且我们必须补充一点：当欧洲遍地是饥荒时，大吃大喝肯定是一种幻想。（猎巫时期阶级关系的性质是多么明显，烤羊肉和啤酒的梦想可以让一个吃饱喝足的资产阶级看不惯，将其视为与恶魔共谋的迹象！）然而，金茨堡沿着一条惯常的路径，将与巫魔会有关的狂欢称为"贫穷妇女的幻觉，对她们来说，这是一种对肮脏生活的补偿"（同上：190）。这样一来，他就把受害者的死亡归咎于她们自身；他还忽视了一点，即不是被指控为女巫的妇女而是欧洲的精英贡献了大量的论文来讨论这种"幻觉"。例如，他们辩论女梦淫妖（succubi）和男梦淫妖（incubi）的作用，或者魔鬼是否能让女巫怀孕。显然，这个问题在 18 世纪仍能引起知识分子的兴趣（Couliano 1987：148—151）。今天，"西方文明"的历史屏蔽了这些怪诞的论述，或者干脆遗忘了它们，尽管它们编织了一张将数十万妇女判处死刑的网。

　　因此，猎巫在资产阶级世界的发展中的作用，特别是在资本主义性学科的发展中所扮演的角色，已从我们的记忆中抹去。然而，我们可以将我们这个时代的一些主要禁忌追溯到这个过程，同性恋就是这种情况。在文艺复兴时期，同性恋在欧洲的一些地方依然是被完全接受的，然而在猎杀女巫的过程中它们被清除了出去。对同性恋的迫害是如此猛烈，以至于有关它的

1589 年对切姆斯福德女巫的处决。其中一名受害者琼·普伦蒂斯（Joan Prentice）和她的妖精在一起

记忆仍然沉淀在我们的语言中。"死基佬"（Faggot）[①]一词提醒我们，同性恋者在那时是烧死女巫的木桩的引火柴，而意大利语的茴香（finocchio）一词指的是在火刑柱上撒上的芳香蔬菜，以掩盖肉体燃烧的恶臭。

---

① faggot 有柴把、柴捆的含义，尤其用于表示焚烧异端者。——编者注

在许多表现巫魔会的作品中，宴会是一个重要的主题——在欧洲饥荒频发的时代，这是一种幻想。该局部图来自扬·齐安科（Jan Ziarnko）为皮埃尔·德朗克尔（Pierre De Lancre）的《无常图》（*Tableau de l'inconstance*，1612）绘制的版画

特别重要的是，猎巫在妓女和女巫之间建立的关系，反映了在资本主义重新组织性工作时妓女所经历的被贬低的过程。俗话说，"年轻做妓女，年老变巫婆"，因为两者都只是利用性来欺骗和侵蚀男人，伪造了一种仅仅是雇佣性质的爱情（Stiefelmeir 1977：48ff.）。二者都为了获得金钱和非法权力**出卖自己**，女巫（将灵魂出卖给魔鬼）是妓女（将身体出卖给男人）的放大版。此外，（老）女巫和妓女都是不育的象征，是不具生殖性的性行为的化身。因此，虽然在中世纪妓女和女巫被认为是为社群提

供社会服务的积极人物，但随着对女巫的追捕，她们都获得了最消极的内涵，被排斥在可接受的女性身份之外。她们在身体上被杀死，在社会上被定罪。因为妓女只有作为女巫在火刑柱上死了一千次之后，才会作为合法主体死去。或者好一点的情况是，只要女巫被杀，妓女就会被允许生存（她甚至会变得有用，尽管是以秘密的方式）：因为女巫是更危险的社会主体，是（在审判者眼中）不那么容易控制的人；她能给人带来痛苦或快乐，治愈或伤害，搅动各种元素，拴住人的意志；她甚至可以仅仅通过眼神造成伤害，以一种可能会杀人的邪恶之眼。

正是其罪行的性本质和她的下层阶级地位，使女巫与文艺复兴时期的魔法师区别开来，后者在很大程度上不受迫害的影响。高级魔法和巫术有许多共同的元素。恶魔学家将他们学到的魔法传统主题引入对巫术的定义中。其中有一种源自新柏拉图主义的信仰，即爱欲是一种宇宙力量，通过"交感"和吸引的关系将宇宙联系起来，使魔法师能够在实验中操纵和模仿自然。女巫也有类似的能力，据说她可以通过模仿搅动水坑来引发风暴，或者可以行使一种类似于炼金术传统中将金属结合在一起的"吸引力"（Yates 1964：145ff.；Couliano 1987）。巫术的意识形态也反映了《圣经》中的信条，这一信条为魔法和炼金术所共有，规定了**性**和**知识**之间的联系。女巫通过与魔鬼交媾而获得力量的论点，呼应了炼金术的观点，即妇女通过与叛逆的魔鬼交媾而侵占了化学的奥秘（Seligman 1948：76）。然而，高级魔法并没有受到迫害，尽管炼金术越来越被人诟病，因为它似乎是一种无用的追求，本身是对时间和资源的浪费。魔法师是精英，他们经常服务于贵族和其他有地位的人（Couliano 1987：156ff.）。恶魔学家将高级魔法（特别是占星术和天文学）

纳入科学范围，从而小心翼翼地将他们与女巫区分开来。[36]

猎巫与新世界

因此，与典型的欧洲女巫相对应的不是文艺复兴时期的魔法师，而是被殖民的美洲原住民和被奴役的非洲人。在"新世界"的种植园里，他们与欧洲的妇女有着相似的命运，都是为资本提供积累所需的看似无限的劳动力。

欧洲妇女的命运与美洲印第安人和非洲人在殖民地的命运息息相关，他们的影响更是相互的。猎巫和崇拜魔鬼的指控被带到美洲以瓦解当地居民的抵抗，在这个世界的眼中为殖民化和奴隶贸易辩护。反过来，根据卢西亚诺·帕里内托的说法，正是美洲的经验说服了欧洲当局相信整个女巫群体的存在，并促使他们在欧洲采用在美洲发展起来的大规模灭绝技术（Parinetto 1998）。

在墨西哥，"从 1536 年到 1543 年，苏玛拉加主教进行了 19 次审判，涉及 75 名印第安异端分子。他们主要是来自墨西哥中部社区的政治和宗教领袖，其中一些人在火刑柱上结束了生命。修士迭戈·德兰达（Diego de Landa）在 16 世纪 60 年代领导了尤卡坦的神明崇拜审判，其中酷刑、鞭打和火刑占据了重要位置"（Behar 1987：51）。为了摧毁当地被欧洲人视为恶魔的神灵崇拜，秘鲁也进行了猎巫。"西班牙人在任何地方都看到了魔鬼的面孔：在食物中……（在）'印第安人的原始恶习'中……在他们野蛮的语言中。"（de Leon 1985 Ⅰ：33—34）在殖民地，也是妇女更容易被指控为女巫，尽管被欧洲人尤其蔑视为意志薄弱的女性，她们却很快成为最坚定的社区捍卫者（Silverblatt 1980：173, 176—179）。

欧洲的女巫和欧洲的被殖民者有着共同的命运。在 17 世纪，巫术的意识形态和在征服与奴隶贸易的土壤上发展起来的种族主义意识形态之间的交流越来越多，进一步证明了这一点。魔鬼被描绘成一个黑人，黑人越来越被当作魔鬼，所以"魔鬼崇拜和恶魔的阻挠（成为）奴隶贩子进入的非欧洲社会中被报道最多的方面"（Barker 1978：91）。"从拉普人到萨摩耶人，再到霍屯督人和印度尼西亚人……没有一个社会，"安东尼·巴克（Anthony Barker）写道，"没有被某些英格兰人贴上受到魔鬼强烈影响的标签。"（1978：91）就像在欧洲一样，魔鬼的标志意味着异常的欲望和性能力。[37] 恶魔经常被描绘成拥有两个阴茎，而关于野蛮的性行为与对音乐和舞蹈过度喜爱的故事，则成为传教士和前往"新世界"的旅行者报告的主要内容。

根据历史学家布赖恩·伊斯利的说法，这种对黑人性能力的系统性夸大暴露了有产白人男子对自己性能力的焦虑；白人上层阶级男性害怕与他们所奴役的人竞争（他们认为这些人更接近自然），大概是因为他们由于过度自我控制和审慎推理而感到性能力不足（Easlea 1980：249—250）。但是，妇女和黑人男子——女巫和魔鬼——的过度性化（oversexualization）也必须植根于他们在国际分工中所占据的位置，这种分工是在美洲殖民化、奴隶贸易和猎巫的基础上形成的。黑人和女性都被定义为兽性和非理性的标志，这与将欧洲妇女、殖民地的妇女和男子排除在工资所隐含的社会契约之外，从而将他们受到的剥削自然化是一致的。

The Natives of the Carribee Islands feasting on human Flesh.

16 世纪对加勒比海印第安人的描述，来自（编纂者）托比亚斯·乔治·斯莫利特（Tobias George Smollett），"真实而有趣的航行简编，按时间顺序摘录……"（摘自托比亚斯·乔治·斯莫利特，1766）

女巫、治疗师与现代科学的诞生

迫害女巫的背后还有其他动机。对巫术的指控往往是为了惩罚对财物的攻击行为，主要是盗窃。在 16 世纪和 17 世纪，随着土地和农业的日益私有化，这种情况急剧增加。我们能看到，在英格兰，乞讨或者偷窃邻居家的牛奶或酒的贫穷妇女，抑或是接受公共援助的妇女都可能被怀疑是在施展邪术。艾伦·麦克法兰和基思·托马斯表明，在这一时期，随着公地的丧失和家庭生活的重组，老年妇女的状况明显恶化，家庭生活牺牲了先前对老年人的照顾，优先考虑抚养孩子（Macfarlane 1970：205）。[38] 这些老人现在被迫依靠他们的朋友或邻居来维持生计，或者加入济贫名单（就在新教伦理开始指责施舍是一种浪费和对懒惰的鼓励时），而且过去照顾穷人的机构正面临解体。一些贫困妇女可能利用她们作为女巫的名声所带来的恐惧来获取自己所需。"坏女巫"据说会诅咒并伤害牛群，毁坏庄稼，或者导致其雇主的孩子死亡，但受到谴责的不仅仅是她们。以巫术为职业的"好女巫"也会受到惩罚，而且往往更加严厉。

历史上，女巫是村里的助产士、医生、占卜师或女魔法师，她们的特权领域（正如布克哈特所写的关于意大利女巫的内容）是含情脉脉的诡计（Burckhardt 1927：319—320）。在费尔南多·德罗哈斯的戏剧《塞莱斯蒂娜》（1499）中，塞莱斯蒂娜是这种类型女巫的城市化身。关于她，有人说：

> 她有六种职业，即洗衣女工、调香师、制作化妆品的大师和更换破损处女膜的高手、采购员和某种程度上的女巫……她的第一种职业是其他职业的掩护。许多年轻女仆

以此为借口到她家去洗衣服……你无法想象她所进行的勾当。她是个婴儿医生；她在一家捡起亚麻布，然后把它带到另一家。所有这些都是她的借口，她无处不在。人们会说"大娘，来这里！"或者"能人来了！"每个人都认识她。尽管职责很多，她还是抽出时间去做弥撒或晚祷。（Rojas 1959：17—18）

然而，一个更典型的治疗者是戈斯坦萨，1594 年，她在托斯卡纳的圣米尼亚托小镇被当作女巫审判。在成为寡妇后，戈斯坦萨成了一个专业的治疗师，并很快因其治疗方法和驱魔能力在该地区闻名。她与她的侄女以及另外两个女人住在一起，她们也是寡妇。隔壁的邻居也是个寡妇，为她的药物提供香料。她在家里接待客户，但也会去任何需要她的地方，给动物做"标记"、看望病人、帮人们报仇，或使自己摆脱医疗符咒的影响（Cardini 1989：51—58）。她的工具是天然油脂和粉末，以及通过"交感"或"接触"进行疗愈和保护的装置。在自己的社区中激起恐惧并不符合女巫的利益，因为她以实践她的技艺为生。事实上，她非常受欢迎，每个人都会去找她治病、算命、寻找失踪物品或购买爱情药水。但她并没有逃脱迫害。特伦托会议（1545—1563）之后，反宗教改革运动（Counter-Reformation）对大众治疗师采取了强烈的反对立场，因为忌惮她们的力量和在社区文化中的深厚根基。在英格兰，"好女巫"的命运也在 1604 年注定了，詹姆斯一世通过的一项法规规定，凡是使用鬼怪和魔法的人，即使没有造成明显的伤害，也要被判处死刑。[39]

随着对民间治疗师的迫害，妇女被剥夺了她们积累下来并代代相传的关于草药和治疗药方的经验知识的遗产，从而为一种新形式的圈地铺平了道路。这就是专业医学的兴起，它在"下层阶级"面前竖起了一堵不可挑战的科学知识之墙。它自称可以治疗，却是这些人负担不起的，而且是外来的（Ehrenreich and English 1973；Starhawk 1997）。

医生取代民间医士／女巫，这就引发了现代科学和科学世界观的发展在猎巫的兴衰中所扮演的角色问题。关于这个问题，我们有两种相反的观点。

一方面，我们有来自启蒙运动的理论，它认为科学理性主义的出现是终止迫害的关键因素。例如，约瑟夫·克莱茨（Joseph Klaits，1985）所提出的理论。他认为新的科学"揭示了宇宙有一种自我调节的机制，直接和持续的宗教干预是没有必要的"（第162页），从而改变了知识分子的生活，产生了一种新的怀疑主义。然而，克莱茨承认，到17世纪50年代为止，给女巫审判画上休止符的法官从未质疑过巫术的实际存在。"无论是在法国还是其他地方，17世纪终结猎巫的法官都没有宣称女巫不存在。像牛顿和当时的其他科学家一样，法官们继续接受超自然的魔法，并认为其在理论上是可行的。"（同上：163）

事实上，没有证据表明新科学具有解放的效果。伴随现代科学兴起而出现的机械主义自然观"给世界祛了魅"，但没有证据表明，那些提倡它的人曾经为被指控为女巫的妇女辩护。笛卡尔宣布自己在这个问题上是不可知论者；其他机械哲学家（如约瑟夫·格兰维尔和托马斯·霍布斯）强烈支持猎杀女巫的行为。如布赖恩·伊斯利令人信服地表明的，猎巫结束的原因是女巫世界已经被消灭了，而胜利的资本主义制度所要求的社会规训也已确立。换句话说，到17世纪末，猎巫行动的结束是因为此时的统治阶级对其权力愈发感到安全，而不是因为出现了更开明的世界观。

剩下的问题是，现代科学方法的兴起是否可以被认为是猎巫的原因。卡洛琳·麦茜特在《自然之死》中最有力地论证了这一观点。该书将对女巫的迫害植根于科学革命所引发的范式转移中，特别是笛卡尔机械论哲学的崛起。根据麦茜特的说法，这种转移替换了将自然、妇女和地球视为养育之母的有机世界观，取而代之的是将她们降格为"持续存在的资源"（standing resources）的机械世界观，并消除了剥削她们的任何道德约束（Merchant 1980：127ff.）。麦茜特认为，那些被当成女巫的妇女是作为自然"野性一面"的化身被迫害的。她们象征着

《女巫的草药园》（*The Witch's Herbary*），汉斯·魏迪兹（Hans Weiditz）的版画（1532）。正如星空球（starry globe）所暗示的那样，草药的"功效"通过适当的星体结合而得到加强

自然界中所有看起来无序、不可控制，因而与新科学所进行的计划相对抗的东西。麦茜特在被誉为新科学方法之父的弗朗西斯·培根的作品中找到了迫害女巫和现代科学兴起之间联系的证据。这些证据表明培根对自然科学调查的概念是以拷问女巫为模型的，他把自然描绘成一个需要被征服、揭开和破坏的女人（Merchant 1980：168—172）。

麦茜特的论述有一个很大的优点，那就是挑战了科学理性主义是进步的工具这一假设，并将我们的注意力集中在现代科学于人类和自然之间建立的深刻的异化上。它还将猎巫与对环境的破坏联系起来，将资本主义对自然的剥削与对妇女的剥削联系起来。

然而，麦茜特忽略了这样一个事实：在科学诞生前的欧洲，精英所接受的"有机世界观"为奴隶制和消灭异端留下了空间。我们还知道，对技术统治自然的渴望和对妇女创造能力的占有，已经适应了不同的宇宙论框架。文艺复兴时期的魔法师对这些目标同样兴趣不小[40]，而牛顿物理学对引力的发现并不是归功于机械论，而是归功于魔法的自然观。此外，当哲学机械论的风潮走到尽头时，18世纪初出现了新的哲学趋势，这一趋势强调"同情""感性"和"激情"的价值，却很容易被纳入新科学的计划中（Barnes and Shapin 1979）。

我们还应该考虑到，支持迫害女巫的智识支架并不是直接从哲学理性主义的书页中提取的。相反，它是一种过渡性的现象，是在它必须完成的任务的压力下演化出来的一种意识形态**拼贴**（bricolage）。其中来自中世纪基督教的幻想世界、理性主义的论述和现代官僚法庭程序的元素结合在一起，这就像在纳粹主义的形成过程中，对科学和技术的崇拜与假装恢复一种古老而神秘、由血亲和前货币时代的忠诚组成的世界图景相结合一样。

帕里内托认为猎巫是一个经典的例子（不幸的是，不是最后一个），能说明从建立资本积累的条件来看，资本主义历史上的"倒退"是一种向前迈进的手段。因为在召唤魔鬼的时候，审判官处置了流行的万物有灵论和泛神论，并以一种更集中的方式重新定义了宇宙和社会权力的位置与分配。因此，矛盾的是（帕里内托写道），在猎巫的过程中，魔鬼作为上帝的真正奴仆发挥了作用；他是最有助于为新科学铺平道路的操作员。魔鬼像一个执行官或上帝的秘密代理人，给世界带来了秩序。魔鬼清空了上帝的竞争者的影响，并重新确认上帝是唯一的统治者。他很好地巩固了上帝对人类事务的指挥权，以至于在一个世纪内，随着牛顿物理学的出现，上帝将能够从世界上退休并满足于从远处守护其时钟般的运作。

因此，理性主义和机械论并不是迫害的**直接**原因，尽管它们有助于创造一个致力于剥削自然的世界。更重要的是，在煽动猎巫的过程中，欧洲精英需要铲除生存的整个模式。到了中世纪晚期，这种模式正在威胁他们的政治和经济权力。当这一任务完成后——社会规训恢复，统治阶级看到自己的霸权得到巩固——女巫审判就结束了。对巫术的信仰甚至可以成为嘲笑的对象，被斥为迷信，同时很快被人们遗忘。

这个过程在整个欧洲开始于 17 世纪末，尽管苏格兰的女巫审判还持续了 30 年。促使猎巫活动结束的一个因素是，统治阶级开始失去对猎巫的控制，并被自己的镇压机器攻击。他们谴责猎巫甚至针对着自己的成员。米德尔福特写道，在德意志：

> 当火焰越发接近那些享有高官厚禄的人的名字时，法

炼金术士"占有母性功能的欲望"很好地体现在这幅赫尔墨斯·特里斯梅格斯
（Hermes Trismegistus，炼金术的神话创始人）腹中怀胎的图中，该图暗示了
"男性的播种作用"

官们对供词失去了信心，恐慌也随之停止……（Midelfort
1972：206）

在法国，最后一波审判也带来了广泛的社会混乱：奴仆指
控他们的主人，孩子指控他们的父母，丈夫指控他们的妻子。
在这种情况下，国王决定进行干预，柯尔培尔将巴黎的管辖权
扩大到整个法国，以结束对女巫的迫害。新颁布的一部法典中

甚至没有提到巫术（Mandrou 1968：443）。

就像国家开始猎巫一样，各国政府也一个接一个地采取了结束猎巫的举措。从 17 世纪中叶开始，人们努力抑制司法和审讯的热情。一个直接的后果是，在 18 世纪，"普通犯罪"突然成倍增加（同上：437）。在英格兰，1686 年至 1712 年期间，随着猎巫行动的结束，因破坏财产（尤其是焚烧粮仓、房屋和干草堆）和攻击行为而被捕的人数量大增（Kittredge 1929：333），而新的罪行则被列入法规。亵渎神明（blasphemy）开始被视为应受惩罚的罪行——法国规定亵渎者在第 6 次被定罪后将被割掉舌头——渎圣罪（sacrilege，亵渎圣人遗物和偷盗祭品）也是如此。毒药销售也受到了新的限制；私人用毒被禁止，销售毒药也必须获得许可证，而投毒者将被判处死刑。所有这些都表明，新的社会秩序到现在足以通过识别和惩罚犯罪行为进行巩固，无须求助于超自然现象。用一位法国资深议员的话来说：

> 女巫和巫师不再受到刑罚，首先是因为很难确定巫术的证据，其次是因为这种刑罚已经被用来害人。因此，为了指控那些确定的事，人们不再为不确定的事情发起指控。（Mandrou 1968：361）

一旦巫术的颠覆性潜力被摧毁，魔法实践甚至可以被允许继续存在。猎巫结束后，许多妇女继续通过预言未来、出售符咒和实践其他形式的魔法来养活自己。正如皮埃尔·培尔在 1704 年报告的那样："在法国的许多省份，在萨瓦，在伯尔尼和欧洲的许多其他地方……所有的村庄或村落，无论村子多小，都有人被认为是女巫。"（Erhard 1963：30）在 18 世纪的法国，城市贵族中也出现了对巫术的兴趣，他们被排除在经济生产之外，感觉自己的特权正在受到攻击，于是通过诉诸魔法来满足他们的权力欲望（同上：31—32）。但现在当局对检举这些行为不再感兴趣，而是倾向于将巫术视为无知的产物或想象力的混乱（Mandrou 1968：519）。到了18世纪，欧洲的知识分子甚至开始为自己获得的启蒙而自豪，并自信地着手改写猎巫的历史，将其斥为中世纪迷信的产物。

然而，女巫的幽灵继续萦绕在统治阶级的想象中。1871年，巴黎资产阶级本能地回到它身上，将女公社社员妖魔化，指责她们想让巴黎着火。事实上，基本可以确定，资产阶级新闻界用来创造**女纵火犯**（petroleuses）神话的淫秽故事和图像的模型都来自猎巫行动的剧目。正如伊迪丝·托马斯所描述的，巴黎公社的敌人声称成千上万的无产阶级妇女（像女巫一样）在城市里日夜游荡，带着装满煤油的盆子和"B. P. B."标记（"bon pour bruler"即"适合火烧"）。作为伟大阴谋的一部分，她们大概是按照指示在向凡尔赛宫推进的军队面前把巴黎变成灰烬的。托马斯写道："到处都可以看到女纵火犯。在凡尔赛军队占领的地区，只要有一个衣着不整的贫穷妇女拿着一个篮子、盒子或牛奶瓶，就足以被怀疑。"（Thomas 1966：166—167）数以百计的妇女就这样被处决，媒体则在报纸上对她们进行诋毁。和女巫一样，女纵火犯被描绘成一个年长的女人，有着野蛮的外表和未梳理的头发。她手中拿着的容器装着用来实施犯罪的液体。[41]

《女纵火犯》，贝特尔（Bertall）的彩色石版画，转载于《公社》（*Les Communeaux*），见第 20 期

《巴黎妇女》（"The Women of Paris"），木刻版画，转载于《画报》（*The Graphic*），1871 年 4 月 29 日

注　释

1. 正如埃里克·米德尔福特所指出的："除了少数显著的例外，对猎巫的研究仍然是不精确的……的确，令人吃惊的是，欧洲很少有像样的巫术调查，试图列出某个城镇或地区的所有巫术审判。"（Midelfort 1972：7）

2. 这种认同的一个表现是 WITCH（Women's International Terrorist Conspiracy from Hell，来自地狱的妇女国际阴谋）的建立，这是一个自治的女权主义团体网络，在美国妇女解放运动的初始阶段发挥了重要作用。正如罗宾·摩根在《姐妹情谊力量大》（*Sisterhood is Powerful*，1970）一书中所写，WITCH 于 1968 年万圣节前夕在纽约诞生，但很快在几个城市形成了"女巫集会"（covens）。我们从纽约女巫会写的传单中可以看出女巫的形象对这些活动家意味着什么。该传单回顾了女巫作为生育控制和堕胎的第一批实践者，并指出：

> 女巫一直是敢于做勇敢、积极、聪明、不循规蹈矩、好奇、独立、性自由、革命的女人……女巫在每个女人身上生活、欢笑。她是我们每个人身上自由的那部分……只要你是桀骜不驯、愤怒、快乐、不朽的女性，那么你就是女巫。（Morgan 1970：605—606）

在北美的女权主义作家中，最自觉地将女巫的历史与妇女解放的斗争联系起来的是玛丽·戴利（Mary Daly，1978）、斯塔霍克（Starhawk，1982），以及芭芭拉·埃伦赖希（Barbara Ehrenreich）和迪德丽·英格利希（Deidre English）合著的《女巫、助产士和护士：女性治疗者的历史》（*Witches, Midwives and Nurses: A History of Women Healers*，1973），这本书对许多女权主义者（包括我自己在内）来说是首部猎巫史入门书。

3. 有多少女巫被烧死了？这在猎巫学术研究中是一个有争议的问题，也是一个难以回答的问题。因为许多审判没有记录，或者即使有记录，也没有说明被处决的妇女人数。此外，许多可能提及女巫审判的文件还没有被研究，或者已经被销毁。例如 20 世纪 70 年代，E. W. 蒙特指出，我们不可能计算出在瑞士发生的世俗女巫审判的数量，因为这些审判往往只在财政记录中提到，而这些记录还没有被分析过（1976：21）。30 年后，人们关于女巫审判的数量仍然众说纷纭。

一些女权主义学者认为，被处决的女巫人数与被纳粹德国屠杀的犹太人人数相当，但根据安妮·L. 巴斯托的说法，就目前的档案工作状况来看，在 3 个世纪的时间里大约有 20 万名妇女被指控有巫术，其中被杀的人数较少，这是比较合理的估计。然而，巴斯托承认，很难确定有多少妇女被处决或因遭受酷刑而死亡：

> 许多记录（她写道）没有列出审判的判决……（或）没有包括那些死在监狱里的人……其他被酷刑逼到绝望的人在监狱里自杀了……许多被指控的女巫在狱中被谋杀……还有一些人在狱中死于酷刑。（Barstow：22—23）

考虑到那些被处以私刑的人，巴斯托得出结论，至少有 10 万名妇女被杀害，但她补充说，那些逃脱的人"一生都被毁了"，因为一旦被指控，"猜疑和恶意就会跟随她们到死"（同上）。

虽然关于猎巫规模的争议仍在继续，但米德尔福特和拉纳已经提供了区域性的估计。米德尔福特（1972）发现，仅在 1560 年至 1670 年间，德意志西南部至少有 3 200 名女巫被烧死，在这一时期，"他们不再烧死一两个女巫，而是烧死几十个和数百个"（Lea 1922：549）。克里斯蒂娜·拉纳（1981）将 1590 年至 1650 年期间苏格兰被处决的妇女人数定为 4 500 人；但她也认为这个数字可能要高得多，因为施行猎巫的特权也被授予了当地的名人。他们不仅可以自由地逮捕"女巫"，还可以随意记录。

4. 两位女权主义作家——斯塔霍克和玛丽亚·米斯——将猎巫置于原

始积累的背景下，得出的结论与本书中的结论非常相似。在《黑暗之梦》（*Dreaming the Dark,* 1982）中，斯塔霍克将猎巫与欧洲农民的公地被剥夺、美洲黄金和白银抵达欧洲后造成的价格上涨的社会影响以及专业医学的兴起联系起来。她也曾指出：

> 那个（女巫）现在已经不在了……（但）她的恐惧以及她生前与之斗争的力量仍然存在。我们可以打开报纸，读到对无所事事的穷人的同样指控……剥夺者进入第三世界，破坏文化……掠夺土地和人民的资源。如果我们打开收音机，我们可以听到火焰的噼啪声……但斗争也在继续。（Starhawk 1997：218—219）

虽然斯塔霍克主要是在欧洲市场经济崛起的背景下研究猎巫的，但玛丽亚·米斯的《世界范围内的父权制和积累》将其与殖民化进程和对自然的日益统治——资本主义上升期的特征——联系在一起。她认为，在以对妇女、殖民地和自然的剥削为基础的，新型的性与国际分工的背景下，猎巫是新兴资产阶级试图控制妇女生产能力，以及首先是控制她们的生育能力的一部分（Mies 1986：69—70；78—88）。

5. 自罗马帝国晚期以来，魔法一直被统治阶级视为奴隶意识形态的一部分和不服从的工具而受到怀疑。皮埃尔·多克斯引用了罗马共和国晚期农学家科卢梅拉（Columella）的《农业论》（*De re rustica*）。他本人也引用了加图的话，大意是要控制对占星师、占卜师和巫师的亲近程度，因为这对奴隶有危险的影响。科卢梅拉建议管事"在没有主人命令的情况下，不得进行祭祀活动。他不应接受占卜师或魔法师，这些人利用人们的迷信将他们引入犯罪……他应避开熟悉的占卜僧和术士，这两种人用毫无根据的迷信的毒药感染无知的灵魂"（引自 Dockes 1982：213）。

6. 多克斯引用了让·博丹的《国家六论》（*Les Six Livres de la Repub-*

lique，1576）中的以下节选："阿拉伯人的力量只以这种方式（通过给予或承诺给予奴隶自由）而增长。因为梅赫梅特的副官之一霍马尔上尉一答应给跟随他的奴隶自由，他就吸引了这么多的奴隶，以至于在几年内他们就成为整个东方的领主。关于自由和奴隶征服的传闻激起了欧洲奴隶的热情，于是他们拿起了武器，首先是在781年的西班牙，后来是在查理大帝和路易一世时期的这个王国，从当时颁布的反对奴隶间起誓发动阴谋的法令中可以看出……这场大火一下子在德意志爆发了，奴隶拿起武器，撼动了王公贵族和城市的财产，甚至日耳曼人的国王路易也被迫集结所有的力量来击溃他们。这一点点迫使基督教徒放松了奴役，并释放了奴隶，只有某些徭役除外……"（引自 Dockes 1982：237）

7. 《教皇教规》（*Canon Episcopi*，10 世纪）被认为是记录教会对魔法信仰持宽容态度的最重要文本。它将那些相信恶魔和夜晚飞行的人称为"异教徒"，认为这种"幻觉"是恶魔的产物（Russell 1972：76—77）。然而，埃里克·米德尔福特通过研究德意志西南部的猎巫，反驳了中世纪教会对巫术持怀疑和宽容态度的观点。他特别批评了对《教皇教规》的解读，认为它真正表达的意思与它所写的内容相反。也就是说，我们不应该因为《教皇教规》的作者攻击了对魔法的信仰而得出结论说，教会纵容了魔法实践。根据米德尔福特的说法，《教皇教规》的立场与教会在 18 世纪之前的立场相同。教会谴责人们相信魔法是可能发生的观念，认为将神力归于女巫和魔鬼是摩尼教的异端。然而，它坚持认为那些实施魔法的人受到了应有的惩罚，因为他们怀有恶念并与魔鬼结盟。（Midelfort 1975：16—19）

　　米德尔福特强调，即使在 16 世纪的德意志，神职人员也坚持没有必要相信魔鬼的力量。但他指出：（1）大多数审判都是由世俗当局煽动和管理的，他们并不关心神学上的争论；（2）在神职人员中也是如此，"恶念"和"恶行"之间的区别没有什么实际效果，因为归根结底许多神职人员建议对女巫处以死刑。

8. Monter (1976), 18. 巫魔会首次出现在中世纪文献中是在 15 世纪中
期。罗塞尔·霍普·罗宾斯（Rossell Hope Robbins）写道：

> 对于早期的恶魔学家约翰内斯·尼德尔（Johannes Nieder，
> 1435）来说，巫魔会是未知的，但匿名的法国小册子《加扎拉
> 的错误》（*Errores Gazariarum*，1459）对"巫魔会"有详细的
> 描述。尼古拉斯·贾奎尔（Nicholas Jaquier）大约在 1458 年使
> 用了实际的"巫魔会"一词，尽管他的叙述很粗略；"巫魔会"
> 也出现在 1460 年里昂的女巫检控报告中……到 16 世纪，巫魔
> 会是巫术的一个既定部分。（1959：415）

9. 女巫审判的费用很高，因为它们可能持续数月，而且它们成为许多
人的就业来源（Robbins 1959：111）。除了处决的费用和把女巫关
在监狱里的费用之外，为"服务"和相关人员 —— 法官、外科医
生、施刑者、抄写员、看守 —— 所支付的费用（包括这些人的饭菜
和酒）也都无耻地列入了审判记录。以下是 1636 年在苏格兰的柯科
迪镇（Kirkcaldy）进行的审判的账单。

	英镑	先令	便士
10 担煤，用来烧掉她们，花费 5 马克或	3	6	8
一个焦油桶		14	
制作短大衣的麻布	3	10	
制衣费		8	
派一个人去芬茅斯，让领主作为法官参加她们的审讯		6	
行刑者的辛苦费	8	14	
他在这里的开销		16	4

（Robbins 1959：114）

审判女巫的费用由受审者亲属支付，但"如果受审者身无分文"，则由镇上的公民或地主支付（Robbins，同上）。关于这个问题，见 Robert Mandrou（1968：112）；以及 Christina Larner（1983：115），等等。

10. H. R. 特雷弗-罗珀写道："（猎巫）由文艺复兴时期有修养的教皇、伟大的新教改革者、反改革时期的圣徒、学者、律师和教会人士推进……如果说这两个世纪是一个光明的时代，我们不得不承认，至少在这个方面，黑暗时代更加文明……"（Trevor-Roper 1967：122ff.）

11. Cardini 1989: 13–16; Prosperi 1989: 217ff.; Martin 1989: 32. 正如鲁思·马丁在谈到威尼斯宗教裁判所的工作时写道："P. F. 格伦德勒（P. F. Grendler）比较了宗教裁判所和民事法庭判处的死刑数量，他得出结论：'与民事法庭相比，意大利宗教裁判所展现了极大的克制'，'威尼斯宗教裁判所的特点是轻刑和减刑，而不是严厉'，最近 E. W. 蒙特在其关于地中海宗教裁判所的研究中证实了这一结论……就威尼斯的审判而言，既没有将处决或残害作为一种刑罚，也很少有在船上服役的情况。长时间的监禁判决也很罕见，如果有这种判决或放逐，往往在相对较短的时间内就被减刑……监狱里的人恳求允许他们以健康状况不佳为由转为软禁，这也受到了同情对待。"（Martin 1989：32—33）

12. 还有证据表明，在对具体指控的重视程度、通常与巫术有关的罪行的性质以及指控者和被指控者的社会构成方面都发生了重大变化。最重要的转变或许是，在迫害的早期阶段（15世纪的审判期间），巫术主要被视为一种集体犯罪，依赖群众的集会和组织，而到了17世纪，它被视为一种个人性质的犯罪，一种孤立的巫师所擅长的邪恶职业——这是这一时期土地使用权的日益私有化和商业关系的扩张所带来的共同体联系破裂的标志。

13. 德意志是这种模式的例外，因为这里的猎巫行动影响了许多资产阶级成员，包括城镇议员。可以说，在德意志，没收财产是迫害背后的一个主要原因，这也解释了为何它达到了除苏格兰外其他任何国家都无法达到的比例。然而，根据米德尔福特的说法，没收财产的合法性是有争议的；即使在富人家庭中，被没收的财产也不超过1/3。米德尔福特补充说，在德意志也是如此，"毫无疑问，大多数被处决的人是穷人"（Midelfort 1972：164—169）。

14. 我们仍然缺少对土地使用权的变化——尤其是土地私有化——与猎巫之间的关系的严肃分析。艾伦·麦克法兰首先提出埃塞克斯的圈地和同一地区的猎巫之间存在重要联系，后来他又放弃了这种主张（Macfarlane 1978）。但这两种现象之间的关系是毋庸置疑的。正如我们所看到的（在第 2 章），土地私有化是妇女在大规模猎巫的时期遭受贫困化的一个重要因素——直接地和间接地。一旦土地被私有化，土地市场发展起来，妇女就容易受到双重掠夺过程的影响：被富裕的土地购买者掠夺和被她们自己的男性关系掠夺。

15. 然而，随着猎巫行动的扩大，职业女巫和那些求助于她的人或从事魔法实践而没有任何特殊要求的人之间的区别变得模糊不清。

16. 米德尔福特也认为价格革命与迫害女巫之间有联系。在谈到 1620 年后德意志西南部的女巫审判增多时，他写道：

> 1622—1623 年见证了币制的全面混乱。货币贬值过快，价格飙升到看不到顶。而且，食品价格不需要货币政策就能上涨。1625 年有一个寒冷的春天，从伍兹堡到符腾堡再到整个莱茵河流域都出现了歉收。第二年，莱茵河流域发生了饥荒……这些情况本身就使价格超出了许多劳动者的承受能力。（1972：123—124）

17. 勒华拉杜里写道："在这些疯狂的起义（原文如此）（猎巫）和大约1580—1600 年在同一山区达到高潮的真正的人民起义之间，存在着一系列地理和时间上的巧合，有时还有家庭方面的巧合。"（Le Roy Ladurie 1987：208）

18. 在对巫魔会（传说中的女巫集会被如此称谓）的迷恋中，我们发现了对女巫的迫害和对犹太人的迫害之间存在连续性的证据。作为异端分子和阿拉伯智慧的传播者，犹太人被认为是巫师、投毒者和魔鬼崇拜者。犹太人作为魔鬼的形象促成了围绕割礼习俗的传说，这些传说声称犹太人在仪式上谋杀了儿童。"（在奇迹剧和小品中）犹太人一次又一次被描述为'来自地狱的魔鬼，人类的敌人'。"（Trachtenberg 1944：23）关于迫害犹太人和猎杀女巫之间的联系，也可参见卡洛·金茨堡的《狂欢》（*Ecstasies*，1991），第 1 章和第 2 章。

19. 这里指的是"鞋会"（Bundschuh，德意志农民联盟，其标志是木屐）的阴谋家，他们于 15 世纪 90 年代在阿尔萨斯策划了反对教会和城堡的活动。关于他们，弗里德里希·恩格斯写道，他们常常在夜间到僻静的洪格贝格山上集会（Engels 1977：66）。

20. 意大利历史学家卢西亚诺·帕里内托认为，食人的主题可能是从新世界传来的，因为在征服者和他们的教士同伙关于"印第安人"的报告中，食人和魔鬼崇拜合二为一。为了支持这一论点，帕里内托引用了弗朗切斯科·马里亚·瓜佐的《巫术手册》（1608）。在他看来，欧洲的魔鬼学家将女巫描绘成食人者时，受到了来自新世界的报告的影响。然而，早在美洲被征服和殖民化之前，欧洲的女巫就被指控将儿童献给魔鬼。

21. 在 14 世纪和 15 世纪，宗教裁判所指控妇女、异端分子和犹太人为巫师。正是于 1419—1420 年在卢塞恩和因特拉肯举行的审判过程中，巫术（Hexerei）一词被首次使用（Russell 1972：203）。

22. 近年来，在生态女权主义者对早期母系社会中妇女与自然的关系重新产生兴趣的情况下，默里的论文又被重新提起。玛丽·康德伦便是那些将女巫解读为古代以女性为中心的宗教的捍卫者和崇拜女性生殖能力的人之一。在《蛇与女神》（1989）一书中，康德伦认为，猎巫是基督教取代古老宗教女祭司的漫长过程中的一部分 —— 首先是断言她们将自己的力量用于邪恶目的，后来又否认她们有这种力量（Condren 1989：80—86）。在这种情况下，康德伦提出的最有趣的主张之一是将迫害女巫与基督教牧师试图占有妇女的生殖能力联系起来。康德伦展示了牧师如何与"神婆"进行真正的竞争。这些女人创造生殖奇迹,让不孕妇女怀孕,改变婴儿的性别,进行超自然的堕胎,最后但同样重要的是,收养被遗弃的儿童(Condren 1989:84—85)。

23. 到16世纪中期,大多数欧洲国家开始定期收集人口统计数据。1560年,意大利历史学家弗朗切斯科·圭恰迪尼(Francesco Guicciardini)惊讶于安特卫普和荷兰的许多地方在"紧急需要"之外不收集人口数据(Helleneir 1958:1—2)。到了17世纪,所有正在进行猎巫行动的国家也都在促进人口增长(同上:46)。

24. 然而,莫妮卡·格林质疑了以下观点:在中世纪存在着严格的医疗劳动性别分工,比如男性被排除在对女性的护理之外,尤其是在妇科和产科。她还认为,妇女在整个医疗界都存在,尽管人数较少,但她们不仅是助产士,而且是医生、药剂师和理发师。格林质疑一种常见的说法,即助产士是当局特别关注的对象。同时她也质疑14世纪和15世纪开始的猎巫和将妇女逐出医疗行业之间的联系。她声称,对执业的限制是由许多社会紧张局势造成的(在西班牙,例如,由基督徒和穆斯林之间的冲突造成)。虽然对妇女执业的限制越来越多的现象可以记录下来,其背后的原因却不能。她承认,这些限制背后的主要关注点是"道德"方面的;也就是说,它们与妇女的品格有关(Green 1989:435ff.)。

25. J. 格里斯写道:"国家和教会传统上不信任这种妇女,她的实践往往是秘密的,即使不是巫术,也是浸泡在魔法中的,而且她肯定可以依靠农村社区的支持。"他补充说,最重要的是要打败产婆在堕胎、杀婴、遗弃儿童等罪行中的共谋,无论这种共谋是真实的还是想象的(Gelis 1977:927ff.)。在法国,16世纪末的斯特拉斯堡颁布了第一份规范产婆活动的法令。到17世纪末,产婆完全受国家控制,并被国家用作道德改革运动中的反动力量(Gelis 1977)。

26. 这也许可以解释为什么在中世纪被广泛使用的避孕药具在17世纪消

失了，只在卖淫的环境中生存，而当它们重新出现在舞台上时，又被置于男性手中。除非得到男性的许可，否则妇女是不允许使用它们的。事实上，在很长一段时间内，资产阶级医学所提供的唯一避孕药具就是避孕套。"避孕套"（sheath）自 18 世纪开始出现在英国，最早提到它的是詹姆斯·博斯韦尔（James Boswell）的日记（引自Helleiner 1958：94）。

27. 1556 年，法国的亨利二世通过了一项法律，规定任何隐瞒自己怀孕以及孩子一出生就死亡的妇女以谋杀罪判处。1563 年，苏格兰也通过了一项类似的法律。直到 18 世纪，欧洲的杀婴行为都被判处死刑。护国公时期的英格兰对通奸行为施行死刑。

　　除了攻击妇女的生殖权利，以及引入新的法律认可妻子在家庭中对丈夫的从属地位外，我们必须加上从 16 世纪中期开始的卖淫的入罪化。正如我们所看到的（在第 2 章），妓女们受到了残暴的惩罚，如阿卡布萨德惩罚。在英格兰，热铁烙在他们的额头上，其方式让人联想到"魔鬼的标记"，他们被鞭打，像女巫一样被剃头。在德意志，妓女可能被淹死、烧死或活埋。在这里，她也被剃光头发，因为头发被视为魔鬼最喜欢的座椅。有时，她的鼻子会被割掉，这种做法源于阿拉伯，用来惩罚"名誉犯罪"（crimes of honor），也用于被指控通奸的妇女。

　　像女巫一样，妓女可能是通过她的"邪恶之眼"来识别的。人们认为，性侵犯是邪恶的，并赋予妇女神奇的力量。关于文艺复兴时期的情欲和魔法之间的关系，见 Ioan P. Couliano（1987）。

28. 关于性别本质的辩论始于中世纪晚期，然后在 17 世纪重新开始。

29. 在但丁的《地狱篇》中，魔鬼笑着说："也许你没想到我是个逻辑学家吧！"（"Tu non pensavi ch'io loico fossi！"）他抢走了卜尼法斯八世的灵魂，后者狡猾地想通过在犯罪的过程中忏悔来逃避永恒的火焰（《神曲·地狱篇》，第 27 章，第 123 行）。

30. 破坏夫妻关系也是当时有关婚姻和分居的司法程序中的一个重要主题，特别是在法国。正如罗伯特·曼德鲁所观察到的，男人非常害怕被女人弄得阳痿,以至于乡村牧师经常禁止那些被怀疑作为"结扎"(tying of knots,一种据称能导致男性阳痿的装置)专家的妇女参加婚礼(Mandrou 1968:81—82, 391ff.; Le Roy Ladurie 1974:204—205; Lecky 1886:100)。

31. 这个故事出现在一些恶魔学作品中,它总是以男人发现自己受到伤害并强迫女巫把他的阴茎还给他而结束。她陪他到树顶,在那里她将许多阴茎藏在一个窝里;男人选择了一个,但女巫反对:"不,那一个是属于主教的。"

32. 卡洛琳·麦茜特认为,对女巫的审讯和折磨为培根所定义的新科学的方法论提供了模板:

> (培根)在描述他的科学目标和方法时使用的许多意象都来自法庭,而且培根把自然界视为需要用机械发明来折磨的女性。这强烈暗示了审讯女巫时用来折磨女巫的机械装置。在一个相关的段落中,培根说,可能发现自然界秘密的方法存在于宗教裁判所调查巫术秘密的方法中……(Merchant 1980:168)

33. 关于对动物的攻击,见本卷第三章注释,第217—218页。

34. 在这种情况下,值得注意的是女巫经常被儿童指控。诺曼·科恩将这一现象解释为年轻人对老年人的反抗,特别是对父母权威的反抗(N. Cohn 1975; Trevor Roper 2000)。但我们还需要考虑其他因素。首先,多年来猎杀女巫所造成的恐惧气氛是造成指控者中出现大量儿童的原因,这一点在17世纪开始实现是有道理的。同样重要的是要注意到,那些被指控为女巫的人大多数是无产阶级妇女,而指控她们的儿童往往是她们雇主的孩子。因此,我们可以推测,孩子被他们的父母操纵,提出他们自己不愿意进行的指控,这无疑是塞勒姆女巫审判中的情况。我们还必须考虑到,在16世纪和17世纪,富人对他们的孩子和他们的奴仆,尤其是他们的女仆之间的身体亲密关系越来越关注,它看起来正在成为不守纪律的根源。随着资产阶级的崛起，中世纪存在于主人和奴仆之间的熟悉感消失了，他们在形式上为雇主和下属之间建立了更加平等的关系（例如，通过平等的服装风格），但实际上增加了他们之间的身体和心理距离。在资产阶级家庭中，主人不再会在奴仆面前脱衣服，也不会和他们睡在同一个房间。

35. 朱利安·康沃尔生动地描绘了巫魔会，将其中的性元素与唤起阶级反抗的主题相结合。他描绘了 1549 年诺福克起义期间农民建立的反叛营地。这个营地在贵族中激起了强烈的反感，贵族显然把它看成了名副其实的巫魔会。康沃尔写道：

> 叛军的行为在各方面都被歪曲了。据称，该营地成为该县所有放荡不羁者的朝圣地……叛军成群结队地寻找物资和金钱。他们弄来了 3 000 头小公牛和 20 000 只羊，更不用说猪、鸡、鹿、天鹅和数千蒲式耳（bushel，译者注：1 蒲式耳约 36.37 升）的玉米，据说在几天内就把它们吃光了。平时饮食稀少而单调的人在丰富的肉食中大快朵颐，而且不计后果地浪费。这些肉的味道更甜，因为它们来自那些引起诸多民怨的畜生。（Cornwall 1977: 147）

这些"野兽"是备受珍视的产毛羊，正如托马斯·莫尔在他的《乌托邦》中所说的那样，它们确实在"吃人"，因为耕地和公田被圈起来变成了牧场，目的是饲养它们。

36. Thorndike 1923–58v: 69; Holmes 1974: 85–86; Monter 1969: 57–58. 库尔特·塞利格曼写道，从 14 世纪中期到 16 世纪，炼金术被普遍接受，但随着资本主义的兴起，君主们的态度发生了变化。在新教国家，炼金术成为嘲笑的对象。炼金术士被描绘成一个烟雾师，他承诺将金属变成黄金，却表演失败了（Seligman 1948: 126ff.）。他经常被描绘成在书房里工作，周围是奇怪的花瓶和仪器，对周围的一切视而不见，而在街对面，他的妻子和孩子正在敲穷人家的房屋。本·琼森（Ben Jonson）对炼金术士的讽刺性画像反映了这种新的态度。

占星术也被运用到了 17 世纪。詹姆斯一世在他的《恶魔学》（*Demonology*，1597）中坚持认为占星术是合法的，尤其是当它仅用于研究季节和天气预报的时候。A. L. 罗斯（A. L. Rowse）的《莎士比亚时代的性与社会》（*Sex and Society in Shakespeare's Age*，1974）中详细描述了 16 世纪末英格兰占卜师的生活。在这里我们了解到，在同一猎巫高峰的时期，一个男性魔法师可以继续进行他的工作，尽管有时会遇到一些困难并承担一些风险。

37. 关于西印度群岛，安东尼·巴克写道，在奴隶主建立的对黑人不利的形象中，没有哪个方面比对贪得无厌的性欲的指控有更广泛或更深刻的根源。传教士报告说，黑人拒绝一夫一妻制并且性欲过强，他们还讲述了黑人与猿猴性交的故事（第 121—123 页）。非洲人对音乐的喜爱也被用来诋毁他们，因为它证明了他们直觉的、非理性的本性（同上：115）。

38. 在中世纪，当一个孩子接管家庭财产时，他／她会自动承担起对年迈父母的照顾。而在 16 世纪，父母开始被抛弃，人们优先考虑对自己的孩子进行投资（Macfarlane 1970：205）。

39. 詹姆斯一世在 1604 年通过的法规对所有"使用鬼怪和魔法"的人判处死刑，无论他们是否造成了任何伤害。这条法规后来成为美国殖民地迫害女巫的依据。

40. 艾伦和哈布斯在《逃出亚特兰大：炼金术转换中的女性命运》（"Outrunning Atlanta: Feminine Destiny in Alchemic Transmutations"）中写道：

> 炼金术作品中反复出现的象征意义表明，人们痴迷于扭转甚至是阻止女性对生物创造过程的霸权。这种期望的掌控也被描绘在这样的意象中：宙斯从他的头生下雅典娜……或者亚当从他的胸部生下夏娃。炼金术士体现了控制自然界的原始努力，他所追求的是母性的魔力……因此，对于"对艺术和自然

而言，一个人在女人的身体和自然母亲的身体之外出生是否可能"，伟大的炼金术士帕拉塞尔苏斯给出了肯定的答案。(Allen and Hubbs 1980：213)

41. 关于女纵火犯的形象，见艾伯特·博伊梅（Albert Boime）的《艺术与法国公社》(*Art and the French Commune*，1995：109—111；196—199)，以及鲁珀特·克里斯蒂安森（Rupert Christiansen）的《巴黎巴比伦：巴黎公社的故事》(*Paris Babylon: The Story of the Paris Commune*，1994：352—353)。

一个女巫骑着山羊穿过天空，引起一场火雨。来自弗朗切斯科·马里亚·瓜佐《巫术手册》(1610)中的木刻版画

1497年，亚美利哥·韦斯普奇在南美海岸登陆。在他面前，诱人地躺在一张吊床上的是"美洲"。在她身后，一些食人族正在烤制人体残骸。由扬·范德斯特雷特（Jan van der Straet）设计，西奥多·加勒（Théodore Galle）刻制（1589）

第5章

殖民化和基督教化

新世界中的凯列班与女巫

      ……所以他们说，我们来到世上是为了毁灭这个世界。他们说，风会毁坏房屋，砍伐树木，火会烧毁它们，但我们会吞噬一切。我们会吞噬大地，我们会改变河流的方向，我们从不安静，从不休息，而总是跑来跑去，寻找金银，从不满足，然后我们用它来赌博，发动战争，互相残杀；抢劫，发誓，从不说真话，剥夺了他们的生活资料。最后他们诅咒大海，因为它让这样邪恶无情的孩子来到世上。

      ——吉罗拉莫·本佐尼，《新世界的历史》，1565 年

      ……被酷刑和痛苦所征服，（妇女）不得不承认，她们确实崇拜华卡斯……她们哀叹道："现在我们女人……是基督徒；如果我们女人崇拜山，如果我们逃到山上和普纳高原，也许就该责怪牧师了，因为对我们来说这里没有公正可言。"

      ——费利佩·瓜曼·波马·德阿亚拉，《新纪事与良政》，

      1615 年

引 言

我所介绍的身体和猎巫的历史建立在了一个假设之上。"凯列班与女巫",这两个《暴风雨》中的人物概括了这个假设,他们象征着美洲印第安人对殖民化的抵抗。[1]我假设,在向资本主义过渡的过程中,新大陆人口遭受的奴役与欧洲人民(特别是妇女)所遭受的奴役之间存在着连续性。在这两种情况下,我们都看到整个社区离开他们的土地,出现了大规模的贫困化,"基督教化"运动被发起以破坏人们的自主权和共同体关系。我们还有一种持续的互相作用(cross-fertilization),即在旧世界发展起来的镇压形式被输送到新世界,然后又被重新运回欧洲。

两者的差异不应被低估。到了18世纪,由于黄金、白银和其他资源从美洲流入欧洲,一种国际分工已经形成。该分工通过不同的阶级关系和规训体系划分了新的全球无产阶级,标志着工人阶级内部经常性冲突的历史的开端。但是,欧洲和美洲人口所遭受的相似待遇足以证明存在一个支配资本主义发展的单一逻辑,以及这个过程中资本主义暴行的结构性特点。一个突出的例子是猎巫的做法被扩展到美洲殖民地。

在过去,历史学家认为通过巫术指控迫害妇女和男子的现象仅限于欧洲。唯一被承认的例外是塞勒姆女巫审判,它仍然是关于新世界猎巫的学术研究重点。然而,现在人们认识到,指控魔鬼崇拜在殖民美洲原住民的过程中也起到了关键作用。在这个问题上我必须特别提到两个文本,它们构成了我在本章讨论的基础。第一个是艾琳·西尔弗布拉特的《月亮、太阳和女巫》(1987),关于印加社会和秘鲁殖民时期猎巫和重新定义性别关系的研究。(据我所知)这是第一部用英语重构安第斯妇女被当作女巫迫害的历史著作。另一个是卢西亚诺·帕里内托的《女巫与权力》。这是一系列记录美洲猎巫对欧洲女巫审判的影响的文章，但作者坚持认为对女巫的迫害是不分性别的，因而有所瑕疵。

这两部作品都表明，在新世界，猎巫也是**当局用来灌输恐怖**、摧毁集体抵抗，使整个社区保持沉默并使其成员相互对抗的**一种蓄意策略。这也是一种圈地策略**，根据不同的环境，可以是圈地、圈身体或圈社会关系（enclosure of land, bodies or social relations）。最重要的是，在欧洲，猎巫是一种将人非人化的手段，其本身是一种典型的镇压形式，并使奴役和种族灭绝合理化了。

猎巫并没有摧毁被殖民者的抵抗。主要是由于妇女的斗争，美洲印第安人与土地、当地宗教及自然的联系在迫害之后仍然存在。它们是 500 多年来反殖民和反资本主义的抵抗的源泉。在地球上的原住民资源和生存方式正在受到新的攻击的时刻，这点对我们来说十分重要；因为我们需要重新思考征服者是如何努力征服那些被他们殖民的人的，以及是什么让后者能够颠覆这一计划，并在他们的社会和物质世界被破坏的情况下创造一个新的历史现实。

食人族的诞生

当哥伦布航行到"印度"的时候，欧洲的猎巫运动还没有成为一种大规模现象。然而，利用魔鬼崇拜作为打击政敌和诋毁整个民族（如穆斯林和犹太人）的武器，在精英阶层中已经很普遍了。不仅如此，正如西摩·菲利普斯所写，在中世纪的欧洲已经形成了一个"迫害型社会"（persecuting society），为军国主义和基督教的不容异说所滋养，它把"他者"主要视为侵略的对象（Phillips 1994）。因此，不足为奇的是，"食人族""异教徒""野蛮人""畸形种族"和魔鬼崇拜者成为欧洲人"进入新的扩张时代"的"民族志模型"（同上：62）。这为传教士和征服者解释他们遇到的民族的文化、宗教和性习俗提供了滤镜。[2] 其他的文化标记也促成了"印第安人"形象的发明。其中最污名化以及也许是投射了西班牙人劳动需求的形象是"赤身裸体"和"鸡奸"。这使美洲印第安人被定性为生活在动物状态下的人（因此可被变成役畜），尽管一些报告也强调他们倾向于分享（作为其兽性的标志），"用他们的一切来换取价值不大的东西"（Hulme 1994：198）。

将美洲原住民定义为食人族、魔鬼崇拜者和鸡奸者印证了下列说法是虚构的，即征服美洲是出于传教的使命，而非不加掩饰地追求金银财宝。这种说法在 1508 年帮助西班牙王室获得了教皇的祝福和对美洲教会的完全权威。在世人以及可能在殖民者自己眼中，它还消除了对他们对"印第安人"实施的暴行的任何制裁，从而成为他们杀人的许可证，而不论受害者会做什么。事实上，在新世界，"鞭子、绞刑架和枷锁、监禁、酷刑、强奸和偶尔的杀戮成为执行劳动规训的标准武器"（Cockcroft 1990：19）。

然而，在第一阶段，被殖民者作为魔鬼崇拜者的形象可以与更积极的甚至是田园诗般的形象并存。殖民者将"印第安人"描绘成无辜、慷慨的人，过着"没有劳作和暴政"的生活，让人想起神话中的"黄金时代"或人间天堂（Brandon 1986：6—

8; Sale 1991：100 — 101 ）。

　　这种描述可能是一种文学上的刻板印象，或者如罗伯托·雷塔马尔等人所言，是"野蛮人"形象的修辞对应物，表明欧洲人无法将他们遇到的人当作真正的人来看待。[3] 但这种乐观的观点也和征服美洲时期（从 1520 年到 1540 年）西班牙人仍然相信原住民会很容易被改变和征服一致（Cervantes 1994）。这是一个大规模洗礼的时期，当时人们以极大的热情说服"印第安人"变更名字，放弃他们的神和性习俗，特别是一夫多妻制和同性恋。有乳房的妇女被迫遮盖自己，穿着腰布的男人不得不穿上长裤（Cockcroft 1983：21）。但在这个时候，与魔鬼的斗争主要包括焚烧当地的"神明"，尽管在 1536 年（宗教裁判所被引入南美洲）和 1543 年之间，墨西哥中部的许多政治和宗教领袖被方济各会神父胡安·德苏玛拉加（Juan de Zumarraga）送上审判台并被烧死。

　　然而，随着征服美洲的进行，殖民者并没有留出任何适应调节的空间。当人们把自己的权力强加在其他民族身上时，不诋毁他们到认同消失的程度是不可能的。因此，尽管早先有关于温柔的泰诺人的颂歌，但一台意识形态机器发动了起来，它与军事机器相辅相成，将被殖民者描绘成"肮脏的"和从事各种可憎行为的恶魔。而以前被归为仅仅是缺乏宗教教育的罪行 —— 鸡奸、食人、乱伦、异装 —— 现在被视为"印第安人"受恶魔统治的标志。于是，他们可以被合理地剥夺土地和财产（Williams 1986：136 — 137）。关于这种形象的转变，费尔南多·塞万提斯在《新世界中的魔鬼》（*The Devil in The New World*，1994）中写道：

在 1530 年之前，很难预测这些观点中的哪一个会成为主导。然而，到了 16 世纪中叶，对美洲印第安人文化的（一种）消极的恶魔观念取得了胜利，它的影响就像浓雾一样笼罩着官方和非官方关于此问题的每一个声明上。（1994：8）

根据同时代"印第安人"的历史记录——如德戈马拉的（De Gomara 1556）和阿科斯塔的（Acosta 1590）——可以推测，这种观点的改变是由于欧洲人遇到了像阿兹特克和印加这样的帝国，它们的镇压机制包括献祭活人（Martinez et al 1976）。耶稣会会士约瑟夫·德阿科斯塔（Joseph de Acosta）于 1590 年在塞维利亚出版了《印第安自然与道德史》（*Historia Natural Y Moral de Las Indias*），其中有一些描述让我们生动地感受到西班牙人对大规模牺牲的排斥，特别是阿兹特克人的牺牲，涉及成千上万的年轻人（战争俘虏或购买的儿童和奴隶）。[4] 然而，当我们阅读巴托洛梅·德拉斯·卡萨斯（Bartolemé De Las Casas）关于毁灭印度群岛的记载或其他任何关于征服的记载时，我们不禁要问，为什么西班牙人会对这种实践感到震惊，他们自己不也是为了上帝和黄金而毫无顾忌地犯下难以言表的暴行吗？据科特兹说，1521 年，他们屠杀了 10 万人，只是为了征服特诺奇蒂特兰（Cockcroft 1983：19）。

同样，他们在美洲发现的食人仪式在征服美洲的记录中占有重要地位，然而这与当时在欧洲流行的医疗实践一定没有太大区别。在 16、17 世纪甚至 18 世纪，饮用人血（尤其是暴毙者的血）和木乃伊水（通过将人肉浸泡在各种烈酒中获得）是许多欧洲国家治疗癫痫和其他疾病的常见方法。此外，这种"涉及人肉、血液、心脏、头骨、骨髓和其他身体部位的食人行为并不限于社会的边缘群体，最体面的圈子里也在进行着这些活动"（Gordon-Grube 1988：406—407）。[5] 因此，西班牙人在16 世纪 50 年代后对原住民的恐惧不能简单地归结为文化冲击。它必须被看作内在于殖民化逻辑的反应，不可避免地对殖民者想奴役的人进行非人化并为之感到害怕。

西班牙人轻松地将征服美洲后席卷该地区的流行病所造成的高死亡率合理化，将其解释为上帝对印第安人卑劣行为的惩罚，从中我们就可以看出这一策略是多么成功。[6] 此外，1550 年在西班牙的巴利亚多利德，巴托洛梅·德拉斯·卡萨斯和西班牙法学家胡安·吉内斯·德塞普尔维达（Juan Gines de Sepulveda）就"印第安人"是否应被视为人类进行了辩论。如果没有将印第安人视为动物和魔鬼的意识形态运动，这是不可想象的。[7]

16 世纪 50 年代后开始在欧洲流传的描绘新世界生活的插图完成了将印第安人降格的任务。插图中有大量的裸体和食人宴会，让人想起女巫的巫魔会，她们以人头和肢体为主菜。这类文学作品的一个晚期例子是约翰·路德维希·戈特弗里德（Johann Ludwig Gottfried）编撰的《安提普德的生活》（*Le Livre des Antipodes*，1630）。其中展示了许多可怕的画面：妇女和儿童用人的内脏塞满自己，或者食人族围着烤架，一边看着烤制的人体残骸一边大吃特吃。先前，法国方济各会会员安德烈·特维（André Thevet）也为生产将美洲印第安人作为畜生存在的文化做出贡献。他在《法国南极洲的奇特之处》（*Les Singularitéz de la France Antarctique*，巴黎，1557）中描绘的插图以人类的四肢、烹饪和宴会为核心主题；还有《真实的历史》（*Wahrharftige Historia*，马尔堡，1557）一书作者汉斯·施塔登（Hans Staden）描述了他在巴西食人印第安人中做俘虏的情况（Parinetto 1998：428）。

征服美洲之后的欧洲出现了大量带有食人者用人体残骸填饱肚子的恐怖画面的旅行日志。德意志人 J. G. 阿尔登堡（J. G. Aldenburg）所描述的（巴西）巴伊亚的食人宴会

剥削、抵抗和妖魔化

　　反印第安人的宣传和反神明崇拜（anti-idolatry）的运动伴随着殖民化的进程。其中的一个转折点是西班牙王室在 16 世纪 50 年代决定向美洲殖民地引进一种更为严厉的剥削制度。这一决定由征服美洲后引入的"掠夺型经济"（plunder economy）的危机引发。财富的积累持续依赖对"印第安人"剩余物品的

巴伊亚的食人者以人类遗骸为食。这幅图展示了美洲印第安人群体烘烤和进食人类遗骸的情景，它使传教士开启的降格美洲原住民的工作变得完整

掠夺，而不是对他们劳动的直接剥削（Spalding 1984; Steve J. Stern 1982）。直到 16 世纪 50 年代，尽管有大屠杀和与赐封制度相关的剥削，西班牙人并没有完全破坏他们在殖民地区发现的自给自足的经济。相反，他们依靠阿兹特克人和印加人建立的进贡制度来积累财富。根据这一制度，指定的酋长〔墨西哥的卡锡奎兹（caciquez），秘鲁的酷拉卡斯（kuracas）〕向他们提供与当地经济存续相适应的商品和劳动配额。西班牙人征收的贡品比阿兹特克人和印加人对被征服者的要求要高得多；但这仍然不足以满足他们的需要。到 16 世纪 50 年代，他们发现劳

役作坊（obrajes，为国际市场生产商品的制造车间）与新发现的银矿和汞矿（如传说中的波托西矿）很难获得足够的劳动力。[8]

从原住民身上榨取更多工作的需要主要源自国内，即西班牙王室实际上是在美洲的金银上漂浮，购买西班牙国内不再生产的食品和商品。此外，掠夺来的财富为王室扩张欧洲领土提供了资金。战争非常依赖来自新世界的大量金银，以至于到了16世纪50年代，王室准备削弱受托管人（encomenderos）的权力，以便将印第安人的大部分劳动力用于开采白银，然后运往西班牙。[9]但对殖民化的抵抗正在增加（Spalding 1984：134—135；Stern 1982）。[10]正是为了应对这一挑战，墨西哥和秘鲁都向土著文化宣战，为强化严酷的殖民统治铺平道路。

在墨西哥，这一转变发生在 1562 年。在迭戈·德兰达省长的倡议下，一场反神明崇拜的运动在尤卡坦半岛展开。在这一过程中，4 500 多人被围捕，并被指控从事人祭活动而遭到残酷的折磨。然后他们受到精心策划的公开惩罚，这最终摧毁了他们的身体和士气（Clendinnen 1987：71—92）。他们受到的惩罚非常残酷（被鞭打得血流成河，在矿井中被奴役多年），以至于许多人死去或丧失工作能力；其他人逃离家园或自杀，因此工作结束了，地区经济也中断了。然而，德兰达发动的迫害是新殖民经济的基础，因为它向当地居民表明，西班牙人是要留下来的，旧神的统治已经结束（同上：190）。

在秘鲁，对魔法的第一次大规模打击发生在 16 世纪 60 年代，与塔基·乌克伊（Taki Onqoy）运动的兴起相吻合。[11]这是一场本土的千禧年运动，宣扬反对与欧洲人合作，主张地方神华卡斯的泛安第斯地区联盟，结束殖民化。塔基乌克教徒（Takionqos）把遭受的失败和死亡率的上升归咎于人们抛弃了当地神灵，鼓励人们拒绝基督教以及从西班牙人那里取得的名字、食物和衣服。他们还敦促人们拒绝西班牙人强加给他们的贡品和劳动提款票（labor drafts），并"停止穿（戴）来自西班牙的衬衫、帽子、凉鞋或任何其他衣服"（Stern 1982：53）。如果做到这一点——他们承诺——复兴的华卡斯神将扭转世界，并通过向西班牙人的城市散播疾病和发动洪水来摧毁他们，海平面的上升会抹去他们存在的任何记忆（Stern 1982：52—64）。

塔基乌克教徒呼吁泛安第斯地区以华卡神的名义统一，他们所带来的威胁是巨大的。该运动标志着一种新的身份意识的开始，并能克服与传统的阿尤利斯（ayullus，家庭单位）组织相关的分裂。用斯特恩的话说，这标志着安第斯山脉的人们第一次开始把自己当作一个民族，当作"印第安人"（Stern 1982：59）。事实上，这场运动传播得很广，"北到利马，东到库斯科，南到当代玻利维亚的拉巴斯"（Spalding 1984：246）。1567 年在利马召开的教会会议对此做出了回应。会议规定牧师应"消除印第安人难以计数的迷信、典礼和邪恶的仪式"。他们还要杜绝酗酒，逮捕巫医，最重要的是发现并摧毁与华卡斯崇拜有关的神龛和符咒。这些建议在 1570 年基多的一次会议上得到了重申，会议再次谴责说"这里有著名的巫医，他们……守护着华卡斯并与魔鬼进行精神交流"（Hemming 1970：397）。

华卡斯是祖先精神所化身的山脉、泉水、石头和动物。因此，它们受到集体的照顾、喂养和崇拜。每个人都认为它们与土地，与作为经济再生产核心的农业实践有着重要联系。在南美洲的一些地区，妇女显然还在与它们交流，以确保作物的健康生长（Descola 1994：191—214）。[12] 摧毁它们或禁止对它们的崇拜，就是对社区，对社区的历史根源，对人们与土地的关系以及他们与自然的强烈精神联系的攻击。西班牙人明白这一点。在16世纪50年代，他们开始有计划地摧毁任何类似于崇拜对象的东西。克劳德·鲍德兹（Claude Baudez）和悉尼·毕加索（Sydney Picasso）所写的关于方济各会对尤卡坦的玛雅人进行的反神明崇拜运动，也适用于墨西哥和秘鲁的其他地区。

"神明被摧毁，庙宇被烧毁，那些庆祝本土仪式和进行祭祀的人被处以死刑；诸如宴会、歌曲和舞蹈等庆典活动，以及被怀疑受到魔鬼启发的艺术和智力活动（绘画、雕塑、观察星星、象形文字）都被禁止，参加这些活动的人遭到无情的追杀。"（Baudez and Picasso 1992：21）

这一过程与西班牙王室要求的改革同步进行，后者增加了对原住民劳工的剥削，以确保更好地让金银流入其国库。首先，当地酋长必须为矿场和劳役作坊提供的劳动力配额大大增加了。新规则的执行由王室的当地代表（corregidore）监督，他有权在有人不遵守的情况下对其进行逮捕和其他形式的惩罚。此外还实施了一项搬迁计划［缩减地（reducciones）］，将大部分农村人口迁移到指定的村庄，以便将其置于更直接的控制之下。破坏华卡斯和迫害与之相关的祖先宗教对这两方面都有帮助，因为缩减地从对当地崇拜场所的妖魔化中获得了力量。

然而，很快就可以看出，在基督教化的掩护下，人们继续崇拜他们的神，就像他们在离开家园后继续回到他们的米尔帕斯（milpas，"田地"）一样。因此，对当地神灵的攻击非但没有减少，反而随着时间的推移而加剧，并在1619年至1660年期间达到高潮。这一时期殖民者在摧毁神像的同时还进行了真正的猎巫行动，这次特别针对妇女。卡伦·斯波尔丁描述了1660年由牧师审判官唐胡安·萨米恩托在瓦罗奇里地区的劳役

安第斯妇女被迫在劳役作坊工作，制造车间为国际市场生产。费利佩·瓜曼·波马·德阿亚拉绘制的场景

摊派（repartimiento）中进行的一次猎巫行动。首先是宣读反对神明崇拜的法令，并宣讲反对这种罪恶的布道。随后是由匿名线人秘密告发，接着是审问嫌疑人，使用酷刑逼供，然后是判刑和惩罚。在这种情况下，酷刑包括公开鞭打、流放和其他各种形式的羞辱。

> 被判刑的人被带到公共广场……他们被放在骡子和驴子身上，脖子上挂着大约 6 英寸①长的木制十字架。他们被命令从那天起就带着这些羞辱的标记。在他们的头上，宗教当局给戴上了中世纪的科罗萨（coroza），一种用纸板制

---

① 6 英寸等于 15.24 厘米。——编者注

成的圆锥形头罩，在欧洲天主教那里是臭名和耻辱的标志。在这些兜帽下，头发被剪去——这是安第斯人的一种羞辱标志。那些被判处接受鞭刑的人，背上都是裸露的。绳索套在他们的脖子上。他们在镇上的街道缓缓行进，前面有一个传布公告的宣读他们的罪行……在经历这种场面之后，这些人被带回来，有些人的背部被村里的刽子手挥舞着九尾鞭抽打了 20 下、40 下或 100 下，血流不止。(Spalding 1984：256)

斯波尔丁的结论是：

反神明崇拜运动是示范性的仪式，是针对观众和参与者的说教性戏剧作品，很像中世纪欧洲的公开绞刑。(同上：265)

他们的目的是恐吓民众，创造"死亡空间"（space of death）[13]，让潜在的反叛者因恐惧而瘫痪，从此宁愿接受任何事情也不愿面对那些被公开殴打和侮辱的折磨。在这一点上，西班牙人某种程度上是成功的。面对酷刑、匿名告发和公开羞辱，许多联盟和友谊破裂了；人们对神灵效力的信心减弱了，崇拜变成了个人的秘密行为，而不是像美洲被征服前一样的集体行为。

斯波尔丁认为，我们可以从指控的性质如何随着时间的推移而改变中，推断出社会结构受这些恐怖活动影响的程度。在 16 世纪 50 年代，人们可以公开承认他们和他们的社区对传统宗教的依恋。而到了 17 世纪 50 年代，他们被指控的罪行围绕着"巫术"。这是一种现在被当作秘密行为的实践，而且它们越来

费利佩·瓜曼·波马·德阿亚拉绘制的场景，表现了安第斯妇女和祖先宗教信徒的磨难。场景 1：一次反神明崇拜运动中的公开羞辱。场景 2：妇女"作为征服的战利品"。场景 3：被视为魔鬼的华卡斯通过梦境说话。场景 4：塔基乌克伊运动的一名成员与一名喝醉的印第安人在一起，他被表现为魔鬼的华卡斯抓住了［摘自史蒂夫·斯特恩（Steve J. Stern），1982］

越像欧洲对女巫的指控。例如在 1660 年发起的运动中，在瓦罗奇里地区，"当局发现的罪行……涉及治疗、寻找丢失的物品，以及其他可被统称为乡村'巫术'的活动"。然而，这次运动也显示出，尽管受到迫害，在社区眼中"祖先和华卡斯对他们的生存仍然至关重要"（Spalding 1984：261）。

美洲的妇女和女巫

"在 1660 年瓦罗奇里地区的调查中，大部分被定罪的人"都是妇女（32 人中有 28 人）（Spalding 198：258），这并不是一个巧合。正如妇女是塔基乌克伊运动中的主力一样，妇女最为强烈地捍卫旧的生存模式，反对新的权力结构，这可能是因为她们也是受其负面影响最大的。

妇女在前哥伦布社会中拥有很高的地位，这体现在她们的宗教中存在许多重要的女性神灵。1517 年，埃尔南德斯·德科尔多瓦到达尤卡坦半岛海岸外的一个岛屿，将其命名为女人岛（Isla Mujeres），"因为他们参观的寺庙里有许多女性神明"（Baudez and Picasso 1992：17）。征服前的美洲妇女有自己的组织，有社会认可的活动领域。虽然不能与男人平等，[14] 但在对家庭和社会的贡献方面，她们被认为是对男人的补充。

除了作为农民、家务劳动者和织工，女性负责生产日常生活中和仪式上穿的五颜六色的布。她们还是陶工、草药师、治疗师（curanderas）和女祭司（sacerdotisas），为家庭神灵服务。在墨西哥南部的瓦哈卡地区，她们与普拉奎-马盖伊（pulque-maguey）的生产有关。这种神圣的物质被认为是由神明发明的，并与马亚韦尔（Mayahuel）有关。马亚韦尔是一位大地母神，是"农民宗教的中心"（Taylor 1979：31—32）。

但随着西班牙人的到来，一切都改变了。因为他们带来了厌恶女性的信仰，并以有利于男性的方式重组了经济和政治权力。妇女还受到了传统酋长的伤害，为了维持他们的权力，他们开始接管公共土地，并剥夺社区女性成员对土地与水的使用权。因此，在殖民主义经济中，妇女沦为用人［为**受托管人**、**牧师**、**皇室官员**（corregidores）工作］或在劳役作坊做织工。妇女还被迫跟随丈夫在矿井中做米塔的工作 —— 人们认为这种命运比死亡更可怕 —— 因为在 1528 年，当局规定夫妻不能分开，所以妇女和儿童从那时起，除了为男工准备食物外，还可能被强迫做矿工。

另一个使妇女地位下降的原因是，西班牙的新立法宣布一夫多妻制为非法。因此，一夜之间，男人不得不与他们的妻子分开，或者将她们重新划分为女仆（Mayer 1981），而她们生下的孩子被贴上 5 种不同类型的私生子标签（Nash 1980：143）。具有讽刺意味的是，虽然一夫多妻制的婚姻被解散，但随着西班牙人到来，没有一个原住民妇女可以避免被强奸或侵占，因此，许多男人不再结婚，而是开始转头寻找公娼（Hemming 1970）。在欧洲人的幻想中，美洲本身就是一个躺着的裸体女人，诱惑着接近的白人陌生人。有时，是"印第安"男人自己把他们的女性亲属交给牧师或受托管人，以换取一些经济奖励或公共职位。

基于以下所有这些原因，妇女成了殖民统治的主要敌人。她们拒绝做弥撒，拒绝给孩子洗礼，也拒绝与殖民当局和牧师进行任何形式的合作。在安第斯山脉，一些人自杀并杀死了她们的儿子，这可能是为了避免他们去采矿，也可能是厌恶男性亲属对她们的虐待（Silverblatt 1987）。其他人则组织了她们的社区。她们在许多被殖民机构收编的当地酋长叛变之前，成为牧师、领袖和华卡斯的监护人，承担了她们以前从未行使过的职能。这解释了为什么妇女是塔基乌克伊运动的骨干。在秘鲁，她们还举行忏悔会，为人们与天主教神父见面做准备，建议他们告诉神父哪些事情是安全的，哪些事情是不应该透露的。在征服美洲之前，妇女只负责献给女性神灵的仪式，而在征服之后，她们在献给男性神灵的崇拜中成为助手或主祭——这在征服之前是被禁止的（Stern 1982）。她们还通过撤回到普纳高原来对抗殖民主义势力。在那里她们可以实践古老的宗教。正如艾琳·西尔弗布拉特所写：

> 土著男子为了逃避米塔和进贡制的压迫，往往放弃了自己的社区，在合并的庄园里当亚卡纳斯（yaconas，半农奴），而妇女则逃到了普纳高原。那里外人无法进入，而且离她们当地社区的搬迁地非常遥远。一旦到了普纳高原，妇女就拒绝接受压迫她们的力量和象征，不服从西班牙行政人员、神职人员以及她们自己的社区官员。她们还强烈反对殖民主义意识形态。这种意识形态强化了她们受到的压迫。她们拒绝做弥撒，参加天主教忏悔，或学习天主教教义。更重要的是，妇女不只是拒绝天主教；她们回归了自己的本地宗教，并尽其所能地恢复了她们的宗教所表达的社会关系的品质。（1987：197）

因此，通过将妇女作为女巫进行迫害，西班牙人既针对了旧有宗教的实践者，也针对了反殖民主义叛乱的煽动者，同时还试图重新定义"原住民妇女可以参与的活动领域"（Silverblatt 1987：160）。正如西尔弗布拉特所指出的，巫术的概念对安第斯社会是陌生的。在秘鲁也是如此，就像每一个前工业社会一样，许多妇女是"医学知识专家"，熟悉草药和植物的特性。她们也是占卜者，但基督教的魔鬼概念对她们来说是未知的。然而到了 17 世纪，在酷刑、严重的迫害和"强迫文化同化"（forced acculturation）的影响下，被捕的安第斯妇女——大多数又老又穷——都自诉犯了与欧洲女巫审判中的妇女同样的罪行：与魔鬼的契约和交配，开草药处方，使用药膏，在空中飞行，制作蜡像（Silverblatt 1987：174）。她们也供认敬奉石头、山脉和泉水以及喂养华卡斯。最糟糕的是，她们承认施法蛊惑了当局或其他有权力的人，导致他们死亡（同上：187—188）。

就像在欧洲一样，酷刑和恐怖被用来迫使被告供出其他人，从而扩大迫害的范围。但猎巫的一大目标即把女巫与社会其他成员隔离开来，并没有实现。安第斯女巫并没有变成弃儿。恰恰相反，"人们把她们作为**革命同志**（comadres），积极寻求她们。非正式的村庄聚会中需要她们在场，因为在被殖民者的意识中，巫术、对古老传统的维护以及有意识的政治抵抗越来越紧密地联系在一起"（同上）。事实上，古老的宗教得以保存下来主要归功于妇女的抵抗。与宗教相关的实践，其意义也发生了变化。崇拜活动被赶到地下，牺牲了其在征服前的集体性质，但人们与山脉以及华卡斯其他地点的联系并没有被破坏。

我们在墨西哥中部和南部也发现了类似的情况。那里的妇女，尤其是女祭司，在保护她们的社区和文化方面发挥了重要作用。在这个地区，根据安东尼奥·加西亚·德莱昂的《反抗

与乌托邦》(*Resistencia y Utopia*)所写，从殖民者的征服活动
伊始，妇女就"指挥或共同商议了所有伟大的反殖民主义起义"
(de Leon 1985, Vol. I: 31)。在瓦哈卡，妇女在人民起义中的
存在一直持续到 18 世纪，当时每 4 个案例中就有一个是妇女领
导了对当局的攻击，"而且明显更具侵略性、侮辱性和反叛性"
(Taylor 1979: 116)。在恰帕斯，她们也是维护旧有宗教和开展
反殖民化斗争的关键人物。因此，当 1524 年西班牙人发动战争
征服反叛的恰帕内科人时，是一位女祭司率领军队与他们作战。
妇女还参与了神明崇拜者和反抗者的地下网络，神职人员偶尔
会发现它们。例如，1584 年，主教佩德罗·德费里亚在访问恰
帕斯时被告知，当地印第安酋长中的一些人仍在奉行旧的邪教，
他们得到了妇女的建议，与她们一起进行肮脏的活动，如（类
似巫魔会的）仪式。其间他们混在一起，变成了男神和女神，
妇女负责求雨并把财富送给那些所要的人（de Leon 1985, Vol.
I: 76）。

　　基于这一记录，凯列班而非他的母亲西考拉克斯——女
巫——成了拉丁美洲的革命者抵抗殖民化的象征，就有讽刺意
味了。因为凯列班只能通过用他从主人那里学来的语言下诅咒
来反抗他的主人，从而在反抗中依赖他"主人的工具"。他还可
能被欺骗，相信他的解放可以通过强奸或者靠一些移民到新世
界的机会主义白人无产者的计谋来实现。他把他们当作神来崇
拜。相反，西考拉克斯，一个"强大到叫月亮都听她的话，支
配着本来由月亮操纵的潮汐"（《暴风雨》，第五幕，第一场）的
女巫，可能会教她的儿子欣赏本土的力量——土地、水、树木、
"自然的宝藏"——以及那些经过几个世纪的苦难至今仍在滋养
解放斗争的共同纽带。它们作为一种希望，已经萦绕在凯列班

的想象中：

> 不要怕。这岛上充满了各种声音和悦耳的乐曲，
> 使人听了愉快，不会伤害人。
> 有时成千的叮叮咚咚的乐器在我耳边鸣响。
> 有时在我酣睡醒来的时候，听见了那种歌声，
> 又使我沉沉睡去；那时在梦中便好像云端里开了门，
> 无数珍宝要向我倾倒下来；当我醒来之后，
> 我简直哭了起来，希望重新做一遍这样的梦。
>
> （《暴风雨》，第三幕）

欧洲女巫和"南美印第安人"（Indios）

新世界的猎巫是否对欧洲的事件产生了影响，还是说这两次迫害只是学习了欧洲统治阶级自中世纪以来通过迫害异端分子而形成的镇压策略？

我提出这些问题时，考虑到了意大利历史学家卢西亚诺·帕里内托提出的论点，他认为新世界的猎巫对欧洲的巫术意识形态的阐述以及欧洲猎巫的时间线产生了重大影响。

简言之，帕里内托的论点是，正是在美洲经验的影响下，欧洲的猎巫活动在 16 世纪下半叶成为一种大规模现象。因为在美洲，当局和教士确认了他们对魔鬼崇拜的观点，开始相信有整个女巫群体的存在。这种信念随后被他们应用于国内的基督教化运动。因此，欧洲国家从被传教士描述为"魔鬼之地"的新世界引进了**灭绝这样一种政治策略**，这大概是 16 世纪最后几

十年对胡格诺派的屠杀和大规模猎杀女巫的灵感来源（Parinetto 1998：417—435）。[15]

在帕里内托看来，这两场迫害之间存在重要联系的证据是欧洲的恶魔学家对来自印第安地区的报告的利用。帕里内托把重点放在了让·博丹身上，但他也提到了弗朗切斯科·马里亚·瓜佐。同时，他指出审判官皮埃尔·朗克尔的案例产生了"回旋效应"（boomerang effect）。在（巴斯克）拉布德地区为期几个月的迫害中，朗克尔把那里所有的人口都谴责为女巫。最后，帕里内托引用了一系列主题作为其论点的证据，这些主题在 16 世纪下半叶欧洲的巫术剧目中变得非常突出：食人、将儿童献给魔鬼、提及药膏和药物，以及将同性恋（鸡奸）与妖术相提并论 —— 他认为所有这些都是以新世界为基础的。

如何看待这一理论，以及如何在什么是可解释的和什么是推测性的之间划清界限？这是未来学术研究必须解决的一个问题。在此，我只谈几点看法。

帕里内托的论点很重要，因为它帮助我们消除了欧洲中心主义（这种中心主义一直是猎巫研究的特点），并有可能回答欧洲女巫被迫害所引起的一些问题。但它的主要贡献在于扩大了我们对资本主义发展的全球特征的认识，并使我们意识到在 16 世纪时欧洲已经形成了一个统治阶级，它全方位参与了世界无产阶级的形成 —— 从实践上、政治上和意识形态上，并在阐述其统治模式时不断地利用在国际上收集的知识。

至于它的主张，我们可以观察到，征服美洲之前的欧洲历史足以证明欧洲人不必跨越大洋就能找到消灭挡在他们面前的人的意愿。我们也有可能在不求助于新世界影响假设的情况下解释欧洲猎巫的时间线，因为在 16 世纪 60 年代和 17 世纪 20

年代之间的几十年里，整个西欧大部分地区出现了普遍的贫困
化和社会混乱。

更具暗示性的是，在从美洲猎巫的角度来重新思考欧洲的
猎巫行为时两者在主题和图像上的对应关系。给自己涂圣油的
主题是最能说明问题的，因为对阿兹特克人或印加人的祭司献
祭活人的描述，让人想起在那些恶魔学中描述的女巫在巫魔会
的准备工作。我们可以看到在阿科斯塔发现的以下段落中，它
将美洲人的实践解读为歪曲了基督教的习惯——通过涂抹圣油
让牧师就圣职：

> 墨西哥的神明祭司以如下方式为自己涂油。他们从脚
> 到头，包括头发都涂上油脂……他们涂抹的物质是普通的
> 茶，因为自古以来，茶一直是他们献给神灵的祭品，于是
> 备受崇拜……这是他们普通的油脂……除了他们去祭祀的
> 时候……或去存放神像的山洞时，他们用不同的油脂给自
> 己壮胆……这种油脂是由有毒物质制成的……青蛙、蝾
> 螈、毒蛇……用这种油脂他们可以变成魔法师（brujos）并
> 与魔鬼对话。（Acosta，第 262—263 页）

欧洲的女巫为了获得飞向巫魔会的力量，可能在身上涂抹
了同样的毒药（根据指控者的说法）。但我们不能假设这个主题
是在新世界产生的，因为 15 世纪的审判和恶魔学记载了妇女用
蟾蜍的血或儿童的骨头制作药膏。[16] 相反，有可能来自美洲的报
告确实使这些指控重新焕发了活力，增加了新的细节，赋予了
它们更多的权威性。

同样的考虑也可以用来解释巫魔会的图片和 16 世纪后期开

弗朗切斯科·马里亚·瓜佐,《巫术手册》(米兰,1608)。瓜佐是受美洲报告影响最深的恶魔学家之一。画像中的女巫围绕着从地下挖掘出来的尸体或从绞刑架上取下来的尸体,这让人联想到食人族的宴会

食人者在准备他们的食物。汉斯·施塔登的《真实的历史》(马尔堡,1557)

巫魔会的准备工作。16世纪的德意志版画

准备食人族的食物。汉斯·施塔登的《真实的历史》（马尔堡，1557）

始在欧洲出现的各种表现食人族的作品之间的图标对应关系。它还可以解释许多其他的"巧合"，例如欧洲和美洲的女巫都被指控将儿童献给魔鬼（见第 324—325 页的插图）。

猎杀女巫与全球化

美洲的猎巫运动一波接一波，一直持续到 17 世纪末。这时人口持续减少，殖民主义权力结构的政治和经济安全性得到加强，从而结束了这种迫害。因此，在见证了 16 世纪和 17 世纪众多反神明崇拜运动的同一地区，到了 18 世纪，宗教裁判所放弃了影响民众道德和宗教信仰的任何尝试，显然是估计它们不再能对殖民统治构成威胁。取而代之的是一种家长式的观点，即将神明崇拜和魔法实践视为无知者的缺点，不值得"理性的人"（la gente de razon，Behar 1987）考虑。从那时起，对魔鬼崇拜的关注将转移到巴西、加勒比海和北美发展中的奴隶种植园。在那里（从菲利普国王战争开始），英格兰殖民者为自己对美洲本土印第安人的屠杀辩护，把他们称为魔鬼的奴仆（Williams and Williams Adelman 1978：143）。

地方当局也以这个理由解释塞勒姆审判，理由是新英格兰人在魔鬼的土地上定居。正如科顿·马瑟多年后在回忆塞勒姆事件时写道：

> 我遇到了一些奇怪的事情……让我觉得这场莫名其妙的战争（无形世界的灵魂对塞勒姆人发动的战争）可能起源于印第安人，他们的首领是我们的一些俘虏所熟知的可

怕术士（sorcerer）和地狱般的巫师（conjurer），以及与恶
魔对话的人。（同上：145）

在这种情况下，重要的是，塞勒姆审判是由一个西印度奴
隶即提图巴的占卜引发的。她是首批被逮捕的人之一。而在
英语地区，最后一个被处决的女巫是一个黑人奴隶萨拉·巴西
特（Sarah Bassett），她于 1730 年在百慕大被杀（Daly 1978：
179）。事实上，到了 18 世纪，女巫已经变成了奥比巫术的非洲
实践者。种植园主害怕这种仪式，并将其妖魔化为煽动叛乱的
行为。

猎巫并没有随着奴隶制的废除从资产阶级的所有剧目中消
失。相反，资本主义通过殖民化和基督教化的全球扩张，确保
了这种迫害将被植入殖民社会的体内，并及时由被征服的社区
以自己的名义和针对自己的成员执行。

例如，在 19 世纪 40 年代，印度西部发生了一波烧死女巫
的事件。在这一时期，被当作女巫烧死的妇女比按照习俗殉夫
自焚（practice of sati）的妇女还要多（Skaria 1997：110）。这
些杀戮发生的背景是，殖民当局对生活在森林中的社区（在这
些社区中，妇女拥有权力的程度远远高于居住在平原的种姓社
会）的攻击以及殖民者对女性权力的贬低，导致对女性神的崇
拜下降，从而引起了社会危机（同上：139—140）。

猎巫在非洲也很流行，在许多国家，特别是那些曾经卷入
奴隶贸易的国家（如尼日利亚和南非），猎巫作为一种重要的
分裂手段至今仍在继续。在那里，猎巫也伴随着资本主义的兴
起所带来的妇女地位下降，以及近年来因新自由主义计划的强
化而加剧的资源争夺战。人们拼死竞争着那些正在消失的资源，

结果 20 世纪 90 年代在北德兰士瓦省，数十名妇女被猎杀，大部分是老人和穷人，仅在 1994 年前 4 个月就有 70 人被烧死。肯尼亚、尼日利亚、喀麦隆在 20 世纪 80 年代和 90 年代也有猎巫的报道。与此同时，国际货币基金组织和世界银行实施了结构调整政策，导致了新一轮的圈地运动，并在人民中间造成了空前的贫困化。[17]

20 世纪 80 年代前，尼日利亚的无辜女孩们承认杀害了几十个人。而在其他非洲国家，人们向政府请愿，乞求政府更有力地控诉女巫。同时在南非和巴西，老年妇女被邻居和亲戚以巫术的罪名杀害。同时，一种新的巫术信仰正在发展。这类似于迈克尔·陶西格在玻利维亚的记录，穷人怀疑新贵通过非法的超自然手段获得财富，并指责他们想把受害者变成僵尸，以便为其工作（Geschiere and Nyamnjoh 1998：73—74）。

目前在非洲或拉丁美洲发生的猎巫事件在欧洲和美国很少被报道。这就像 16 世纪和 17 世纪的猎巫事件一样，在很长一段时间内，历史学家对其兴趣不大。即使有报道，它们的意义也通常被忽略，因为人们普遍认为这种现象属于一个遥远的时代，与"我们"无关。

但是，如果我们把过去的教训应用到现在，我们就会意识到，20 世纪 80 年代和 90 年代在世界许多地方重新出现的猎巫现象是"原始积累"过程的明显标志。这意味着土地和其他公共资源的私有化、大规模贫困化、掠夺以及在曾经团结的社区中播下分裂的种子再次被提上世界议程。"如果事情继续这样发展下去"——一个塞内加尔村庄的长者对一位美国人类学家说道，他们对未来感到担忧，"我们的孩子会吃掉彼此"。事实上，这就是猎巫的结果，无论是自上而下作为给抵抗掠夺的行为定

女巫的非洲化反映在"女纵火犯"的漫画中。请注意她非同寻常的耳环、帽子和非洲人的特征。这表明女公社成员和"野性的"非洲妇女之间的亲缘关系，后者向奴隶们灌输了造反的勇气。法国资产阶级的想象中便萦绕着这样的政治野兽（political savagery）的例子

罪的手段，还是自下而上作为占据日益减少的资源的手段，就如今天非洲的一些地方似乎发生的那样。

在一些国家，这一过程仍然需要调动女巫、幽灵和魔鬼。但我们不应自欺欺人地认为这不是我们关心的问题。正如阿瑟·米勒在他对塞勒姆审判的解释中已经看到的，只要我们把对女巫的迫害从其玄学的外衣中剥离出来，我们就会在其中发现非常接近当下社会的现象。

注　释

1. 事实上，西考拉克斯女巫并没有像凯列班那样进入拉丁美洲的革命想象中；她仍然是不可见的，就像长期以来妇女反对殖民化的斗争的样子。至于凯列班，他所代表的东西在古巴作家罗伯托·费尔南德斯·雷塔马尔（Roberto Fernandez Retamar）（1989：5—21）的一篇有影响力的文章中得到了很好的表达：

> 我们的象征不是精灵爱丽儿……而是凯列班。这是我们这些凯列班所居住的这些岛屿上的混血儿居民特别清楚看到的东西。普洛斯彼罗入侵了这些岛屿，杀死了我们的祖先，奴役了凯列班，并教他语言，让他明白自己的身份。凯列班除了用同样的语言——今天他没有其他语言——来诅咒他，还能做什么呢……？从图帕克·阿马鲁……图桑·洛韦尔图尔、西蒙·玻利瓦尔……何塞·马蒂……菲德尔·卡斯特罗……切·格瓦拉……弗朗茨·法农——如果不是凯列班的历史和文化，那么我们的历史是什么，我们的文化是什么？（第14页）

关于这个问题，也可以参见玛格丽特·保罗·约瑟夫（Margaret

Paul Joseph），她在《流亡的凯列班》（*Caliban in Exile*，1992）中写道："普洛斯彼罗和凯列班因此为我们提供了殖民主义的有力隐喻。这种解释的一个分支是凯列班的抽象状态，他是历史的受害者，因为知道自己完全无能为力而感到沮丧。在拉丁美洲，这个名字以一种更积极的方式被采用，因为凯列班似乎代表了正在努力反抗精英压迫的群众。"（1992：2）

2. 弗朗西斯科·洛佩斯·德戈马拉在他的《印第安通史》（*Historia General de Las Indias*，1551）中报告了关于伊斯帕尼奥拉岛的情况，他能非常肯定地宣布，"他们在这个岛上的主要神是魔鬼"，而且魔鬼生活在女人中间（de Gomara：49）。同样，阿科斯塔在《印第安自然与道德史》（1590）第五册中讨论了墨西哥和秘鲁居民的宗教和习俗，专门介绍了他们对魔鬼的多种崇拜形式，包括献祭活人。

3. "加勒比人/食人族的形象，"雷塔马尔写道，"与另一个形象形成对比，即哥伦布笔下出现的美洲人：大安的列斯群岛的阿鲁阿科（Aru-aco）——主要是我们的泰诺人——他描述的是和平、温顺，甚至胆小、懦弱。对美洲原住民的两种看法都将在欧洲大肆流传……泰诺人将被转化为乌托邦世界的天堂居民……另一方面，加勒比人将成为食人族——位于文明边缘的兽性的食人者，必须与之对立，直至其死亡。但是，这两种设想之间的矛盾并没有乍看之下那么大。"每一幅图像都对应着殖民主义的干预——假定其有权控制加勒比地区原住民的生活——雷塔马尔认为这种干预一直持续到现在。雷塔马尔指出，这两种形象之间亲缘关系的证明是，温和的泰诺人和凶残的加勒比人都被灭绝了（同上：6—7）。

4. 在阿科斯塔对印加人和阿兹特克人宗教习俗的描述中，活人献祭占据了很大的位置。他描述了在秘鲁的一些庆典活动中甚至有三四百个两岁到四岁的儿童被献祭——用他的话说，"惨无人道的景象（duro e inhumano spectaculo）"。其中，他还描述了70名在墨西哥战斗中被俘的西班牙士兵的牺牲，和德戈马拉一样，他非常肯定地指出这些杀戮是魔鬼的杰作（第 250 页之后）。

5. 在新英格兰，医生们使用"用人的尸体"制成的药方。其中最受欢迎的是"木乃伊"，它被普遍推荐为治疗各种问题的灵丹妙药，是用干燥或防腐的尸体残骸配制的药方。至于饮用人血，戈登-格鲁伯写（Gordon-Gruber）道："出售被砍头的罪犯的血是刽子手的特权。血液仍然是热的，提供给癫痫病人或其他在行刑地点成群结队等待的顾客，他们'手里拿着杯子'。"（1988：407）

6. 沃尔特·L. 威廉姆斯写道：

> 西班牙人没有意识到为什么印第安人会因疾病而消瘦，而是认为这表明上帝消灭异教徒是上帝计划的一部分。奥维多总结说："上帝允许他们被消灭并非没有原因。而且我毫不怀疑，由于他们犯下的罪过，上帝很快就会消灭他们。"在给国王的谴责玛雅人接受同性恋行为的信中，他进一步说："我希望提到这一点，以便更强烈地宣布上帝惩罚印第安人的罪过，以及他们没有得到上帝怜悯的原因。"（Williams 1986：138）

7. 塞普尔维达支持奴役印第安人的理论基础是亚里士多德的"自然奴隶"学说（Hanke 1970：16ff.）。

8. 该矿是在 1545 年发现的，比拉斯·卡萨斯和塞普尔维达之间的辩论早了 5 年。

9. 到 16 世纪 50 年代，西班牙王室的存亡非常依赖美洲金银（需要它来支付打仗的雇佣兵），以至于王室扣押了随私人船只而来的金银货物。这些船通常运回那些参加过征服美洲行动、现在正准备在西班牙退休的人的存款。因此，数年来，侨民和王室之间爆发了冲突，导致新的立法限制了前者的权力积累。

10. 恩里克·迈尔（Enrique Mayer）的《向王室进贡》（*A Tribute to the Household*，1982）对这种抵抗进行了有力的描述，该书描述了著名的拜访活动（visitas），这些活动是受托管人用来向各村庄确定每个社区欠他们和王室的贡金的。在安第斯山脉的山村里，在它到达前几个小时人们发现了骑兵的队伍，许多年轻人因此逃离村庄，孩子们被重新安排在不同的家里，资源被藏起来。

11. "塔基·乌克伊"这个名字描述了运动中使参与者着迷的舞蹈狂喜。

12. 菲利普·迪斯科拉写道，在生活在亚马孙河上游的阿丘雅人（Achuar）中，"高效园艺作业的必要条件取决于与花园的守护神农魁（Nunkui）的直接、和谐和持续的交流"（第 192 页）。这是每个妇女都会做的，方式是对她花园里的植物和草药唱"发自内心的"秘密歌曲和念神奇咒语，敦促它们生长（同上：198）。一个女人和保护她的花园的神灵之间的关系是如此亲密，以至于当她死后，"她的花园也跟着死了，因为除了她的未婚女儿之外，没有其他女人敢踏入这种自己并未开启的关系"。至于男人，他们"因此完全没能力在需要时取代他们的妻子……当一个男人不再有任何女人（母亲、妻子、姐妹或女儿）来耕种他的花园和准备他的食物时，他别无选择，只能自杀"（Descola 1994：175）。

13. 迈克尔·陶西格在《萨满教、殖民主义与野人》（1991）中论述了恐怖在美洲建立殖民霸权中发挥的作用：

> 无论我们就霸权是如何迅速实现的得出何种结论，忽视恐怖的作用都是不明智的。我的意思是我们要通过恐怖来思考，恐怖除了是一种生理状态外，也是一种社会状态，它的特殊性使它能够成为殖民霸权的优秀调解人：印度人、非洲人和白人在**死亡空间**里诞生了一个新世界。（第 5 页）（黑体为我所加）

然而，陶西格补充说，**死亡空间**也是一个"转化的空间"（space of transformation），因为"通过接近死亡的经验，很可能会有对生命更生动的感觉；通过恐惧，不仅会有自我意识的增长，而且会有自我的分裂，然后失去那个服从权威的自我"（同上：7）。

14. 关于征服前的墨西哥和秘鲁的妇女地位，分别见琼·纳什（1978，

1980）、艾琳·西尔弗布拉特（1987）和玛丽亚·罗斯特沃斯基（Maria Rostworowski，2001）。纳什讨论了在阿兹特克人统治下妇女权力的下降，它与她们从"基于亲属关系的社会……到阶级结构的帝国"的转变相对应。她指出，到15世纪，随着阿兹特克演变成一个战争驱动的帝国，严格的性别分工出现了；同时，妇女（被击败的敌人）成为"胜利者分享的战利品"（Nash 1978：356，358）。同时，女性神灵被男性神灵，尤其是嗜血的威齐洛波契特里（Huitzi-lopochtli）取代，尽管她们继续受到普通人的崇拜。然而，"阿兹特克社会中的女性仍有许多专长，她们是独立的陶器和纺织品的手工业者，也是女祭司、医生和商人。西班牙的发展政策（相反），由牧师和王室行政人员执行，将家庭生产转移到男性经营的手工业商店和磨坊"（同上）。

15. 帕里内托写道，"圣巴托洛缪之夜"之后，在法国新教徒的意识和文学中，美洲印第安"野蛮人"的灭绝与胡格诺派之间的联系非常明显，这间接影响了蒙田关于食人族的文章，并以完全不同的方式影响了让·博丹，使他将欧洲女巫与吃人并从事鸡奸活动的印第安人联系起来。帕里内托引用法国的资料，认为（野蛮人和胡格诺派之间的）这种关联在16世纪的最后几十年达到了高潮。当时西班牙人在美洲进行的大屠杀（包括1565年在佛罗里达屠杀数千名被指控为路德派的法国殖民者）成为反对西班牙统治的斗争中"广泛使用的政治武器"（Parinetto 1998：429—430）。

16. 我特别指的是15世纪40年代宗教裁判所在多菲内地区进行的审判，其间一些穷人（农民或牧羊人）被指控烹煮儿童，用儿童的身体制作魔法粉（Russell 1972：217—218）；以及对于斯瓦比亚多米尼加人约瑟夫·奈德（Joseph Naider）的作品《蚁巢》（Formicarius，1435），我们在其中看到，女巫"煮他们的孩子，把他们煮熟，吃他们的肉，喝锅里剩的汤……她们用固体物质制作神奇的药膏或软膏，这是谋杀儿童的第三个原因"（同上：240）。罗素指出："这种药膏或软膏是15世纪及以后的巫术中最重要的元素之一。"（同上）

17. 关于"如何将对（非洲）巫术的重新关注明确概念化为与现代变化有关"，见 1998 年 12 月的《非洲研究评论》（*African Studies Review*），这一期专门讨论了这个问题。特别参见 Diane Ciekawy and Peter Geschiere's "Containing Witchcraft: Conflicting Scenarios in Post-colonial Africa" (ibid: 1–14)。也见 Adam Ashforth, *Witchcraft, Violence and Democracy in South Africa*（Chicago：Univ. of Chicago Press, 2005）和艾利森·伯格（Allison Berg）制作与导演的纪录片《流亡的女巫》（*Witches in Exile*）（California Newsreel，2005）。

参考文献

Abbott, L. D. (1946). *Masterworks of Economics.* New York: Doubleday. Accati, L. *et al.* (1980). *Parto e Maternita: momenti della biografra femminile.Quaderni Storici/*44 Ancona-Roma/Agosto 1980.

Acosta, Joseph El P. (1590). *Historia Natural Y Moral de Las Indias.* Mexico: Fondo de Cultura Economica, 1962 (second revised edition).

Alighieri, Dante. (13xx). *Divina Commedia.* Edited by Mario Craveri. Napoli: II Girasole, 1990.

Allen, Sally G. and Johanna Hubbs. (1980). "Outrunning Atalanta: Feminine Destiny in Alchemical Transmutation." *Signs:Journal ofWomen in Culture and Society,* 1980,Winter, vol. 6, no. 2, 210–229.

Amariglio, Jack L. (1988). "The Body, Economic Discourse, and Power: An Economist's Introduction to Foucault." *History of Political Economy,* vol. 20, n. 4. Durham, NC: Duke University Press.

Amin, Samir. (1974). *Accumulation on a World Scale: A Critique of the Theory of Underdevelopment.* Vol. 1. New York: Monthly Review Press.

_____. (1976). *Unequal Development. An Essay on the Formation of Peripheral Capitalism.* New York: Monthly Review Press.

Amman, Jost and Hans Sachs. (1568). *The Book of Trades.* New York: Dover, 1973.

Anderson, A. and R. Gordon. (1978)."Witchcraft and the Status of Women: The Case of England." *British Journal of Sociology.* Vol. 29, n. 2, June 1987.

Anderson, Perry. (1974). *Passages From Antiquity to Feudalism.* London:Verso, 1978.

Andreas, Carol. (1985). *When Women Rebel. The Rise of Popular Feminism in Peru.* Westport (CT): Lawrence Hill & Company.

Ankarloo, Bengt and Gustav Henningsen, eds. (1993). *Early Modern European Witchcraft: Centers and Peripheries.* Oxford: Clarendon Press.

Anohesky, Stanislav. (1989). *Syphilis, Puritanism and the Witch-hunt.* New York: St. Martin's Press.

Appleby, Andrew B. (1978). *Famine in Tudor and Stuart England.* Stanford (CA): Stanford University Press.

Ariés, Philippe. (1972). "On the Origin of Contraception in France." In Orest and Patricia Ranum eds., *op.cit.* (1972), 11–20.

Ashforth, Adam. (1995). "Of Secrecy and the Commonplace:Witchcraft and Power in Soweto." Unpublished Manuscript. [APABB@CUNYVM.CUNY. EDU].

_____. (1998). "Reflections on Spiritual Insecurity in Soweto." *African Studies Review.* Vol. 41, No. 3, December.

Bacon, Francis. (1870). *The Works of Francis Bacon.* London: Longman.

_____.(1870). *The Advancement of Learning.* In Works,Vol.III. London: Longman.

_____.(1974). *The Advancement of Learning and New Atlantis.* Oxford: Clarendon Press.

Baden, John A. and Douglas S. Noonan.(1998). *Managing the Commons.* 2nd ed. Bloomington (IN): Indiana University Press.

Badinter, Elizabeth.(1980). *L'Amour en plus. Histoire de I'amour maternel. XVII–XX siècles.* Paris: Flammarion.

_____. (1987)."Maternal Indifference." InToril Moi, ed,, *op.cit.* (1987), 150–178.

Baillet, Adrien. (1691). *La Vie de Monsieur Descartes.* Geneve: Slatkine Reprints, 1970.

Bainton, Roland H. (1965). *Here I Stand: The Life of Martin Luther.* NewYork: Penguin Books.

Bakhtin, Mikail. (1965). *Rabelais and His World.* (Translated from the Russian). Cambridge, MA: MIT Press.

Bales, Kevin. (1999). *Disposable People: New Slavery in the Global Economy.* Berkeley, University of California Press.

Barber, Malcolm. (1992). *The Two Cities: Medieval Europe 1050–1320.* New York: Roudedge.

Barker, Anthony. (1978). *The African Link. British Attitudes to the Negro in the Era of the Atlantic Slave Trade. 1550–1807.* London: Frank Cass, Inc.

Barnes, Barry, and Steven Shapin, eds. (1979). *Natural Order: Historical Studies of Scientific Culture.*Thousand Oaks, CA: Sage.

Baroja, Julio Caro. (1961). *The World of the Witches.* Chicago: University of Chicago Press, 1973.

Barry, J., M. Hester and G. Roberts, eds. (1996). *Witchcraft in Early Modern Europe: Studies in Culture and Belief.* Cambridge: Cambridge University Press.

Bartlett, Robert. (1993). *The Making of Europe: Conquest, Colonization and Cultural Change: 950–1350.* Princeton: Princeton University Press.

Bassermann, Lujo. (1967). *II Mestiere Piú Antico.* (Translated from the German). Milano: Edizioni Mediterranee.

Barstow, Anne Llewellyn. (1994). *Witchcraze: A New History of the European Witch Hunts, Our Legacy of Violence Against Women.* New York: Pandora HarperCollins.

Baudez, Claude and Sydney Picasso. (1987). *Lost Cities of the Mayas.* New York: Harry N. Abrams, Inc., Publishers, 1992.

Baumann, Reinhard. (1996). *I Lanzichenecchi. La loro storia e cultura dal tardo Medioevo alla Guerra dei trent'anni.* (Translated from the German).Torino: Einaudi.

Baumgartner, Frederic J. (1995). *France in the Sixteenth Century.* New York: St. Martin's Press.

Bayle, Pierre. (1697). *Dictionaire Historique et Critique.* Rotterdam: R. Leers.

_____.(1965). *Historical and Critical Dictionary: Selections.* Edited by Richard H. Popkin. Indianapolis: Bobbs-Merrill.

Beckles, Hilary McD. (1989). *Natural Rebels. A Social History of Enslaved Black Women in Barbados.* New Brunswick (NJ): Rutgers University Press.

Beckles, Hilary. (1995). "Sex and Gender in the Historiography of Caribbean Slavery." In Shepherd, Brereton, and Bailey, eds. *op. cit.,* (1995),125–140.

Beckles, Hilary and Verene Shepherd eds. (1991). *Caribbean Slave Society and Economy: A Student Reader.* New York: The New Press.

Becker Cantarino, Barbara. (1994). "'Feminist Consciousness' and 'Wicked Witches': Recent Studies on Women in Early Modern Europe." *Signs:Journal of Women in Culture and Society,* 1994, vol. 20, no. 11 .

Beer, Barrett L. (1982). *Rebellion and Riot: Popular Disorder in England During the Reign of Edward VI.* Kent (OH): The Kent State University Press.

Beier, A. L. (1974). "Vagrants and the Social Order in Elizabethan England." *Past and Present,* no. 64, August, 3–29.

_____.(1986). *Masterless Men.The Vagrancy Problem in England, 1560–1640.* London: Methuen.

Behar, Ruth. (1987). "Sex and Sin,Witchcraft and the Devil in Late-Colonial Mexico."*American Ethnologist.Vol.* 14, no. l, February, 34–54.

Beloff, Max. (1962). *The Age of Absolutism: 1660–1815.* New York: Harper and Row.

Bennett, H. S. (1937). *Life on the English Manor. A Study of Peasant Conditions. 1150–1400.* Cambridge: Cambridge University Press, 1967.

Bennett, Judith M. (1988). "Public Power and Authority in the Medieval English Countryside." In Erler and Kowaleski, eds., *op. cit.,* (1988).

_____. *et al.,* eds. (1976). *Sisters and Workers in the Middle Ages.* Chicago: The University of Chicago Press.

Benzoni, Girolamo. (1565). *La Historia del Mondo Nuovo.* (Venezia). Milano 1965.

Bercé, Yves-Marie. (1986). *History of Peasant Revolts: The Social Origins of Rebellion in Early Modem France.* (Translated from the French). Ithaca (NY): Cornell University Press, 1990.

Birrell, Jean. (1987). "Common Rights in the Medieval Forest: Disputes and Conflicts in the Thirteenth Century." *Past and Present,* no. 117, November, 22–49.

Black, George F. (1938). *A Calendar of Cases of Witchcraft in Scotland, 1510–1727.* (1971 edition).New York: Arno Press Inc.

Blaut J. M. (1992). *1492. The Debate on Colonialism, Eurocentrism and History.*Trenton (NJ):Africa World Press.

_____. (1992a)."1492." In Blaut (1992), pp. 1–63.

Blickle, Peter. (1977). *The Revolution of 1525: The German Peasant War From a New Perspective.* (Translated from the German). Baltimore: John Hopkins University Press.

Blok, Petrus Johannes. (1898). *History of the People of the Netherlands: Part 1. From the Earliest Times to the Beginning of the Fifteenth Century.* New York: G. P. Putnam's Sons.

Bloom, Harold, ed. (1988). *William Shakespeare. The Tempest.* New York: Chelsea House Publishers.

Boas, George. (1966). *The Happy Beast.* New York: Octagon Books.

Bodin, Jean. (1577). *La Republique.* Paris.

_____. (1992). The *Six Books of a Commonwealth.* Cambridge:Cambridge University Press.

Boguet, Henry. (1603). *An Examen of Witches.* (Translated from the French). Edited by Rev. Montague Summers. New York: Barnes and Noble, 1971.

Boime, Albert. (1995). *Art and the French Commune: Imagining Paris After War and Revolution.* Princeton: Princeton University Press.

Boissonnade, P. (1927). *Life and Work in Medieval Europe.* New York: Alfred A. Knopf.

Bolton, J. L. (1980). *The Medieval English Economy. 1150–1500.* London:J. M. Dent & Sons Ltd., 1987.

Bono, Salvatore. (1999). *Schiavi Mussulmani nell'Italia Moderna. Caleotti, Vú cumpra, domestici.* Napoli: Edizioni Scientifiche Italiane.

Bordo, Susan. (1993). *Unbearable Weight: Feminism, Western Culture and the Body.* Berkeley: University of California Press.

Bosco, Giovanna and Patrizia Castelli, eds. (1996). *Stregoneria e Streghe nell'Europa Moderna.* Convegno Internazionale di Studi, Pisa 24–26 Marzo 1994. Pisa: Biblioteca Universitari di Pisa.

Bostridge, Ian. (1997). *Witchcraft and Its Tranformations, 1650–1750.* Oxford: Clarendon Press.

Boswell, John. (1980). *Christian Tolerance and Homosexuality: Gay People in Western Europe from the Beginning of the Christian Era to the Fourteenth Century.* Chicago: Chicago University Press.

Botero, Giovanni. (1588). *Delle cause della grandezza delle città.* Roma.

Bottomore, Tom, ed. (1991). *A Dictionary of Marxist Thought.* Oxford: Basil Blackwell.

Bovenschen, Silvia. (1978). "The Contemporary Witch, the Historical Witch and the Witch Myth." *New German Critique,* no. 15, Fall, 83ff.

Bowie, John. (1952). *Hobbes and His Critics: A Study in Seventeenth Century Consti-*

tutionalism. London: Oxford University Press.

Boxer, C. R. (1962). *The Golden Age of Brazil: 1965–1750.* Berkeley: University of California Press.

Bradley, Harriett. (1918). *The Enclosures in England: An Economic Reconstruction.* New York: AMS Press, 1968.

Braidotd, Rosi. (1991). *Patterns of Dissonance. A Study of Women in Contemporary Philosophy.* New York: Routledge.

Brandon, William. (1986). *New Worlds For Old: Reports from the New World and their Effect on the Development of Social Thought in Europe, 1500–1800.* Athens: Ohio University Press.

Braudel, Fernand. (1949). *The Mediterranean and the Mediterranean World in the Age of Philip the II.* Volume I and II. (Translated from the French). New York: Harper and Row, 1966.

_____. (1967). *Capitalism and Material Life, 1400–1800.* (Translated from the French). New York: Harper and Row, 1973.

_____. (1979). *The Wheels of Commerce: Civilization and Capitalism, 15th–18th Century* Vol. 2. New York: Harper and Row, 1982.

Brauner, Sigrid. (1995). *Fearless Wives and Frightened Shrews:The Construction of the Witch in EarlyModern Germany.* Edited with an Introduction by Robert H. Brown. Amherst: University of Massachusetts Press.

Brenner, Robert. (1982). "Agrarian Roots of European Capitalism." *Past and Present,* no. 97, November, 16–113.

Brian and Pullan, eds. (1968). *Crisis and Change in the Venetian Economy in the Sixteenth and Seventeenth Century.* London: Methuen.

Bridenthal, Renate and Claudia Koonz eds. (1977). *Becoming Visible: Women in European History.* New York: Houghton Mifflin Co.

Briggs, K. M. (1962). *Pale Ecate's Team.* London: Routledge and Kegan Paul.

Briggs, Robin. (1996). *Witches and Neighbours:The Social and Cultural Context of European Witchcraft.* London: Penguin.

Brink, Jean R., *et al,* eds. (1989). *The Politics of Gender in Early Modem Europe.* Vol. 12 of *Sixteenth Century Essays and Studies.* Edited by Charles G. Nauert, Jr. Kirksville (MO): Sixteenth Century Journal Publishers, Inc.

Britnell, R. H. (1993). *The Commercialization of English Society, 1000–1500.* Cambridge: Cambridge University Press.

Brown, Judith and Robert C. Davis, eds. (1998). *Gender and Society in Renaissance Italy.* New York: Longman.

Brown, Paul. (1988). "'This Thing of Darkness I Acknowledge Mine': *The Tempest* and The Discourse of Colonialism." In Bloom, *op. cit.,* (1988), 131–152.

Browne, Thomas Sir. (1643). *Religio Medici.* London:J. M. Dent & Sons, 1928.

Browning, Robert. (1975). *Byzantium and Bulgaria:A Comparative Study Across the*

Early Medieval Frontier. Berkeley: University of California Press.

Brundage, James. (1987). *Love, Sex and Christian Society in Medieval Europe.* Chicago: Chicago University Press.

Brunner, Otto. (1974). "Il Padre Signore." In Manoukian ed., *op. cit.,* (1974), 126–143.

Buenaventura-Posso, Elisa and Susan E. Brown. (1980). "ForcedTransition from Egalitarianism to Male Dominance:The Bari of Columbia." In Etienne and Leacock, eds. *op. cit.,* (1980).

Bullough.Vem L. (1976). *Sex, Society, and History.* New York: Science History Publications.

Bullough, Vern and Bonnie Bullough. (1993). *Crossdressing, Sex and Gender.* Philadelphia: University of Pennsylvania Press.

Burguiere, André, *et al.* (1996). *A History of the Family. Volume Two. The Impact of Modernity.* Cambridge (Mass): Harvard University Press.

_____.and François Lebrun. (1996). "Priests, Prince and Family." In Burguière, et al. *op. cit.,* (1996), 96–160.

Burke, Peter. (1978). *Popular Culture in Early Modern Europe.* New York: New York University Press.

_____.ed. (1979). *The New Cambridge Modern History Supplement.* Cambridge: Cambridge University Press.

Burkhardt, Jacob. (1927). *La Civiltá del Rinascimento in Italia,* Vol. 2. (Translated from the German). Firenze: Sansoni.

Burt, Richard and John Michael Archer, eds. (1994). *Enclosures Acts. Sexuality, Property, and Culture in Early Modern England.* Ithaca (NY): Cornell University Press.

Burton, Robert. (1621). *The Anatomy of Melancholy. What It Is, With All The Kinds, Causes, Symptomes, Prognostickes & Severall Cures Of It.* New York: Random House,1977.

Bush, Barbara. (1990). *Slave Women in Caribbean Society: 1650–1838.*Bloomington (IN):Indiana University Press.

Butler, Judith. (1999). *Gender Trouble. Feminism and the Subversion of Identity.* New York: Routledge.

Byrne, Patrick. (1967). *Witchcraft in Ireland.* Cork: The Merrier Press.

Caffentzis, George. (1989). *Clipped Coins, Abused Words and Civil Government: John Locke's Philosophy of Money.* New York: Autonomedia.

_____. (2001). "From Capitalist Crisis to Proletarian Slavery. " In Midnight Notes, eds. (2001).

Camden, Carol. (1952). *The Elizabethan Woman.* New York: Elsevier Press.

Campbell, Josie P. (1986). *Popular Culture in the Middle Ages.* Bowling Green (Ohio): Bowling Green University Popular Press.

Campbell, Mavis C. (1990). *The Maroons of Jamaica, 1655–1796.*Trenton (NJ):Africa World Press.

Capitani, Ovidio, ed. (1971). *L'eresia Medievale*. Bologna: II Mulino.

_____, ed. (1974). *La Concezione della povertá nel medioevo*. Bologna: Patron.

_____, ed. (1983). *Medioevo Ereticale*. Bologna: II Mulino.

Cardini, Franco, ed. (1989). *Gostanza, la strega di San Miniato*. Firenze: Laterza.

Carroll, William C. (1994). "The Nursery of Beggary: Enclosure; Vagrancy; and Sedition in the Tudor-Stuart Period." In Burt, Richard and John Michael Archer, eds., *op. cit.,* (1994).

Carus, Paul. (1990). *The History of the Devil and the Idea of Evil*. La Salle, Illinois: Open Court Publishing House.

Casagrande, Carla ed. (1978). *Prediche alle dome del secolo XIII*. Milano: Bompiani.

Cavallo, S. and S. Cerutti. (1980). "Onore femminile e controllo sociale della riproduzione in Piemonte tra Sei e Settecento." In L.Accati ed., *op.cit.,* (1980), 346–83.

Cervantes, Fernando. (1994). *The Devil in the NewWorld.The Impact of Diabolism in New Spain*. New Haven: Yale University Press.

Chaucer, Geoffrey. (1386–1387). *The Canterbury Tales*. London: Penguin 1977.

Chejne, Anwar G. (1983). *Islam and the West.The Moriscos.*Albany: State University Press.

Christiansen, Rupert. (1994). *Paris Babylott:The Story of the Paris Commune*. New York: Viking.

Christie-Murray, David. (1976). *A History of Heresy*. Oxford: Oxford University Press.

Ciekawi, Diane and Peter Geschiere. (1998). "Containing Witchcraft: Conflicting Scenarios in Postcolonial Africa." In *African Studies Review,* vol. 41, Number 3, December, 1–14.

Cipolla, Carlo M. (1968). "The Economic Decline in Italy." In Brian and Pullan, eds., *op. cit.,* (1968).

_____. (1994). *Before the Industrial Revolution: European Society and Economy 1000–1700*. (Third edition). New York: WW. Norton.

Clark, Alice. (1919). *The Working Life of Women in 17th Century England*. London: Frank Cass and Co., 1968.

Clark, Stuart. (1980). "Inversion, Misrule and the Meaning ofWitchcraft." *Past and Present,* no. 87, May, 98–127.

Clendinnen, Inga. (1987). *Ambivalent Conquest: Maya and Spaniards in Yucatan, 1517–1570*. Cambridge: Cambridge University Press.

Cockcroft, James D. (1990). *Mexico: Class Formation, Capital Accumulation, and the State*. New York: Monthly Review Press.

Cohen, Esther. (1986)."Law, Folkloie and Animal Lore." *Past and Present,* no.l 10, February, 6–37.

Cohen, Mitchel. (1998). "Fredy Perlman: Out in Front of a Dozen Dead Oceans." (Unpublished Manuscript).

Cohn, Norman. (1970). *The Pursuit of the Millennium*. New York: Oxford University

Press.

_____. (1975). *Europe's Inner Demons.* New York: Basic Books.

Cohn,Samuel K. Jr. (1981). "Donne in Piazza e donne in tribunal a Firenze nel Rinascimento." *Studi Storici,*July–September 1981,3, Anno 22, 515–33.

Colburn, Forrest D., ed. (1989). *Everyday Forms of Peasant Resistance.* NewYork:M. E. Sharpe, Inc. *The Commoner. A Web Journal For Other Values,* www.commoner. org.uk

Conde, Maryse. (1992). *I, Tituba, Black Witch of Salem.* (Translated from the the French.) New York: Ballantine Books.

Condren, Mary. (1989). *The Serpent and the Goddess: Women, Religion, and Power in Celtic Ireland.* San Francisco: Harper & Row Publishers.

Cook, Noble David. (1981). *Demographic Collapse. Indian Peru, 1520–1620.* Cambridge: Cambridge University Press.

Cooper, J. P., ed. (1970). *The New Cambridge Modern History. Vol. IV The Decline of Spain and Thirty Years'War, 1609–1649.* Cambridge: Cambridge University Press.

Cornwall, Julian. (1977). *Revolt of the Peasantry, 1549.* London: Routledge & Kegan Paul.

Cornej, Peter. (1993). *Les Fondements de l'Histoire Tcheque.* Prague: PBtisk.

Coudert, Allison P. (1989). "The Myth of the Improved Status of Protestant Women." In Brink *et al.* eds., *op. cit.,* (1989).

Couliano, loan P. (1987). *Eros and Magic in the Renaissance.* Chicago: University of Chicago Press.

Coulton, G. G. (1955). *Medieval Panorama:The English Scene from Conquest to Reformation.* New York:The Noonday Press.

Cousin, Victor. (1824–26). *Ouvres de Descartes.* Paris: F. G. Levrault.

Crosby, Alfred W., Jr. (1972). *The Columbian Exchange. Biological and Cultural Consequences of 1492.* Westport (CT): Greenwood Press. Inc.

Crown, William. (1983). *Changes in the Land. Indians, Colonists, and the Ecology of New England.* New York: Hill and Wang.

Cullen, Michael J. (1975). *The Statistical Movement in Early Victorian Britain.The Foundations of Empirical Social Research.* New York: Barnes and Nobles.

Cunningham, Andrew and Ole Peter Grell. (2000). *The Four Horsemen of the Apocalypse. Religion, War, Famine and Death in Reformation Europe.* Cambridge: Cambridge University Press.

Curtis, Bruce. (2002). "Foucault on Governmentality and Population: The Impossible Discovery." *Canadian foumal of Sociology* 27,4 (Fall), 505–533.

Dale, Marian K. (1933). "The London Silkwomen of the Fifteenth Century." *Signs, Journal of Women in Culture and Society,* vol. 14, no. 21, Winter 1989, 489–501.

Dalla Costa, Giovanna Franca. (1978). *The Work of Love. Unpaid Housework, Poverty and Sexual Violence at the Daum of the 21st Century.* (Translated from the Italian.

New York: Autonomedia, 2004.

Dalla Costa, Mariarosa. (1972). *Potere Femminile e Sowersione Sociale.*Venezia: Marsilio Editori.

_____. (1995)."Capitalismo e Ripioduzione." In *Capitalismo, Natura, Socialismo,* N. 1, 124–135.

_____. (1998). "The Native in Us.The Earth We Belong To." *Common Sense,* 23, 14–52.

Dalla Costa, M. and James, S. (1975). *The Power of Women and the Subversion of the Community.* Bristol: Falling Wall Press.

Daly, Mary. (1978). *Gyn /Ecology :The MetaEthics of Radical Feminism.* Boston: Beacon.

Davis, Robert. (1998). "The Geography of Gender in the Renaissance." In Judith C. Brown & Robert C. Davis, eds., *op. cit.,* (1998).

De Angelis, Massimo. (2001). "Marx and Primitive Accumulation: The Continuous Character of Capital's Enclosures." In *The Commoner,* no. 2, September, www. thecommoner.org.uk.

de Givry, Grillot. (1971). *Witchcraft, Magic and Alchemy.* (Translated from the French.) New York: Dover Publications, Inc.

De Gomara, Francisco Lopez. (1556). *Historia General de Las Indias.* Barcelona: Editorial Iberia, 1954.

De Las Casas, Bartolomé. (1552). *A Short Account of the Destruction of the Indies.* New York: Penguin Books,1992.

De Leon, Antonio Garcia. (1985). *Resistencia y Utopia.* Vols. 1 and 2. Mexico D. F.: Ediciones Era.

Demetz, Peter. (1997). *Prague in Black and Gold: Scenesfrom the Life ofa European City.* New York: Hill and Wang.

Descartes, René. (1824–1826). *Ouvres de Descartes.*Volume 7. Correspondence. Published by Victor Cousin. Paris: F. G. Levrault.

_____. (1637). "Discourse on Method." In *Philosophical Works,*Vol. I.

_____.(1641). "Meditations." In Philosophical Works, Vol. I.

_____. (1650). "Passions of the Soul." In Philosophical Works,Vol. I.

_____. (1664)."Le Monde".

_____. (1640). Treatise of Man (Translated from the French and commented by Thomas Steele Hall. Cambridge (Mass): Harvard University Press, 1972.

_____. (1973). *Philosophical Works of Descartes.* Vols. I & II. (Translated from the French by E. S. Haldane and G. R. T. Ross). Cambridge: Cambridge University Press.

Descola, Philippe. (1994). *In the Society of Nature: A Native Ecology in Amazonia.* (Translated from the French). Cambridge: Cambridge University Press.

De Vries, Jean. (1976). *The Economy of Europe in an Age of Crisis, 1660–1750.* Cambridge: Cambridge University Press.

Dickson, David. (1979). "Science and Political Hegemony in the 17th Century." *Radical Science Journal.* No. 8, 7–39.

Dingwall, E. G. (1931). *The Girdle of Chastity.* London: Routledge and Sons.

Di Nola, Alfonso. (1999). *Il Diavolo: La Forma, la storia, le vicende di Satana e la sua universale e malefica...* Roma: Newton and Compton Editore.

Di Stefano, Antonino. (1950). "Le Eresie Popolari nel Medioevo." In Ettore Rota ed., *op. cit.*, (1950).

Dobb, Maurice. (1947). *Studies in the Development of Capitalism.* New York: International Publishers.

Dobson, R. B. (1983). *The Peasant Revolt of 1381.* London. Macmillan.

Dockes, Pierre. (1982). *Medieval Slavery and Liberation* (Translated from the French). London: Methuen.

Dodgshon, Robert A. (1998). *From Chiefs to Landlords: Social Economic Change in the Western Highlands and Islands, c. 1493–1820.* Edinburgh: Edinburgh University Press.

Douglass, C. North and Robert Paul Thomas. (1973). *The Rise of the Western World: A New Economic History.* Cambridge: Cambridge University Press.

Duby, Georges and Jacques Le Goff. (1981). *Famiglia eparentela nell'Italia medievale.* Bologna: Mulino.

Duby, Georges. (1988). *Love and Marriage in the Middle Ages.* Chicago:The University of Chicago Press.

Duerr, Hans Peter. (1988). *Nudità e Vergogna. Il Mito del Processo di Civitizazzione.* (Translated from the German).Venezia: Marsilio Editori,1991.

Dunn, Richard S. (1970). *The Age of Religious Wars.1559–1715.* New York: W.W. Norton & Company, Inc.

Dupaquier, Jacques. (1979)."Population." In Burke ed., *op.cit.*, (1979).

Duplessis, Robert S. (1997). *Transitions to Capitalism in Early Modern Europe.* Cambridge: Cambridge University Press.

Dyer, Christopher. (1968). "A Redistribution of Income in XVth Century England." *Past and Present,* no. 39, April, 11–33.

——. (1989). *Standards of Living in the Later Middle Ages: Social Change in England. 1200–1320.* Cambridge University Press.

[The] Ecologist. (1993). *Whose Common Future? Reclaiming the Commons.* Philadelphia (PA): New Society Publishers in cooperation with Earth-scan Publications Ltd.

Easlea, Brian. (1980). *Witch-Hunting, Magic and the New Philosophy. An Introduction to the Debates of the Scientific Revolution.* Brighton (Sussex):The Harvester Press.

Ehrenreich, Barbara and Deirdre English. (1973). *Witches, Midwives and Nurses. A History of Women Healers.* Old Westbury, NY: The Feminist Press.

Elias, Norbert. (1939). *The Civilizing Process. The History of Manners.* (Translated from the German). New York: Urizen Books, 1978.

Elton, G. R. (1972). *Policy and Police.* Cambridge: Cambridge University Press.

Engels, Frederick. (1870). *The Peasant War in Germany.* Moscow: Progress Publishers, 1977.

____. (1884). *The Origin of the Family, Private Property, and the State.* New York: International Publishers, 1942.

Ennen, Edith.(1986). *Le dome nel Medioevo.* (Translated from the German). Bari: Laterza.

Erasmus, Desiderius. (1511). *The Praise of Folly.* (Translated from the Latin) New York: Modern Library, 1941.

Erbstosser, Martin. (1984). *Heretics in the Middle Ages* (Translated from the German). Edition Leipzig.

Erhard, Jean.(1963). *L'Idie de Nature en France dans la première moitiée de XVIII siècle.* Paris: Ecole Pratique de Haute Etudes.

Erler, Mary and Maryanne Kowaleski, eds. (1988). *Women and Power in the Middles Ages.* Athens, Georgia: University of Georgia Press.

Etienne, Mona and Eleanor Leacock, eds. (1980). *Women and Colonization: Anthropological Perspectives.* New York: Praeger.

Evans, Richard J. (1996). *Rituals of Retribution: Capital Punishment in Germany, 1600–1987.* Oxford: Oxford University Press.

Farge, Arlette. (1987). "Women's History: An Overview." InToril Moi, ed., *op. cit.,* (1987), 133–149.

Fauré, Christine. (1981). "Absent from History." (Translated from the French). *Signs: Journal of Women in Culture and Society,* vol. 7, no. l, 71–80.

Federici, Silvia and Leopoldina Fortunati. (1984).*Il Grande Calibano. Storia del corpo sociale ribelle nella prima fase del capitale.* Milano: FrancoAngeli Editore.

Federici, Silvia. (1975). "Wages Against Housework." In Malos ed., *op.cit.,* (1980), 187–194.

____. (1988). "The Great Witch-Hunt." In *Maine Scholar,* Vol. 1, no.l, Autumn, 31–52.

____, ed. (1995). *Enduring Western Civilization. The Construction of the Concept of the West and its 'Others'.* Westport(CT): Praeger.

Ferrari, Giovanna. (1987). "Public Anatomy Lessons and the Carnival:The Anatomy Theatre of Bologna." *Past and Present,* no. 117, November, 50–106.

Firpo, Luigi, ed. (1972). *Meditina Medievale.*Torino: UTET.

Fischer, David Hackett. (1996). *The Great Wave: Price Revolutions and the Rhythm of History.* Oxford: Oxford University Press.

Fisher, F. J., ed. (1961). *Essays in the Economic and Social History ofTudor and Stuart England, in Honor of R. H. Tawney.* Cambridge: Cambridge University Press.

Flandrin, Jean Louis. (1976). *Families in Former Times. Kinship, Household and*

Sexuality. (Translated from the French). Cambridge: Cambridge University Press,1979.

Fletcher, Anthony. (1973). *Tudor Rebellions* (2nd edition). London: Longman.

Fletcher, Anthony & John Stevenson, eds. (1985). *Order and Disorder in Early Modem England.* Cambridge: Cambridge University Press.

Fletcher, Robert. (1896). "The Witches' Pharmakopeia." In *Bulletin of the Johns Hopkins Hospital,* Baltimore, August 1896, Vol. VII, No. 65, 147–56.

Foner, Philip S. (1947). *History of the Labor Movement in the United States.* Vol. 1. *From Colonial Times to the Founding of the American Federation of Labor.* New York: International Publishers.

Fontaine, Nicholas. (1738). *Mèmoires pour servir á l'histoire de Port-Royal.*

Ford, John. (1633). "'Tis a Pity She's a Whore." In *Webster and Ford: Selected Plays.* London: Everyman's Library, 1964.

Forman Crane, Elaine. (1990). "The Socioeconomics of a Female Majority in Eighteenth Century Bermuda." *Signs, Journal of Women in Culture and Society,* vol. 15, no. 2, Winter, 231–258.

Fortunati, Leopoldina. (1981). *L'Arcano della Riproduzione. Casalinghe, Prostitute, Operai e Capitale.*Venezia: Marsilio Editori.

_____. (1995). *The Arcane of Reproduction: Housework, Prostitution, Labor and Capital.* Brooklyn: Autonomedia.

_____. (1984). "La ridefinizione della donna." In Federici and Fortunati, *op. cit.,*(1984).

Foucault, Michel. (1961). *Madness and Civilization. A History of Insanity in the Age of Reason.* (Translated from the French). New York: Random House, 1973.

_____. (1966). *The Order of Things: An Archeology of the Human Sciences.* (Translated from the French). New York: Vintage Books, 1970.

_____. (1969). *The Archeology of Knowledge & The Discourse On Language.* (Translated from the French). New York: Roudedge, 1972.

_____. (1975). *Discipline and Punish: The Birth of the Prison.* (Translated from the French). New York: Vintage Books, 1977).

_____. (1976). *The History of Sexuality. Vol.* 1: *An Introduction.* (Translated from the French). New York: Random House, 1978.

_____. (1997). *The Politics of Truth,* ed. by Sylvère Lotringer. New York: Semiotext(e).

Fox, Sally. (1985). *Medieval Women: An Illuminated Book of Days.* New York: Little, Brown and Co.

Fraser, Antonia. (1984). *The Weaker Vessel.* New York: Alfred Knopf.

Fryde, E. D. (1996). *Peasants and Landlords in Later Medieval England.* New York: St. Martin's Press.

Furniss, Edgar. (1957). *The Position of the Laborer in a System of Nationalism.* New York: Kelly and Millan.

Galzigna, Mario. (1978). "La Fabbrica del Corpo." *Aut-Aut* (Milano), No. 167–68,

September–December, 153–74.

Garrett, Clarke. (1977). "Women and Witches: Patterns of Analysis." *Signs, Journal of Women in Culture and Society.* (Winter), 1977.

Gatrell.V. A. C. *et al.* eds. (1980). *Crime and the Law.The Social History of Crime in Western Europe Since 1500.* London: Europe Publications.

Geis, Gilbert and Ivan Bunn. (1997). *A Trial of Witches. A Seventeenth-century Witch-craft Prosecution.* New York: Roudedge.

Gelis, Jacques. (1977). "Sages femmes et accoucheurs, l'obstetrique populaire au XVIIème et XVIIIème siècles." *Annales,* no. 32, July–December.

Gerbi, Antonello. (1985). *Nature in the New World: From Christopher Colombus to Gonzalo Fernandez de Oviedo.* (Translated from the Italian). Pittsburgh: University of Pittsburgh Press.

Geremek, Bronislaw. (1985). *Mendicanti e Miserabili Nell'Europa Moderna. (1350–1600).* Roma: Instituto dell'Enciclopedia ItalianaTreccani.

_____. (1987). *The Margins of Medieval Society.* Cambridge: Cambridge University Press.

_____. (1988). *La Stirpe di Caino. L'immagine dei vagabondi e dei poveri nelle lettera-ture europee dal XV al XVII secolo.* Milano: II Saggiatore.

_____. (1994). *Poverty. A History.* Oxford: Basil Blackwell.(Translated from the Pol-ish).

Gert, Bernard, ed. (1978). *Man and Citizen — Thomas Hobbes.* Gloucester, MA.

Geschiere, Peter and Francis Nyamnjoh. (1998). "Witchcraft as an Issue in the 'Politics of Belonging': Democratization and Urban Migrants' Involvement with the Home Village." *African Studies Review,Vol.* 49, N. 3, December 1998, 69–91,

Gilboy, Elizabeth. (1934). *Wages in Eighteenth-Century England.* Cambridge (MA): Harvard University Press.

Ginzburg, Carlo. (1966). *I Benandanti.* Torino: Einaudi.

_____. (1991). *Ecstasies. Deciphering the Witches' Sabbath.* (Translated from the Ital-ian). New York: Pantheon.

Glanvil, Joseph. (1661). *The Vanity of Dogmatizing.The Three "Versions."* Introduc-tion by Stephen Medcalf. Hove (Sussex): Harvester Press, 1970.

Glass, D. V. and Everseley, D. E. C., eds. (1965). *Population in History.* Chicago: Chi-cago University Press.

Goetz, Hans-Werner. (1986). *Life in the Middle Ages.* London: University of Notre Dame Press.

Goldberge, Jonathan. (1992). *Sodometries. Renaissance Texts, Modern Sexualities.* Stanford (CA): Stanford University Press.

Goodare, Julian, ed. (2002). *The Scottish Witch-hunt in Context.* Manchester: Man-chester University Press.

Gordon-Grube, Karen. (1988)."Anthropophagy in Post-Renaissance Europe: TheTradition of Medical Cannibalism." *American Anthropologist Research Reports.* [90], 405–08.

Gosse, Edmund. (1905). *Sir Thomas Browne.* London: The Macmillan Company.

Gottfried, Johann Ludwig. (1630). *Le Livre des Antipodes.* Paris: Maspero, 1981.

Gottliebe, Beatrice. (1993). *Family in the Western World: From the Black Death to the Industrial Age.* Oxford: Oxford University Press.

Goubert.Jean. (1977). "L'Art de Guerir: medicine savante et medicine populaire dans la France de 1790," *Annales,* no.32,July–December.

Goubert, Pierre. (1982). *The French Peasantry in the Seventeenth Century.* (Translated from the French). London: Cambridge University Press.

Graus, Frantisek. (1967). "Social Utopia in the Middle Ages."*Past and Present,* no. 38, December, 3–19.

Greaves, Richard L., *et al.* (1992). *Civilizations of the West. Vol. I: From Antiquity to 1715.* New York: HarperCollins.

____. (1992).*Civilizations of the West Vol. 2.From 1660 to the Present.* New York: HarperCollins.

Green, Monica. (1989). "Women's Medical Practice and Healthcare in Medieval Europe." Signs: *Journal of Women in Culture and Society,* vol.14, no.2, Winter, 434–473.

Gregory, Annabel. (1991). "Witchcraft, Politics and 'Good Neighborhood' in Early Seventeenth-Century Rye." *Past and Present,* no. 133, November, 31–66.

Greven, Philip. (1977). *The Protestant Temperament.Pattems of Child-Raising, Religious Experience, and the Self in Early America.* New York: Alfred Knopf.

Griffin, Susan. (1978). *Women and Nature. The Roaring Inside Her.* San Francisco: Sierra Club.

Guillaumin, Colette. (1995). *Racism, Sexism, Power and Ideology.* New York: Routledge.

Guaman Poma de Ayala, Felipe. (1615). *Nueva Chrónica y Buen Gobierno.* Paris: Institut d'Ethnologie, 1936.

Guazzo, Francesco-Maria. (1608). *Compendium Maleficarum.* Edited by Montague Summers. New York: Barnes and Nobles, 1970. (First edition 1929).

Gunder Frank, André (1978). *World Accumulation,1492–1789.* New York: Monthly Review Press.

Hacker, Barton C. (1981). "Women and Military Institutions in Early Modern Europe: A Reconnaissance." *Signs, Journal of Women in Culture and Society, vol. 6,* no. 41, Summer, 643–71.

Hamilton, Earl J. (1965). *American Treasure and the Price Revolution in Spain, 1501–1650.* New York: Octagon Books.

Hanawalt, Barbara A. (1986a). "Peasants Resistance to Royal and Seignorial Impositions." In F. Newman, ed., *op. cit.,* (1986), 23–49.

____. (1986b). *The Ties That Bound: Peasant Families in Medieval England.* Oxford: Oxford University Press.

____. (1986c). "Peasant Women's Contribution to the Home Economy in Late Medieval England." In Barbara Hanawalt (1986d).

____. (1986d). *Women and Work in Pre-industrial Europe.* Bloomington (Indiana): Indiana University Press.

Hanke, Lewis. (1959). *Aristotle and the American Indians: A Study in Race Prejudice in the Modern World.* Bloomington: Indiana University Press.

Hardin, Garrett. (1968). "The Tragedy of the Commons." *Science* 162, 1243–48.

Harris, Marvin. (1974). *Cows, Pigs and Witches.* New York: Random House.

Hart, Roger. (1971). *Witchcraft.* New York: G. Putnam's Sons.

Harvey, P. D. A. (1973). "The English Inflation: 1180–1220." *Past and Present,* no 61, November.

Harvey, William. (1961). *Lectures on the Whole of Anatomy.* Berkeley: University of California Press.

Hatcher, John. (1977). *Plague, Population and the English Economy, 1348–1530.* New York: Macmillan.

____. (1994). "England in the Aftermath of the Black Death." *Past and Present,* no. 144, August, 3–36.

Hay, Douglas. (1975). "Property, Authority and the Criminal Law." In Hay *et al., op. cit.,* (1975), 17–63.

____, et al. (1975). *Albion's Fatal Tree: Crime and Society in 18th Century England.* New York: Pantheon Books.

Heckscher. Eli J. (1965). *Mercantilism,* Vol. 1 and 2. (Translated from the Swedish). London: George Allen & Unwin Ltd.

Helleiner, K. F. (1958). "New Light on the History of Urban Populations." *Journal of Economic History,* XVIII.

Heller, Henry. (1986). *The Conquest of Poverty: The Calvinist Revolt in Sixteenth Century France.* Leiden (Netherlands): E. J. Brill.

Hemming, John. (1970). *The Conquest of the Incas.* New York: Harcourt Brace and Company.

Henderson, Katherine Usher and McManus, Barbara F. (1985). *Half Humankind: Contexts and Texts of the Controversy about Women in England, 1540–1640.* Urbana and Chicago (IL): University of Illinois Press.

Henriques, Fernando. (1966). *Storia Generate Della Prostituzione. Vol. 2 .11 Medioevo e l'eta' moderna.* (Translated from the English). Milano: Sugar Editore.

Herlihy, David. (1995). *Women, Family and Society in Medieval Europe: Historical Essays.* 1978–91. Providence (RI): Berghahn Books.

____. (1985). *Medieval Households.* Cambridge, Mass.: Harvard University Press.

____. (1997). *The Black Death and the Transformation of the West.* Cambridge (Mass.):

Harvard University Press.

Herzog, Don. (1989*). Happy Slaves. A Critique of Consent Theory.* Chicago: University of Chicago.

Hill, Christopher. (1952)."Puritans and the Poor." *Past and Present* no. 2. (November).

____. (1958). *Puritanism and Revolution: The English Revolution of the 17th Century.* New York: Schocken Books. Hill, Christopher. (1958).

____. (1961). *The Century of Revolution, 1603–1714.* New York: WW. Norton & Company, 1980.

____. (1964). *Society and Puritanism in Pre-Revolutionary England.* New York: Schocken Books.

____. (1965). *Intellectual Origins of the English Revolution.* Oxford University Press.

____. (1971). *Antichrist in Seventeenth-Century England.* Oxford University Press.

____. (1975).*Change and Continuity in 17th-Century England.* Cambridge (MA): Harvard University Press.

____. (1975a). *The World Upside Down.* London: Penguin.

Hilton, Rodney. (1953). "The Transition from Feudalism to Capitalism." *Science and Society,* XVII, 4, Fall, 341–51.

____. (1966). *A Medieval Society: The West Midlands at the End of the Thirteenth Century.* Cambridge: Cambridge University Press, 1983.

____. (1973). *Bond Men Made Free. Medieval Peasant Movements and the English Rising of 1381.* NewYork:Viking Press, Inc.

____. (1985). *Class Conflict and the Crisis of Feudalism: Essays in Medieval Social History.* London: The Hambledon Press.

Hilton, Rodney, Maurice Dobb, Paul Sweezy, H.Takahashi and Christopher Hill (1976). *The Transition from Feudalism to Capitalism.* London: New Left Books.

Himes, Norman. (1963). *Medical History of Contraception.* New York: Gamut Press.

Himmelman, P. Kenneth. (1997). "The Medicinal Body: An Analysis of Medicinal Cannibalism in Europe, 1300–1700." *Dialectical Anthropology,* 22, 180–203.

Hobbes, Thomas. (1962). *Behemoth:The History of the Causes of the Civil War of England and the Counsels and Artifices by wich they were Carried on from theYear 1640 to theYear 1660. English Works.*Vol.VI. Germany: Scientia Aalen.

____. (1963). *Leviathan.* New York: World Publishing Company.

____. (1966). *English Works.*Vo1. IV. Germany: Scientia Verlag Aalen.

Hobsbawm, E. J. (1954). "The General Crisis of the European Economy in the 17th Century." *Past and Present,* no. 5, (May 1954) 33–53.

Hodges, Richard and Whitehouse, David. (1983). *Mohammed, Charlemagne and the Origins of Europe.* Ithaca: Cornell University Press.

Holbein, Hans the Younger. (1538). *The Dance of Death.* Published by Melchior and Gaspar Trechsel, Lyons, France.

Holmes, Clive. (1993). "Women, Witnesses and Witches." *Past and Present,* no.140

(1993) 45–78.

Holmes, Ronald. (1974). *Witchcraft In British History.* London: Frederick Muller Ltd.

____. (1975). *Europe: Hierarchy and Revolt. 1320–1450.* New York: Harper & Row.

Holt, Richard. (1987). "Whose Were the Profits of Corn Milling? An Aspect of the Changing Relationship Between the Abbots of Glastonbury and Their Tenants. 1086–1350." *Past and Present,* no. 116, (August 1987) 3–23.

Homans, G. C. (1960). *English Villagers of the Thirteen Century.* New York: Russell and Russell.

Hone, Nathaniel J. (1906). *The Manor and Manorial Records.* London: Methuen & Co.

Hoskins, W. G. (1976). *The Age of Plunder: The England of Henry VIII, 1500–1547.* London: Longman.

Howell, Martha. (1986). *Women, Production and Patriarchy in Late Medieval Cities.* Chicago: Chicago University Press.

Hsia, R. Po-Chia (1988a). "Munster and the Anabaptists." In R. P. Hsia ed., *op. cit.,* (1988b).

____. ed. (1988b). *The German People and the Reformation.* Ithaca (NY): Cornell University Press.

Hufton, Olwen. (1993). "Women,Work, and the Family." In Davis and Farge eds., *op. cit.,* (1993).

Hughes, Diane Owen. (1975). "Urban Growth and Family Structure in Medieval Genoa." In *Past and Present,* no. 66, February, 3–28.

Hughes, William. (1991). *Western Civilization, Vol. II. Early Modern Through the 20th Century.* Guilford (CT): The Duskin Publishing Group.

Hull, Gloria T., Patricia Bell Scott, and Barbara Smith. (1982). *All Women Are White, All Blacks Are Men. But Some of Us Are Brave. Black Women's Studies.* New York: The Feminist Press.

Hulme, Peter. (1994). "Tales of Distinction: European Ethnography and the Caribbean." In Schwartz, Stuart B., ed., *op. cit.,* (1944), 157–200.

Hunt, David. (1970). *Parents and Children in History: The Psychology of Family Life in Early Modern France.* New York: Basic Books.

Hutchinson, E. P. (1967). *The Population Debate.* New York: Houghton Mifflin.

Hybel, Nils.(1989). *Crisis or Change: The Concept of Crisis in the Light of Agrarian Structural Reorganization in Late Medieval England.* Aarhus: Aarhus University Press.

Innes, Brian. (1998). *The History of Torture.* New York: St. Martin's Press.

James, Margaret. (1966). *Social Problems and Policy During the Puritan Revolution, 1640–1660.* New York: Barnes & Noble.

James, Selma. (1975). "Sex, Race and Class." Bristol: Falling Wall Press.

Jonson, Ben. (1610). *The Alchemist,* ed. by Gerald E. Bentley Wheeling (IL): Harlan

Davidson Inc., 1947.

Jordan,W. C. (1996). *The Great Famine. Northern Europe in the Early Fourteenth Century.* Princeton: Princeton University Press.

Joseph, Margaret Paul. (1992). *Caliban in Exile:The Outsider in Caribbean Fiction.* Westport (CT): Greenwood.

Kaltner, Karl Hartwig. (1998). "Sulle guerre contadine in Austria." (Translated from the German). In Thea (1998).

Kamen, Henry. (1972). *The Iron Century: Social Change in Europe, 1550–1660.* New York: Praeger Publishers.

Karras, Ruth Mazo. (1989). "The Regulations of Brothels in Later Medieval England." *Signs, Journal of Women in Culture and Society,* vol. 14, no. 21, Winter, 399–433.

____. (1996). *Common Women: Prostitution and Sexuality in Medieval England.* Oxford: Oxford University Press.

Kay, Marguerite. (1969). *Bruegel.* London: The Hamlyn Publishing Group.

Kaye, Harvey J. (1984). *The British Marxist Historians.* New York: St. Martin's Press, 1995.

Kaye, Joel. (1998). *Economy and Nature in the Fourteenth Century.* Cambridge: Cambridge University Press.

Kelly, Joan. (1977). "Did Women Have a Renaissance?" In Bridenthal and Koonz eds., *op. cit.*, (1977).

____. (1982)."Early Feminist Theory and the *Querelle des Femmes,*1400–1789." *Signs: Journal of Women in Culture and Society.* 1982, vol. 8, no. l, Autumn, 4–28.

____. (1984). *Women, History and Theory. The Essays of Joan Kelly.* Chicago: The University of Chicago Press.

Kieckhafer, R. (1976). *European Witch-trials: Their Foundations in Popular Culture, 1300–1500.* Berkeley: University of California Press.

King, Margaret L. (1991). *Women of the Renaissance.* (Translated from the Italian). Chicago:The University of Chicago Press.

Kingston, Jeremy. (1976). *Witches and Witchcraft.* Garden City, NY: Doubleday.

Kittredge, G. L. (1929). *Witchcraft in Old and New England.* Cambridge. MA: Harvard University Press.

Klaits, Joseph. (1985). *Servants of Satan: The Age of the Witch-Hunts.* Bloomington (IN): Indiana University Press.

Klapitsch-Zuber, Christiane ed. (1996). *Storia delle Donne in Ocddente. II Medioevo.* Bari: Laterza.

Koch, Gottfried. (1983). "La Donna nel Catarismo e nel Valdismo Medievali." In Capitani ed., *op. cit.*, (1983).

Koning, Hans. (1991). *Columbus: His Enterprise: Exploding the Myth.* New York: Monthly Review Press.

____. (1993). *The Conquest of America: How the Indian Nations Lost Their Conti-*

nent. New York: Monthly Review Press.

Kors. Alan C., and Edward Peters. (1972). *Witchcraft in Europe 1100–1700:A Documentary History.* Philadelphia: University of Pennsylvania Press.

Kowaleski, Maryanne and Judith M.Bennett. (1989) ."Crafts, Guilds, and Women in the Middle Ages; Fifty Years After Marian K. Dale." *Signs Journal of Women in Culture and Society,* vol.14, no 2, Winter, 474–88.

Kramer, Heinrich, and James Sprenger. (1486). *Malleus Maleficarum.* (Translated from the German, with an Introduction by Rev. Montague Summers). New York: Dover Publications, Inc., 1971.

Kriedte, Peter. (1983). *Peasants, Landlords, and Merchant Capitalists. Europe and the World Economy, 1500–1800.* Cambridge: Cambridge University Press.

Kuen, Thomas. (1998). "Person and Gender in the Laws." In Judith C. Brown and Robert C. Davis, eds., *op. cit.,* (1998), 87–106.

Kurlansky, Mark. (1999). *The Basque History of the World.* London: Penguin.

Lambert, Malcolm. (1977). *Medieval Heresy.* Oxford: Basil Blackwell, 1992.

Langland, William. (1362–1370). *The Vision of William Concerning Piers the Plowman.* Clarendon: Oxford University Press, 1965.

Lamer, Christina.(1980)."Crimen Exceptum?The Crime ofWitchcraft in Europe." In Gatrell, V. A. C. *et al.,* eds., *op. cit.,* (1980).

____. (1981*). Enemies of God. The Witch-Hunt in Scotland.* Baltimore: TheJohn Hopkins University Press.

____.(1984). *Witchcraft and Religion:The Politics of Popular Belief.* Edited and with a Foreword by Alan Macfarlane. Oxford: Basil Blackwell.

La Rocca, Tommaso, ed. (1990). *Thomas Müntzer e la rivoluzione dell'uomo comune.* Torino: Claudiana.

Laslett, Peter. (1971). *The World We Have Lost.* New York: Scribner's.

Lavallee, Joseph. (1809). *Histoires des Inquisitions Religieuses d'Italie, d'Espagne et de Portugal.* Paris.

Lawson, George (Rev.). (1657). *Examination of Leviathan.*

Lea, Henry Charles. (1888). *A History of the Inquisition of the Middle Ages.* Vol. 2. New York: Harper & Brothers.

____. (1922). *A History of the Inquisition of the Middle Ages.* London: MacMillan.

____. (1957). *Materials Towards a History of Witchcraft.* Edited.by Arthur C. Howland, with an Introduction by George Lincoln Burr, 3rd vol. New York: Thomas Yoseloff.

____. (1961). *The Inquisition of the Middle Ages.* New York: Macmillan Company.

Leacock, Eleanor. (1980)."Montagnais Women and the Jesuit Program For Colonization." In Etienne and Leacock, eds., *op.cit.,* (1980), 25–4.

Leacock, Eleanor Burke. (1981). *Myths of Male Dominance: Collected Articles on Women Cross-Culturally.* New York: Monthly Review Press.

Lecky, W. E. H. (1886). *History of the Rise of Influence of the Spirit of Rationalism in Europe.* New York: Appleton & Co.

Le Goff, Jacques. (1956). *Tempo della Chiesa e tempo del Mercante.* (Translated from the French).Torino: Einaudi,1977.

____, ed. (1980). *La Nuova Storia.*(Translated from the French). Milano: Mondadori.

____. (1988). *Medieval Civilization.* Oxford: Basil Blackwell.

Lenoble, Robert. (1943). *Mersenne ou la Naissance du Mechanisme.* Paris: Vrin.

Lerner, Robert E. (1972). *The Heresy of the Free Spirit in the Later Middle Ages.* Berkeley: University of California Press.

LeRoy Ladurie, Emmanuel. (1966). *Les Paysans de Languedoc.* Paris, Gallimard.

____.(1974). *Peasants of Languedoc.* (Translated from the French). Carbondale (IL): University of Illinois Press.

____. (1979). *Il Carnevale di Romans.* (Translated from the French). Milano: Rizzoli, 1981.

____. (1981). *The Mind and Method of the Historian.* Chicago: University of Chicago Press.

____, *et al.* (1987). *Jasmin's Witch.* Newlfork: George Braziller.

Levack, Brian P. (1987). *The Witch-Hunt in Early Modem Europe.* London: Longmans.

____, ed. (1992). *Witchcraft, Magic and Demonology.* In thirteen volumes. New York: Garland Publishing.

Levine, David ed. (1984). *Proletarianization and Family History.* New York: Academic Press.

Linebaugh, Peter. (1975). "The Tyburn Riots Against the Surgeons." In Hay *et al.*, *op. cit.*

____. (1992). *The London Hanged. Crime and Civil Society in the Eighteenth Century.* Cambridge University Press.

Linebaugh, Peter and Marcus Rediker. (2001). *The Many-Headed Hydra: Sailors, Slaves, Commoners, and the Hidden History of the Revolutionary Atlantic.* Boston: Beacon Press.

Lis, C. & H. Soly. (1979). *Poverty and Capitalism in Pre-Industrial Europe.* Atlantic Highlands (NJ): Humanities Press.

____. (1984). "Policing the Early Modern Proletariat, 1450–1850." In Levine ed., *op. cit.*, (1984),163–228.

Little, Lester K. (1978). *Religious Poverty and the Profit Economy in Medieval Europe.* Ithaca (NY): Cornell University Press.

Lombardini, Sandro.(1983). *Rivolte Contadine in Europa* (Secoli XVI–XVIII). Torino: Loescher Editore.

Luzzati, Michele. (1981). "Famiglie nobili e famiglie mercantili a Pisa e in Toscana nel basso medioevo." In Georges Duby and Jacques Le Goff eds., *op. cit.*, (1981),

185–206.

Macfarlane, Alan. (1970). *Witchcraft in Tudor and Stuart England: A Regional and Comparative Study.* New York: Harper & Row, Publishers.

____. (1978). *Origins of English Individualism: The Family, Property and Social Transition.* Oxford: Basil Blackwell

Macpherson, C. B. (1962). *The Political Theory of Possessive Individualism. Hobbes to Locke.* Oxford: Oxford University Press.

Malebranche, Nicolas. (1688). *Entretiens sur la metaphysique et sur la religion.* "Dialogues on Metaphysics and Religion." In Popkin, ed., *op. cit.*, (1966).

Malos, Ellen ed. (1980). *The Politics of Housework.* New York: The New Clarion Press.

Manning, Roger B. (1988). *Village Revolts: Social Protest and Popular Disturbances in England, 1509–1640.* Oxford: Clarendon Press.

Mandrou, Robert. (1968). *Magistrates et Sorcieres en France au XVII Siècle.* Paris: Librairies Plon.

Manoukian, Agopic ed. (1974). *Famiglia e Matrimonio net Capitalismo Europeo.* Bologna: II Mulino.

Marks, Elaine and Isabelle Courtivron eds. (1981). *New French Feminisms. An Anthology.* New York: Schocken Books.

Marlowe, Christopher. (1604). *Doctor Faustus.* London.

Marshall, Dorothy. (1926). *The English Poor in the Eighteenth Century.* London: George Roudedge & Sons.

Marshall, Rosalynd. (1983). *Virgins and Viragos: A History of Women in Scotland, 1080–1980.* Chicago: Academy Chicago Ltd.

Martin, Emily. (1987). *The Woman in the Body. A Cultural Analysis of Reproduction.* Boston: Beacon Press.

Martin, Ruth. (1989). *Witchcraft and the Inquisition in Venice, 1550–1650.* London: Basil Blackwell Inc.

Martinez, Bernardo Garcia *et al.* (1976). *Historia General De Mexico,* Tomo 1. Mexico D. F.: El Colegio de Mexico.

Marvell, Andrew.(1681). *Miscellaneous Poems.* Ed. by Mary Marvell. Scolar Press, 1969.

Marx, Karl.(1857–58). *Grundrisse.* (Translated from the German). London: Penguin, 1973.

____. (1867). *Capital. A Critique of Political Economy.*Vol. I and Vol. III. Chicago: Charles H. Kerr & Company, 1909.

____. (1932). *Economic and Philosophical Manuscripts of 1844.* Moscow: Foreign Languages Publishing House (1961).

Mather, Cotton. (1681–1708). *Diary of Cotton Mather.* 2 vols. Massachusetts Flistorical Society Collection, (1911–12). Quoted by Philip Greven in *The Protestant*

Temperament.

Maxwell-Stuart, P. G. (2001) *Satan's Conspiracy:Magic and Witchcraft in Sixteenth-Century Scotland.* Edinburgh:Tuckwell Press.

Mayer, Enrique. (1981). *A Tribute to the Household Domestic Economy and the Encomienda in Colonial Peru.*Austin (Texas): Institute of Latin American Studies.

Mazzali, Tiziana. (1988*).II Martirio delle streghe: Una drammatica testimonianza dell'Inquisizione laica del seicento.* Milano: Xenia.

Mazzi, Maria Serena. (1991). *Prostitute e Lenoni nella Firenze del Quattrocento.* Milano: II Saggiatore.

McDormell, Ernest W. (1954). *The Beguines and Beghards in Medieval Culture, with Special Emphasis on the Belgian Scene.* New Brunswick (NJ): Rutgers University Press.

McManners, J. (1981). *Death and the Enlightenment.* Oxford: Oxford University Press.

McNamara, Jo Ann and Suzanne Wemple. (1988). "The Power of WomenThrough the Family in

Medieval Europe, 500–1100. In Erler and Kowaleski, eds., *op. cit.,* (1988).

Meillassoux, Claude. (1975). *Maidens, Meal and Money: Capitalism and the Domestic Community.* Cambridge: Cambridge University Press.

____. (1986). *The Anthropology of Slavery :The Womb of Iron and Gold.* (Translated from the French). Chicago: Chicago University Press, 1991.

Melossi, Dario and Massimo Pavarini. (1977). *The Prison and the Factory: Origins of the Penitentiary System.* (Translated from the Italian).Totowa (NJ): Barnes and Noble.

Mendelson, Sara and Patricia Crawford. (1998). *Women in Early Modern England, 1550–1720.* Oxford: Clarendon Press.

Merchant, Carolyn. (1980). *The Death of Nature: Women, Ecology and the Scientific Revolution.New* York: Harper and Row.

____. (1987). "Mining the Earth's Womb." In Rothschild ed,, *op. cit.,* (1987), 99–117.

Mereu, Italo. (1979). *Storia del'lntolleranza in Europa.* Milano: Mondadori.

Mergivern, James J. (1997). *The Death Penalty: An Historical and Theological Survey.* New York: Paulist Press.

Midelfort, Erik H. C. (1972). *Witch Hunting in Southwestern Germany, 1562–1684: The Social and Intellectual Foundations.* Stanford: Stanford University Press.

Midnight Notes Collective. (1990). "The New Enclosures," *Midnight Notes* no. 10, Fall.

____. (2001). *Auroras of the Zapatistas: Local and Global Struggles of the Fourth World War.* New York: Autonomedia.

Mies, Maria. (1986). *Patriarchy and Accumulation on a World Scale.* London: Zed Books.

Milano, Attilio.(1963). *Storia defli Ebrei in Italia.*Torino: Einaudi.

Milton, John. (1667). "Paradise Lost." In S. Orgel and J. Goldberg, ed*s. John Milton.* Oxford: Oxford University Press, (1992).

Mingay, G. E. (1997). *Parliamentary Enclosures in England: An Introduction to Its Causes, Incidence and Impact, 1750–1850.* London: Longman.

Moi. Toril, ed. (1987). *French Feminist Thought: A Reader.* Oxford: Basil Blackwell.

Molitor, Ulrich. (1489). *De Lamiis et Pythonicis Mulieribus.*

Moller, Herbert ed. (1964). *Population Movements in Modern European History.* New York: The Macmillan Company.

____. (1964a). "Population and Society During the Old Regime, c. 1640–1770." In Moller ed., *op.cit.*, (1964), 19–42.

Momsen, Janet H., ed. (1993). *Women and Change in the Caribbean: A Pan-Caribbean Perspective.* London: James Currey.

Montaigne, Michel Eyquem de. (1580). *The Essays.* London: Oxford University Press, 1942.

Montanari, Massimo. (1993). *La fame e L'abbondanza. Storia dell'alimentazione in Europa.* Roma-Bari: Laterza.

Monter,William E. Monter, E.W. (1969). *European Witchcraft.* New York: John Wiley and Sons.

____. (1969). "Law, Medicine and the Acceptance of Women." In Monter,ed., *op cit.,*(1969).

____. (1976). *Witchcraft in France and Switzerland: The Borderlands During the Rrformation.* Ithaca: Cornell University Press.

____. (1977)."The Pedestal and the Stake: Courtly Love and Witchcraft." In Bridental and Koonz eds., *op. cit.*, (1977).

____. (1980). "Women in Calvinist Geneva." *Signs, Journal of Women in Culture and Society,* vol. 6, no. 2, Winter, 189–209.

Moore, Henry. (1659). *On The Immortality of the Soul.* A. Jacob ed., International Archives of the History of Ideas, no. 122.

Moore, R. I. (1975). *The Birth of Popular Heresy.* New York: St. Martin's Press.

____.(1977). *The Origins of European Dissent.* New York: St. Martin's Press.

Moore, Thomas. (1518). *Utopia.* New York: W. W. Norton & Company, 1992.

Morato, Turri. (1975). "Aborto di Stato." In *Canti di Donne in Lotta.* Gruppo Musicale del Comitato per il Salario al Lavoro Domestico di Padova.

Morgan, Edmund. (1966). *The Puritan Family. Religion and Domestic Relations in Seventeenth Century England.* New York: Harper and Row.

Morgan, Robin ed. (1970). *Sisterhood is Powerful.* NewYork:Vintage.

Mornese, Corrado and Gustavo Buratti. (2000). *Fra Dolcino e gli Apostolicifra eresie, rivolte, e roghi.* Centro Studi Dolciniani. Novara: Derive/ Approdi.

Morrissey, Marietta. (1989). *Slave Women in the New World: Gender Stratification in the Caribbean.* Lawrence (Kansas): University Press of Kansas.

Morse Earle, Alice. (1993). *Home Life in Colonial Days.* Stockbridge (MA): Berkshire Publishers.

Mosher Stuard, Susan ed. (1987). *Women in Medieval History and Historiography.* Philadelphia: University of Pennsylvania Press.

Moulier Boutang,Yann. (1998). *De I'esclavage au salariat. Economic historique du salariat bridi.* Paris: Presses Universitaires de France.

Mumford, Lewis .(1962). *Technics and Civilization.* New York: Harcourt Brace and World Inc.

Mun, Thomas. (1622). *England's Treasure by Forraigne Trade.* London.

Müntzer, Thomas. (1524). *Open Denial of the Fake Belief of the Godless World.*

Muraro, Luisa. (1976). *La Signora del Gioco:Episodi di caccia alle streghe.* Milano: Feltrinelli Editore, 1977.

Murray, Margaret. (1921). *The Witch-Cult in Western Europe.* Oxford: Oxford University Press, 1971.

Murstein, B. I. (1974). *Love, Sex, and Marriage Through the Ages.* New York: Springer Publishing Company.

Nash, June. (1978). "The Aztecs and the Ideology of Male Dominance." *Signs, Journal of Women in Culture and Society,* vol. 4, no. 21, 349–62.

_____. (1980)."Aztec Women:The Transition from Status to Class in Empire and Colony." In Etienne and Leacock, eds., *op.cit.*, (1980), 134–48.

Neel, Carol. (1989)."The Origins of the Beguines." *Signs Journal of Women in Culture and Society.* vol. 14, no. 2, Winter, 321–41.

Neeson, J. M. (1993). *Commoners:common right, enclosure and social change in England, 1700–1820.* Cambridge: Cambridge University Press.

Newman, Francis X., ed. (1986). *Social Unrest in the Late Middle Ages.* Binghamton (NY): Center for Medieval and Early Renaissance Texts and Studies.

Niccoli, Ottavia ed. (1998). *Rinascimenlo al femminile.* Bari: Laterza.

Nicholas, David. (1992). *Medieval Flanders.* London: Longman.

Nider, Johannes. (1435–37). *Formicarius.*

Nietzsche, F. (1887). *The Birth of the Tragedy and The Genealogy of Morak.* New York: Doubleday (1965).

Noonan, John T. (1965). *Contraception: A History of Its Treatment by the Catholic Theologians and Canonists.* Cambridge: Harvard University Press.

Norberg, Kathryn. (1993). "Prostitutes." In Davis and Farge eds., *op. cit.*, (1993).

Normand, Lawrence and Gareth Roberts, eds.(2000). *Witchcraft in Early Modern Scotland: James VI's Demonology and the North Berwick Witches.* Exeter: University of Exeter Press.

North, Douglas C. and Robert Paul Thomas. (1943). *The Rise of the Western World: A New Economic History.* New York: Cambridge University Press.

Notestein, Wallace.(1911). *A History of Witchcraft in England from 1558 to 1718.* New York: Russell and Russell, 1965

O' Brien, Mary. (1981). *The Politics of Reproduction.* Boston: Routledge & Kegan Paul.

O' Brien, Patrick and Roland Quinault, eds. (1993). *The Industrial Revolution and British Society.* Cambridge: Cambridge University Press.

O' Malley C. D., Poynter F. N. L., Russell K. F. (1961). *William Harvey. Lectures on the Whole of Anatomy.* Berkeley: University of California Press.

O' Malley, C. D. (1964). *Andreas Vesalius of Brussels. 1514–1564.* Berkeley: University of California Press.

Omolade, Barbara (1983). "Heart of Darkness." In Ann Snitow, Christine Stansell, and Sharon Thompson, eds., *op. cit.,* (1983).

Opitz, Claudia. (1996). "La vita quotidiana delle donne nel tardo Medioevo. (1200–1500)." In Klapitsch-Zuber ed., *op. cit.,* (1996).

Orioli, Raniero. (1984). *Fra Dolcino. Nascita, vita e morte di un'eresia medievale.* Novara: Europia. (1993).

Orlandi, Arianna. (1989)."I Viaggi di Gostanza." In Cardini ed., *op. cit.,* (1989).

Ortalli, Gherardo. (1981)."La famiglia tra la realtá dei gruppi inferiori e la mentalita dei gruppi dominanti a Bologna nel XIII secolo." In Georges Duby and Jacques Le Goff eds., *op. cit.,* (1981), 125–43.

Oten, Charlotte F., ed. (1986). *A Lycanthropy Reader: Werewolves in Western Culture.* Syracuse, NY: Syracuse University Press.

Otis, Leah Lydia. (1985). *Prostitution in Medieval Society: The History of an Urban Institution in Languedoc.* Chicago:The University of Chicago Press.

Overbeek, J. (1964). *History of Population Theories.* Rotterdam: Rotterdam University Press.

Ozment, Steven. (1983). *When Father Ruled: Family Life in Reformation Europe.* Cambridge (MA): Harvard University Press.

Parinetto, Luciano. (1983). *Streghe e Politica. Dal Rinascimento Italiano a Montaigne. Da Bodin a Naude.* Milano: Istituto Propaganda Libraria.

____. (1996)."La Traversata delle streghe nei nomi e nei luoghi." In Bosco e Castelli, eds., *op. cit.,* (1996).

____. (1998). *Streghe e Potere: II Capitale e la Persecuzione dei Diversi.* Milano: Rusconi.

Partridge, Burgo. (1960). *A History of Orgies.* New York: Bonanza Books.

Pascal, Blaise. (1656)."Lettre escrite à un provincial," posthumously published as *Pensies de M. Pascal sur la religion et sur quelques autres subjets* (1670).

____. *Pensées and The Provincial Letters.* New York: Modern Library, 1941.

Pateman, Carol. (1988). *The Sexual Contract.* Stanford: Stanford University Press.

Pearson, Lu Emily. (1957). *Elizabethans at Home.* Stanford (CA): Stanford University

Press.

Perelman, Michael.(2000). *The Invention of Capitalism: Classical Political Economy and the Secret History of Primitive Accumulation.* Durham: Duke University Press.

Perlman, Fredy. (1985). *The Continuing Appeal of Nationalism.* Detroit: Black and Red.

Peters, Edward. (1978). *The Magician, The Witch, and the Law.* Philadelphia: University of Pennsylvania Press.

Peters, Edward, ed. (1980). *Heresy and Authority in Medieval Europe. Documents in Translation.* Philadelphia: University of Pennsylvania Press.

Petty, Sir William. (1690). *Discourse on Political Arithmetick.* London.

Pezzuoli, Giovanna. (1978). *Prigioniera in Utopia. La Condizione Della Donna Nel Pensiero Degli Utopisti.* Milano: Edizioni II Formichiere.

Phelps Brown, E. H. and Sheila Hopkins. (1971). "Seven Centuries of the Prices of Consumables, Compared with Builders' Wage Rates." In Ramsey ed., *op. cit.,* (1971), 18–41.

____. (1981). *A Perspective of Wages and Prices.* London.

Phillips, Seymour. (1994). "The Outer World of the European Middle Ages." In Stuart B. Schwartz, ed., *op.cit.,* (1994).

Picchio.Antonella. (1992). *Social reproduction: the political economy of the labour market.* Cambridge: Cambridge University Press.

Piers, Maria W. (1978). *Infanticide.* New York: W. W. Norton and Company

Pirenne, Henri. (1937). *Economic and Social History of Medieval Europe.* New York: Harcourt Brace Jovanovich, Publishers.

____.(1952). *Medieval Cities.* Princeton: Princeton University Press.

____. (1956). *Storia d'Europa dalle invasioni al XVI secolo.* Firenze: Sansoni.

____. (1958). *A History of Europe,* Vol. l. Garden City (NY): Doubleday & Company Inc.

Po-Chia Hsia, R., ed. (1988). *The German People and the Reformation.* Ithaca (NY): Cornell University Press.

____. (1988a). "Munster and the Anabaptists." In Po-Chia Hsia ed., *op. cit.,* (1988), 51–70.

Polanyi, Karl. (1944). *The Great Transformation.* New York: Rinehart & Company, Inc.

Popkin, Richard H. (1966). *The Philosophy of the 16th and 17th Centuries.* New York: The Free Press.

Powell, Chilton Latham. (1917). *English Domestic Relations 1487–1653.* New York: Columbia University.

Preto, Paolo. (1988). *Epidemia, Paura e Politico Nell'Italia Moderna.* Roma-Bari: Laterza.

Prosperi, Adriano. (1989). "Inquisitori e Streghe nel Seicento Fiorentino." In Cardini, *op. cit.,* 1989.

Quetel, Claude. (1986). *History of Syphilis.* (Translated from the French). Baltimore: Johns Hopkins University Press,1990.

Rabelais, Francois. (1552). *Gargantua and Pantagruel.* Edited by Samuel Putnam. New York: Viking Press, 1946.

Raftis, J. A. (1996). *Peasant Economic Development within the English Manorial System.* Montreal: McGill-Queen's University Press.

Ramazanoglu, Caroline. (1993). *Up Against Foucault. Exploration of Some Tensions Between Foucault and Feminism.* New York: Routledge.

Ramsey, Peter H. ed. (1971). The *Price Revolution in Sixteenth-Century England.* London: Methuen.

Randers-Pehrson, J. D. (1983). *Barbarians and Romans. The Birth of the Struggle of Europe. A. D. 400–700.* London: University of Oklahoma Press.

Ranum, Orest and Patricia Ranum, eds.,(1972). *Popular Attitudes toward Birth Control in Pre-Industrial France and England.* New York: Harper and Row.

Read, Donna et al. (1990). *The Burning Times.* (Video-recording). Los Angeles: Direct Cinema Ltd.

Remy, Nicolas. (1597). *Demonolatry.* Rev. Montague Summers, ed. New York: Barnes and Noble, 1970.

Retamar, Roberto Fernandez. (1989). *Caliban and Other Essays.* Minneapolis: University of Minnesota Press.

Riddle.John M. (1997). *Eve's Herbs:A History of Contraception and Abortion in the West.* Cambridge: Cambridge University Press.

Riquet, Michel. (1972). "Christian Population." In Orest and Patricia Ranum eds., *op. cit.,* (1972), 37ff.

Robbins, Rossell Hope. (1959). *The Encyclopedia of Witchcraft and Demonology.* New York: Crown Publishers.

Roberts, Nickie. (1992). *Whores in History. Prostitution in Western Society.* New York: HarperCollins Publishers.

Robertson, George Croom. (1971). *Hobbes.* Edinburgh: AMS Press.

Rocke, Michael. (1997). *Forbidden Friendships.Homosexuality and Male Culture in Renaissance Florence.* Oxford: Oxford University Press.

Rodolico, Niccoló. (1971). *I Ciompi. Una Pagina di storia del proletariat operaio.* Firenze: Sansoni.

Rogers, James E.Thorold. (1894). *Six Centuries of Work and Wages: The History of English Labour.* London.

Rojas, Fernando de. (1499). *The Celestina.* (Translated from the Spanish.) Berkeley: University of California Press, 1959.

Roper, Lyndal. (2000). "'Evil Imaginings and Fantasies': Child-Witches and the End of the Witch Craze." In *Past and Present,* no. 167, May.

Rosen, Barbara, ed. (1969). *Witchcraft in England, 1558–1618.* Amherst: Univ. of Massachusetts Press, 1991).

Rosenberg, Charles E., ed. (1975). *The Family in History.*Philadelphia: University of Pennsylvania Press.

Rosenfield, Leonora Cohen. (1968). *From Beast-Machine to Man-Machine. Animal Soul in French Letters. From Descartes to La Mettrie.* New York: Octagon Books Inc.

Rossiaud, Jacques. (1988). *Medieval Prostitution.* (Translated from the Italian). Oxford: Basil Blackwell.

Rostworowski, Maria. (2001). *La Mujer en El Peru Prehispanico.* Documento deTrabajo no. 72. Lima: IEP (Instituto de Estudios Peruanos).

Rota, Ettore ed. (1950). *Questioni di Storia Medievale. Secoli XI–XIV.* Milano: Marzorati.

Rotberg, R. I. and Rabb.T. K., eds. (1971). *The Family in History: Interdisciplinary Essays.* New York: Harper and Row.

Rothschild, Joaned. (1983). *Machina Ex Dea. Feminist Perspectives on Technology.* New York: Pergamon Press, 1987.

Rousseau, Jean Jacques. (1775). *Discourse on the Origin of Inequality.* Indianapolis: Hackett Publishing Company, 1992.

Rowland, Alison. (2001). "Witchcraft and Old Women in Early Modern Germany." *Past and Present,* no. 173, November.

Rowling, Nick. (1987). *Commodities: How the World Was Taken to Market.* London: Free Association Books.

Rowse,A. L.(1974). *Sex and Society in Shakespeare's Age. Simon Foreman the Astrologer.* New York: Charles Scribner's Sons.

Rublack, Ulinka. (1996)."Pregnancy, Childbirth and the Female Body in Early Modern Germany." *Past and Present,* no.150, February, 84–110.

Ruggiero, Guido. (1985). *The Boundaries of Eros: Sex, Crime and Sexuality in Renaissance Venice.* Oxford: Oxford University Press.

____. (1993). *Binding Passions. Tales of Magic, Marriage, and Power at the End of the Renaissance.* Oxford: Oxford University Press.

Russell, Jeffrey B. (1972a). *Witchcraft in the Middle Ages.* Ithaca: Cornell University Press.

____. (1972b). *Dissent and Order in the Middle Ages:The Search for Legitimate Authority.* New York: Twayne Publishers, 1992.

____. (1980). *A History of Witchcraft, Sorcerers, Heretics and Pagans.* London: Thames and Hudson Ltd.

____. (1984). *Lucifer: The Devil in the Middle Ages.* Ithaca (NY): Cornell University Press.

Sale, Kirkpatrick. (1991). *The Conquest of Paradise: Christopher Columbus and the*

Columbian Legacy. New York: Penguin Books.

Sallmann, Jean-Michel. (1987). *Le Streghe. Amanti di Satana.*(Translated firm the French). Paris: Electa/Gallimard.

Salleh, Ariel. (1997). *Ecofeminism as Politics: Nature, Marx and the Postmodern.* London: Zed Books.

Schephered,Verene A., ed. (1999). *Women in Caribbean History.* Princeton (N. J.): Markus Wiener Publishers.

Schochet, Gordon J. (1975). *Patriarchalism in Political Thought:The Authoritarian Family and Political Speculation and Attitudes Especially in Seventeenth-Century England.* New York: Basic Books.

Schwartz, Stuart B., ed. (1944). *Implicit Understandings. Observing, Reporting, and Reflecting on the Encounters Between Europeans and Other Peoples in the Early Modern Era.* Cambridge: Cambridge University Press.

Scot, Reginald. (1584). *The Discoverie of Witchcraft.* Introduction by Rev. Montague Summers. New York: Dover Publications, 1972.

Scott, James C. (1985). *Weapons of the Weak. Everyday Forms of Peasant Resistance.* New Haven: Yale University Press.

____. (1989). "Everyday Forms of Resistance." In F. D. Colburn, ed., *op. cit.,* (1989).

Scott, Joan Wallach ed.(1996). *Feminism and History.* Oxford: Oxford University Press.

____. (1996a). "Gender: A Useful category of Historical Analysis." In Joan Wallach Scott, ed., *op. cit.,* (1996).

Seccombe, Wally. (1992). *A Millennium of Family Change: Feudalism to Capitalism in Northwestern Europe.* London:Verso.

____. (1993). *Weathering the Storm: Working-Class Families From the Industrial Rev-olution To The Fertility Decline.* London: Verso.

Seligman, Kurt. (1948). *Magic, Supernaturalism and Religion.* New York: Random House.

Sennett, Richard. (1994). *Flesh and Stone.The Body and the City in Westem Civiliza-tion.* New York: W. W. Norton & Company.

Shahar, Shulamith. (1983). *The Fourth Estate: A History of Women in the Middle Ages.* London: Methuen.

Shakespeare, William. (1593–1594).The *Taming of the Shrew.* New York: Washington Square Press,1962.

____. (1600–1601). *Hamlet.* New York: New American Library, 1963.

____. (1605). *King Lear.* New York: New Folger Library, 2000

____. (1612). *The Tempest.* New York: Bantam Books, 1964

Sharpe, J. A. (1987). *Early Modern England: A Social History, 1550–1760.* Bungay (Suffolk): Edward Arnold.

Shepherd, Verene A., ed. (1999). *Women in Caribbean History: The British-Colonised*

Territories. Princeton (NJ): Markus Wiener Publishers.

Shepherd,Verene, Bridget Brereton and Barbara Bailey, eds. (1995). *Engendering History. Caribbean Women in Historical Perspective.* New York: St. Martin's Press.

Shiva, Vandana. (1989). *Staying Alive: Women, Ecology and Survival in India.* London: Zed Books.

Siemon, Richard.(1993). "Landlord Not King: Agrarian Change and Interarticulation."In Richard Burt and John Michael Archer, *op. cit.,* (1993).

Silverblatt, Irene. (1980). "'The Universe Has Turned Inside Out...There Is No Justice For Us Here': Andean Women Under Spanish Rule." In Etienne and Leacock, eds., *op.cit.,* 149–85.

_____. (1987). *Moon, Sun and Witches: Gender Ideologies and Class in Inca and Colonial Peru.* Princeton: Princeton University Press.

Sim, Alison. (1996). *The Tudor Housewife.* Montreal: McGill-Queen's University Press.Simmel, Georg. (1900). *The Philosophy of Money.* (Translated from the German). Boston: Routledge & Kegan Paul, 1978.

Skaria, Ajay. (1997). "Women, Witchcraft, and Gratuitous Violence in Colonial Western India." *Past and Present,* no. 155, May, 109–41.

Slater, Gilbert (1907). *The English Peasantry and the Enclosure of the Common Fields.* New York: Augustus M. Kelly, 1968.

Slicher Van Bath, B. H. (1963). *The Agrarian History of Western Europe, A. D. 500–1850.* (Translated from the German). New York: St. Martin's Press.

Smollett, Tobias George, [compiler]. (1766). *A compendium of authentic and entertaining voyages, digested in a chronological series. The whole exhibiting a clear view of the customs, manners, religion, government, commerce, and natural history of most nations in the known world....* 2nd edition. 7 vols.,vol. l, p. 96.

Smout.T. C. (1972). *A History of the Scottish People, 1560–1830.* London: Fontana.

Snitow, Ann, Christine Stansell, and Sharon Thompson, eds. (1983). *Powers of Desire: The Politics of Sexuality.* New York: Monthly Review Press.

Social England Illustrated: A Collection of XIIth Century Tracts. (1903). Westminster: Archibald Constable and Co.

Soman, Alfred. (1977). "Les Proces de Sorcellerie au Parlament du Paris, 1565–1640." *Annales,* no. 32, July, 790ff.

_____. (1978). "The Parlement of Paris and the Great Witch-Trials, 1565–1640." *Sixteenth Century Review,* 9, 30–44.

_____. (1992). *Sorcellerie et justice criminelle: Le Parlement de Paris, 16–18 sikles.* Brookfield/Variorum.

Sommerville, Margaret R. (1995). *Sex and Subjection: Attitudes to Women in Early Modern Society.* London: Arnold.

Spalding, Karen. (1984). *Hurochiri: An Andean Society Under Inca and Spanish Rule.* Stanford: Stanford University Press.

Spence, Louis. (1920). *The Encyclopedia of Occultism.* New York: Citadel Press.

Spencer, Colin. (1995a). *Homosexuality in History.* New York: Harcourt Brace.

____ (1995b). *The Heretics'Feast. A History ojVegetarianism.*Hanover and London: University Press of New England.

Spengler, Joseph J. (1965). *French Predecessors of Malthus:A Study in Eighteenth Century Wage*

Spooner, F. C. (1970). "The European Economy,1609–50." In Cooper ed., *op. cit.,* (1970).

Staden, Hans. (1557). *Warhaftige Historia.* Marburg, Germany.

____. *True History of His Captivity.*Translated and edited by Malcolm Letts. London: George Roudedge and Sons, 1928.

Stangeland,C. E. (1904). *Pre-malthusian Doctrines of Population.* New York.

Stannard, David E. (1992). *American Holocaust: Columbus and the Conquest of the New World.* New York: Oxford University Press.

Starhawk. (1982). *Dreaming the Dark: Magic Sex and Politics.* Boston: Beacon Press, 1997.

Steifelmeier, Dora. (1977). "Sacro e Profano: Note Sulla Prostituzione Nella Germania Medievale." *Donna, Woman, Femme* n. 3.

Stern, Steven J. (1982). *Peru's Indian Peoples and the Challenge of Spanish Conquest: Huamanga to 1640.* Madison (Wisconsin): University ofWisconsin Press.

Stone, Lawrence. (1977). *The Family, Sex and Marriage in England, 1500–1800.* New York: Harper and Row.

Strauss, Gerald, ed. (1971). *Manifestations of Discontent on the Eve of the Reforma-tion.* Bloomington: Indiana University Press.

____. (1975). "Success and Failure in the German Reformation." *Past and Present,* n. 67, May.

Stuart, Susan Mosher. (1995). "Anci]lary Evidence For The Decline of Medieval Slav-ery." *Past and Present.* N. 149, November, (3–28).

Taussig, Michael T. (1980). *The Devil and Commodity Fetishism in South America.* (Fourth edition.) University of North Carolina Press.

____. (1987). *Shamanism, Colonialism, and the Wild Man: A Study in Terror and Healing.* Chicago: Chicago University Press.

Taylor, G. R. (1954). *Sex in History.* NewYork:TheVanguard Press.

Taylor, William B. (1979). *Drinking, Homicide and Rebellion in Colonial Mexican Villages.* Stanford: Standford Univerity Press.

Tawney, R. H. (1967). *The Agrarian Problem in the Sixteenth Century.* New York: Harcourt Brace.

____. (1926). *Religion and the Rise of Capitalism.* New York: Harcourt Brace.

Teall, J. L. (1962). "Witchcraft and Calvinism in Elizabethan England: Divine Power and Human Agency."*Journal of the History of Ideas,* n. 23.

Terborg Penn, Rosalyn. (1995). "Through African Feminist Theoretical Lens: Viewing Caribbean Women's History Cross-Culturally." In Shepherd,Verene, Bridget Brereton and Barbara Bailey, eds., *op. cit.*

Thea, Paolo. (1998). *Gli artisti e Gli 'Spregevoli' 1525: la creazione artistica e la guerra dei contadini in Germania.* Milano: Mimesi.

Thevet, André. (1557). *Les Singularitez del la France antaretique, autrement nomme Amerique, et de plusieurs de terns et isles decouvertes de notre temps.* Paris.

Thirsk. J. (1964). "The Common Fields." *Past and Present,* no. 29, 3–25.

Thomas, Edith. (1966). *The Women Incendiaries.* (Translated from the French). New York: George Braziller.

Thomas, Hugh. (1997). The *Slave Trade: The Story of the Atlantic SlaveTrade, 1400–1870.* New York: Simon and Schuster.

Thomas, Keith. (1971). *Religion and the Decline of Magic.* New York: Charles Scribner's Sons.

Thompson, E. P. (1964). *The Making of the English Working Class.* New York: Pantheon.

____. (1991). *Customs in Common. Studies inTraditional Popular Culture.* NewYork:The New Press.

____. (1991a). "Time, Work-Discipline and Industrial Capitalism." In Thompson (1991), 352–403.

Thorndike, Lynn. (1958). *History of Magic and Experimental Science.* 8 vols. (1923–58). Vol. VIII. New York: Columbia University Press.

Tigar, Michael E., and Medeleine R. Levy. (1977). *Law and the Rise of Capitalism.* New York: Monthly Review Press.

Tillyard, E. M. W. (1961). *The Elizabethan World Picture.* New York: Vintage Books.

Titow.J. Z. (1969). *English Rural Society. 1200–1350.* London: George Allen and Unwin Ltd.

Trachtenberg, Joshua. (1944). *The Devil and the Jews: The Medieval Conception of the Jew and its Relation to Modern Anti-Semitism.* New Haven:Yale University Press.

Trevor-Roper, Hugh R. (1956). *The European Witch-Craze of the Sixteenth and Seventeenth Centuries and Other Essays.* New York: Harper & Row, Publishers, 1967.

____, ed. (1968). The Age of Expansion. Europe and the World: 1559–1660. London. Thames and Hudson.

Trexler, Richard C. (1993). *The Women of Renaissance Florence. Power and Dependence in Renaissance Florence.* Vol. 2. Binghamton, NY: Medieval and Renaissance Texts and Studies.

Turner, Bryan S. (1992). *Regulating Bodies: Essays in Medical Sociology.*New York: Routledge.

Underdown, David E. (1985). *Revel, Riot and Rebellion: Popular Politics and Culture in England, 1603–1660.* Oxford: Clarendon Press.

___. (1985a). "The Taming of the Scold: The Enforcement of Patriarchal Authority in Early Modern England." In Fletcher & Stevenson, eds., *op.cit.*, (1985), 116–36.

Vallejo, Eduardo Aznar. (1994). "The Conquest of the Canary Islands." In Schwartz, ed., *op. cit.*, (1994).

Vaneigem, Raoul. (1986). *The Movement of the Free Spirit.* (Translated from the French). New York: Zone Books.

Van Ussel, Jos. (1970). *La repressione sessuale. Storia e cause del condizionamento borghese.* (Translated from the German). Milano: Bompiani.

Vauchez, André. (1990). *Ordini mendicanti e societa' italiana XIII–XV secolo.* Milano: Mondadori.

Vesalius, Andrea. (1543). *De Humani Corporis Fabrica.* Edited by O 'Malley, *op. cit.*

Vigil, Miraló. (1986). *La vida de la mujeres en los siglos XVI y XVII.* Madrid: Siglo veintiuno de Espana Editores.

Vives. Juan Luis. (1526). *De Subvention Pauperum sive De Humanis Necessitatibus.* Bruges.

Volpe, Gioacchino. (1922). *Movimenti Religiosi e Sette Radicali Nella Societd Medievale Italiana. Secoli XI–XIV.* Firenze: Sansoni, 1971.

_____. (1926). *Il Medioevo.* Firenze: Sansoni, 1975.

Wakefield, Walter L. and Austin P. Evans. (1969). *Heresies of the High Middle Ages.* New York: Columbia University Press, 1991.

Wallach Scott, Joan.(1988). *Gender and the Politics of History.* New York: Columbia University Press.

Wallerstein, Immanuel. (1974). *The Modern World System: Capitalist Agriculture and the Origins of the European World Economy in the Sixteenth Century.* New York: Academic Press.

Watson, R. (1966). *The Downfall of Cartesianism, 1673–1712.* The Hague: Martinus Nijhoff.

Weber, Max. (1920). *The Protestant Ethics and the Spirit of Capitalism.* (Translated from German). New York: Charles Scribners Sons (1958).

Werner, E. (1974). "Poverta' e ricchezza nella concezione degli eretici della chiesa orientale e occidentale dei secoli X–XII." In O. Capitani, ed., *op. cit.*, (1974).

Westermarck, Edward. (1906–08). *The Origin and Development of Moral Ideas* Vol. 1 London: Macmillan Company (1924).

Wiesner, Merry E. (1986). *Working Women in Renaissance Germany.* New Brunswick (NJ): Rutgers University Press.

_____. (1993). *Women and Gender in Early Modern Europe.* Cambridge: Cambridge University Press.

Wightman.W. P. (1972). *Science and Renaissance Society.* London: Huitchinson University Library. Williams, Eric. (1944). *Capitalism and Slavery.* New York: Capricorn Books.

Williams, Marty and Anne Echols. (2000). *Between Pit and Pedestal. Women in the Middle Ages.* Princeton:Marcus Wiener Publications.

Williams, Selma R. and Pamela Williams Adelman. (1992). *Riding the Nightmare: Women and Witchcraft from the Old World to Colonial Salem.* New York: Harper-Collins.

Williams, Walter L. (1986). *The Spirit and the Flesh: Sexual Diversity in American Indian Culture.* Boston: Beacon Press.

Wilson, Charles. (1965a). *England's Apprenticeship, 16031763.* New York: St. Martin's Press.

_____. (1965b). "Political Arithmetic and Social Change." In Charles Wilson, *op. cit.,* (1965a), 226ff.

Wilson, Stephen. (2000). *The Magical Universe: Everyday Ritual and Magic in Pre-Modem Europe.* London and New York: Hambledon.

Winstanley, Gerrard. (1649). *The New Law of Righteousness.* In Gerrard Winstanley, *op. cit.*, (1941)

_____. *Works.* Ithaca: Cornell University Press, 1941.

Woolf, Virginia. (1929). *A Room of One's Own.* New York: Harcourt Brace Jovanovich Publishers, 1989.

Wright, Lawrence. (1960). *Clean and Decent.* NewYork:Viking Press.

Wright, Louis B. (1935). *Middle-Class Culture in Elizabethan England.* Ithaca (NY): Cornell University Press, 1965

Yates, Francis. (1964). *Giordano Bmno and the Hermetic Tradition.* Chicago: The University of Chicago Press.

Zemon Davis, Natalie. (1968). "Poor Relief, Humanism and Heresy: The Case of Lyon." *Studies in Medieval and Renaissance History,* vol. 5, no. 27, 246–269.

Ziegler, Philip. (1969). *The Black Death.* New York: Harper and Row, Publishers.

Zilborg, Gregory. (1935). *The Medical Man and the Witch During the Renaissance.* Baltimore: Johns Hopkins Press.

Zolkran, Durkon. (1996). *The Tarot of the Orishas.* St. Paul (MN): Llewelly Publications.

译后记

　　猎巫是人类历史上最大规模的妇女屠杀。在 15—18 世纪长达 300 年的时间里，有数十万"女巫"被处死，其中的受害者主要是农妇和奴隶。每个平民女子都可能被指控为女巫。她们是村里有一技之长的助产士、调香师、奶妈、江湖医生。她们可能帮助别人或者自己堕胎、避孕。她们或者面容姣好，让一些男人爱而不得，或者只是恰好有一个阳痿的丈夫，又或者只是掌握一些生活技能的独居老者。宗教法庭指控她们把婴儿献祭给了魔鬼，统治者深信她们魅惑男性、降低了生育率，奴隶主认为她们使用传统仪式煽动叛乱，男性村民则害怕这些女人骑到自己头上。这是女性受难的 300 年，也是欧洲社会从封建主义向资本主义过渡的 300 年。

　　关于猎巫的历史，我们很容易想到这体现了中世纪愚昧的宗教迫害和厌女症。可为何这场针对下层妇女的暴力恰好发生在资本主义的初期？猎巫与资本主义的扩张有什么联系？在《凯列班与女巫》一书中，费代里奇开创性地将猎巫放置在资本主义的发展过程中理解。统治者发动的猎巫彻底改变了性别关系和分工，妇女的身体也在封建社会危机、农民抗争和资本主义的原始积累中不断再造。

　　14 世纪前，男性和女性都从属于封建领主，男性农奴对于女性亲属的权力十分有限。此时，男女农奴的性别分工也并不明显，所有的工作都是维持家庭生计。农奴斗争让一些农民获得了土地和自主权，但妇女被排除在土地所有权之外。她们带头离开农村进城务工，成为那时城市移民的主力。城市中的妇女可以独立生活，从事各种手工劳动。欧洲农奴的反抗运动通常以异端宗教运动的形式开展，而独立女性常常是这些抗争中的主力。女性在异端运动中有着更平等的地位，有权管理各项宗教事宜和自由流动。这些异端教义倡导男女平等，批判社会等级制度和经济剥削，谴责腐朽的教会。同时，她们还拒绝结婚、生育，不想将孩子带到人世受苦受难。这些实践令统治者恐慌。他们不遗余力地将异端妖魔化并发起血腥屠杀。这些反抗者在莎士比亚笔下便是凯列班的原型，象征着无产者用身体抵抗着剥削和压迫。

性与身体于是成了统治者镇压反抗者的靶子。国家纷纷立法强调婚姻的神圣性，严惩各种婚外性行为。同时，男性强奸下层妇女却是无罪的。国家有意制造了性别对立来转移阶级矛盾，拉拢年轻叛逆的男工，给他们性爱自由。在国家的支持下，有一半男性曾在城镇中公开轮奸无产妇女。他们以娼妓、女佣或洗衣女工为目标，认为这些女性被富人包养了，而强奸不过是夺回自己女人的手段。强奸的合法化分裂了无产阶级的团结，并在社会中产生了浓烈的厌女氛围，人们开始对暴力侵害妇女的行为麻木不仁。

在社会向资本主义过渡的时期，猎巫除了转移阶级矛盾，还将妇女禁锢在再生产劳动中，从而推行男主外、女主内的性别分工。费代里奇继承了社会主义女权主义理论对马克思理论的批评，认为马克思在关于资本原始积累和雇佣劳动的经典论述忽略了女性的遭遇。马克思认为资本主义依靠圈地运动和暴力创造了失去土地的工人阶级。农民没有土地养活自己，而流浪和乞讨成了犯罪，他们便只能投身到雇佣劳动之中。但这场社会变革不但将人的身体变为工作机器，也将妇女变成劳动力再生产的工具。

资本主义原始积累要克服的首要危机便是人口崩溃。14世纪的黑死病大流行杀死了30%—40%的欧洲人口；欧洲殖民者带到美洲的屠戮和瘟疫灭绝了95%的原住民。世界市场萧条与普遍失业在17世纪到达顶峰，国家这时开始催生。人口管控的公共政策开始严惩任何阻碍人口增长的行为，严格管理生育并剥夺妇女对生育的控制权。16世纪和17世纪"大猎巫"的主题便是指控女巫把孩子献给了魔鬼。女巫们会杀婴，因为她们懂得避孕、堕胎，还会施法令男子阳痿、女子不育。当权者怀疑产婆们会杀婴，于是严密监视她们，甚至将女性赶出产房。整个社区都被发动起来监控妇女，防止妻子们偷偷杀婴、通奸。女性的子宫由男人和国家牢牢控制，只能为资本积累生产源源不断的劳动力。

资本原始积累的过程中，女性被驱逐出雇佣劳动的领域。男工们请愿，禁止妇女进入工人队伍同男人竞争。在外打工的妇女被描绘成荡妇和女巫。女性只能是母亲、妻子、女儿、寡妇。同时，男人可以免费获得妇女的身体、劳动，以及她们孩子的身体和劳动。这是一种全新的社会契约，无产阶级妇女成了男性工人最基本的再生产资料，成了任何人都可以随意使用的公共物品。任何拒绝做生育机器和免费保姆的女人都可能被当成女巫审判并处死。这便是我们今天熟悉的"男主外、女主内"模式，而欧洲妇女在300年的屠杀中被迫接受了这套安排。

在被围猎的 300 年里，女性从来没有停止过反抗。但她们的反抗总是被历史学家忽视。正如在拉丁美洲的革命中，凯列班是反抗殖民者的象征，而非他的母亲——西考拉克斯女巫。面对物价上涨、食不果腹的困境，妇女组织和领导了种种"反圈地"起义。而国家组织起"焚烧女巫"的运动，通过散播巫术恐惧来镇压妇女的反抗精神。大多数被指控的女巫是贫穷的农妇和奴隶。社会经济危机时期也是女巫指控最多的时期。独自生活的寡妇，乞讨或偷窃的贫穷妇女，接受公共援助的妇人，都可能被怀疑是施展妖法的女巫。到了 18 世纪的殖民地，女巫就是非洲巫术实践者。种植园主畏惧这种仪式，便将其妖魔化为蛊惑人心、煽动叛乱。由此可见，社会统治者一直生活在对底层人反抗的恐惧中。而猎巫实际上延续了统治者早前对异端分子的迫害，他们是在打着宗教正统的幌子惩罚特定形式的社会颠覆行为。

猎巫的时代已经过去了 3 个世纪，但资本与父权仍在合谋对妇女实施种种暴力。二十世纪八九十年代，猎杀女巫在非洲大陆重现。资本原始积累正在这些地方侵蚀着无产者的生活：公共土地被私有化，人们在暴力掠夺中陷入更深的贫困。于是，人们崇尚女德，勒令妇女回家，歌颂贤妻良母，将外出工作的女性视为荡妇。宗教法庭便是驯化这些不服从者的刑场。如果说原始积累将男性变成工资的奴隶，那么猎巫将女性变成男性工人的奴隶。女人的无偿家务劳动、性与生殖权力都被转化为一种国家所控制的经济资源。

回顾猎巫的历史，我们不难发现女巫不过是努力生存的普通人。她们的智慧、独立、勇敢、反叛都被当权者视为洪水猛兽。于是，努力生活便成了一项罪行。长期以来，我们很难在男性权威书写的历史中看见她们。她们的形象只存在于恶魔学家的布道和罪犯档案的记录里。费代里奇尝试在宗教和法庭档案里追寻这些被遮蔽的声音，还原她们在死亡绝境中试图改变命运的身影。费代里奇开创的历史叙事不光挖掘了这些被遗忘的故事，也帮我们找到了一个理解世界变迁、理解妇女境况的视角。由此，我们得以在这些穿越百年的故事里看见彼此。如费代里奇所言，新时期的猎巫一直在重现。资本的时代总会将不容于统治秩序的女性作为社会矛盾的替罪羊。而我们许多习以为常的社会变革，都凝结了普通人以生命为代价的实践。而女性被世人遗忘的受难是这段历史的主题，她们的不屈抵抗也在开创新的历史。

龚瑨

2022 年 8 月

出版后记

近年来随着女性思潮的活跃和复兴，一大批优秀作品相继被引进，主题涵盖身体、婚姻、生育、家务、职场、老年生活以及社会大圈子的厌女氛围等。这些著作就如一颗颗石子，在本不平静的池中引发了持续不断的涟漪效应。和这些书相比，《凯列班与女巫》的目光尤为深厚，角度更为特别，它聚焦于一段被遗忘或刻意忽视的历史：女巫以及对她们的围猎。从这一看似边缘的现象中作者抽丝剥茧，向我们展示出资本主义早期阶段对女性生育权力以及劳动机会的打压是如何一步步展开并在猎巫运动中达到高潮的。今天中国社会的女性意识愈发增强，我们关注妇女群体的地位和命运，关心具体的每一位女性的遭遇，但现实告诉我们还有很长的路要走。如何让妇女得到尊重和保障？《凯列班与女巫》的回答是：让我们从不忘记历史开始。

因为编校水平有限，本书难免各种疏漏，敬请广大读者指正。

服务热线：133-6631-2326 188-1142-1266

服务信箱：reader@hinabook.com

后浪出版公司

2023 年 5 月

图书在版编目（CIP）数据

凯列班与女巫：妇女、身体与原始积累 /（意）西
尔维娅·费代里奇著；龚瑨译 . -- 上海：上海三联书
店，2023.4（2024.8 重印）
　ISBN 978-7-5426-8052-5

　Ⅰ.①凯… Ⅱ.①西… ②龚… Ⅲ.①妇女地位—研
究—欧洲—中世纪 Ⅳ.① D445

　中国国家版本馆 CIP 数据核字 (2023) 第 068143 号

凯列班与女巫：妇女、身体与原始积累

[意] 西尔维娅·费代里奇 著

龚 瑨 译

责任编辑 / 宋寅悦　徐心童　　　　选题策划 / **后浪出版公司**

出版统筹 / 吴兴元　　　　　　　　编辑统筹 / 张　鹏

特约编辑 / 汪　萍　　　　　　　　装帧设计 / 许晋维

内文制作 / 文明娟　　　　　　　　责任校对 / 张大伟

责任印制 / 姚　军

出版发行 / **上海三联书店**

　　　　　（200041）中国上海市静安区威海路 755 号 30 楼

邮　　箱 / sdxsanlian@sina.com

联系电话 / 编辑部：021-22895517

　　　　　发行部：021-22895559

印　　刷 / 河北中科印刷科技发展有限公司

版　　次 / 2023 年 4 月第 1 版

印　　次 / 2024 年 8 月第 5 次印刷

开　　本 / 889mm×1194mm　1/32

字　　数 / 286 千字　　　　　　　印　　张 / 12.25

书　　号 / ISBN 978-7-5426-8052-5/D·581　定　　价 / 80.00 元